辽宁红色文化普及丛书——石坚 主编

永恒的丰碑

雷锋精神从这里走遍全国走向世界

张仲国 等 著

沈阳出版发行集团
沈阳出版社

图书在版编目（CIP）数据

永恒的丰碑：雷锋从这里走遍全国走向世界 / 张仲国等著. —沈阳：沈阳出版社，2024.3

（辽宁红色文化普及丛书）

ISBN 978-7-5716-3862-7

Ⅰ. ①永… Ⅱ. ①张… Ⅲ. ①雷锋精神—研究 Ⅳ. ①K820.7-49

中国国家版本馆CIP数据核字（2024）第047596号

出 品 人：张 闯
出版发行：沈阳出版发行集团 | 沈阳出版社
（地址：沈阳市沈河区南翰林路10号 邮编：110011）
网　　址：http://www.sycbs.com
印　　刷：辽宁泰阳广告彩色印刷有限公司
幅面尺寸：170mm × 240mm
印　　张：16.75
字　　数：248千字
出版时间：2024年3月第1版
印刷时间：2024年3月第1次印刷
责任编辑：萧大勇 杨 静 李 娜 战婷婷
封面设计：琥珀视觉
版式设计：姿 兰
责任校对：高玉君
责任监印：杨 旭

书　　号：ISBN 978-7-5716-3862-7
定　　价：68.00元

联系电话：024-24112447 62564920
E-mail：sy24112447@163.com

《辽宁红色文化普及丛书》编委会

总 序

红色文化是辽宁文化的底色，是流淌在辽沈大地的宏大精神血脉，源浚根深、积淀深厚，源远流长、绵延不绝，滋养着生活在这片英雄土地上的一代又一代的辽宁人民，已经成为辽宁人民深层的价值取向和不懈的精神追求。

辽宁，开启中国人民14年抗战的艰苦卓绝历程，是抗日战争起始地。九一八事变当夜，驻守沈阳北大营的东北军官兵在突围战中毅然打响了抗战第一枪。在《中共满洲省委为日本帝国主义武装占领满洲宣言》《中国共产党为日本帝国主义强暴占领东三省事件宣言》的积极呼吁下，抗日义勇军遍布辽西、辽南、辽东、辽北，点燃了中华大地上的抗日烽火。与此同时，辽宁各地各阶层的抗日救国运动，与东北乃至全国一道，广泛传播了抗日救国思想，促进了中华民族的精神觉醒。

辽宁，揭开了人民解放战争战略决战的序幕，是解放战争转折地。在人民解放战争进入夺取全国胜利的决定性阶段，辽沈战役是首场战略决战，历时52天，歼敌47.2万人，东北全境宣告解放，敌我双方的力量对比发生了新变化，中国人民革命的军事形势达到一个新的转折点。辽宁作为辽沈战役的主战场，在军事斗争和物质保障上为这场决战的胜利作出了巨大的贡献。东北的解放，使百万东北野战军成为强大的战略后备队，为解放平津和华北创造了有利条件，更使解放战争获得了巩固的、具备一定工业基础的战略后方。

辽宁，诞生了抗日义勇军誓词和军歌，是新中国国歌素材地。1935年，《义勇军进行曲》（《国歌》）诞生于抗战的烽火硝烟之中。九一八事变后，辽宁人民率先自发组织成立了抗日义勇军，数十万人奋起抗争，用鲜血和生命奏响了战斗序曲。站在抗日最前线的义勇军战士，表现出奋起杀敌、舍生忘死的英雄气概，发出一声声“中华民族到了最危险的时候”的呐喊，发出一声声“万众一心”“用我们的身躯筑起长城”的怒吼，成为《义勇军进行曲》的创作原型。抗日义勇军创作的誓词和军歌，自然成为《义勇军进行曲》歌词的主要创作素材。

辽宁，迈出了“抗美援朝、保家卫国”的铿锵步伐，是抗美援朝的出征地。1950年10月，彭德怀同志先与大部队从安东（今辽宁丹东）跨过鸭绿江。随后，大批志愿军在安东集结过江，作战物资源源不断地从安东运往朝鲜前线。辽宁还是志愿军总后方基地的最前沿，在沈阳、鞍山、抚顺、本溪等多地开展了拥军优属运动，尽一切力量支援前线，帮助志愿军的烈属、军属解决生活上和生产上的困难，解决志愿军指战员的后顾之忧。如今，伫立在辽宁丹东鸭绿江畔的断桥，从桥头到断裂处虽不过短短几百米，却在生动地诉说着曾经的峥嵘岁月和英雄故事。

辽宁，筑起了新中国工业的坚实脊梁，是共和国工业的奠基地。作为“共和国工业长子”的辽宁，创造了新中国工业史上1000多个“第一”，包括新中国第一枚国徽、第一台卧式镗床、第一台轮式拖拉机、第一架喷气式歼击机、第一艘导弹潜艇、第一艘万吨巨轮、第一辆大功率内燃机车等，印证着“新中国工业摇篮”的美誉，镌刻着辽宁人民的荣光。越是伟大的事业，越是充满挑战，越需要知重负重。凭借着为国担当、为国奉献的劳模精神、工匠精神，辽宁为新中国完整工业体系的建立作出了不可磨灭的贡献。

辽宁，淬炼了永不褪色、永不过时的雷锋精神，是雷锋精神的发祥地。1958年11月，雷锋从家乡来到辽宁，成为鞍钢的一名推土机手。他在辽宁参军、入党，最后牺牲在这片土地上。雷锋精神在辽宁孕育、淬炼、升华，从辽沈大地走遍全国、走向世界。信念的能量、大爱的胸怀、忘我的精神、进取的锐气，体现着我们的民族精神，影响激励着一代又一代的中国人。60年来，一座座雷锋纪念馆记述着雷锋的故事，“学习雷锋好榜样”在辽宁从未停歇，雷锋精神在新时代绽放更加璀璨的光芒。

辽宁红色文化，跨越时空，历久弥新，其蕴含的红色基因已深深地融入辽宁人民的精神血脉。辽宁省第十三次党代会提出，要深入阐释辽宁“六地”红色文化，即“抗日战争起始地”“解放战争转折地”“新中国国歌素材地”“抗美援朝出征地”“共和国工业奠基地”“雷锋精神发祥地”的丰富内涵和时代价值，传承红色基因，赓续精神血脉。“六地”是辽宁红色历史、红色故事、红色精神等红色文化资源的集中凝练和鲜明标识，具有深刻的精神内涵。实施“六地”红色文化振兴计划，加强“六地”文化的普及宣传和研究阐释，让红色文化动起来、活起来、强起来，对增强辽宁人民文化自信，提振干事创业的精气神，发扬斗争精神谋突破、抓落实，推动辽宁全面振兴新突破具有重大现实意义。

辽宁省社科联以传承发展红色文化为己任，在认真组织调研、征求专家学者意见的基础上，组织省内专家学者编写《辽宁红色文化普及丛书》。为确保系列丛书历史脉络清晰、史实丰富完整、语言生动准确、科普效果突出、精神内涵和时代价值阐释契合主流意识形态，省社科联多次组织编写组研讨论证，积极征求专家学者和相关部门意见，对每本书稿多次进行修改完善。在这个过程中，组织者、编写者、出版者及相关部门不辞辛苦，倾力尽智，勇于担当，乐于担当，在此一并表示衷心感谢。由于丛书编写时间紧、人员多，在写作风格和内容衔接等方面，还存在诸多不足，期盼读者批评指正。

《辽宁红色文化普及丛书》编委会

2023年3月

让雷锋精神在新时代绽放更加璀璨的光芒（代序）

张仲国

雷锋，一名普通的共产党员，平凡而伟大的共产主义战士。生前为中国人民解放军沈阳部队工程兵十团运输连班长，1962年8月15日不幸因公殉职，年仅22岁。

雷锋的一生只有短短的22年，他没有什么惊天动地的壮举，默默地做了无数利国利民的小事，在平凡中书写了伟大，用自己的实际行动践行了“忠于革命，忠于党”“把有限的生命，投入到无限的为人民服务中去”。

雷锋精神是在新旧中国翻天覆地的巨变中孕育而来的，是在热火朝天的社会主义建设中熔铸而来的，是在人民军队为人民的锻炼中成长而来的，也是从中华优秀传统文化的继承中发展而来的，更是从共产党人初心使命的实践中锤炼而来的。雷锋精神是中国共产党人精神谱系中的璀璨篇章，是一座烛照后世、德耀中华的永恒丰碑，过去是、现在是、将来仍然是我们党的宝贵精神财富。

党的十八大以来，习近平总书记高度重视学习弘扬雷锋精神，多次就学雷锋活动作出重要论述和重要指示批示。2018年9月28日，习近平总书记在参观抚顺市雷锋纪念馆时指出：“雷锋是时代的楷模，雷锋精神是永恒的。实现中华民族伟大复兴，需要更多‘时代楷模’。我们既要学习雷锋的精神，也要学习雷锋的做法，把崇高理想信念和道德品质追求转化为具体行动，体现在平凡的工作生活中，作出自己应有的贡献，把雷锋精神代代传承下去。”

2023年是毛泽东等老一辈革命家为雷锋同志题词60周年。60年来，学雷锋活动在全国持续深入开展，雷锋的名字家喻户晓，雷锋的事迹深入人心，雷锋精神滋养着一代代中华儿女的心灵。实践证明，无论时代如何变迁，雷锋精神永不过时。中共中央总书记、国家主席、中央军委主席习近平2023年2月对深入开展学雷锋活动作出重要指示指出，新征程上，要深刻把握雷锋精神的时代内涵，更好发挥党员、干部模范带头作用，加强志愿服务保障和支持，不断发展壮大学雷锋志愿服务队伍，让学雷锋在人民群众特别是青少年中蔚然成风，让学雷锋活动融入日常、化作经常，让雷锋精神在新时代绽放更加璀璨的光芒，为全面建设社会主义现代化国家、全面推进中华民族伟大复兴凝聚强大力量。

一、充分认识新时代大力弘扬雷锋精神的重大意义

习近平总书记深刻指出：“雷锋精神是永恒的，是社会主义核心价值观的生动体现。”“任何一个民族都需要有这样的精神构成其强大精神力量，这样的精神无论时代发展到哪一步都不会过时。”我们一定要提高政治站位、找准历史方位、运用时代眼光，充分认清新时代学习弘扬雷锋精神是弘扬民族精神、坚定文化自信的重要组成部分，具有引领风气之先、激发社会正能量的独特魅力，对推动党和国家事业发展有着重大现实意义和深远历史意义。

1. 大力弘扬雷锋精神是新时代培育和践行社会主义核心价值观的内在要求

雷锋精神是社会主义核心价值观的生动体现。雷锋精神所蕴含的“一心向着党、向着社会主义、向着共产主义”的炽热情怀，服务人民、助人为乐的奉献精神，崇德向善、大公无私的道德境界，甘当“螺丝钉”和

“干一行爱一行、专一行精一行”的敬业精神，艰苦奋斗、勤俭节约的创业意识，自我完善、不断超越的精神追求……生动反映和体现了社会主义核心价值观的本质要求，既赓续并发扬了中华民族的传统美德，又集中彰显和代表了中国共产党人的精神品质和先进底色。雷锋精神已经融入中国共产党人的精神谱系，成为民族精神和中国精神的生动内容。雷锋精神作为社会主义核心价值观的鲜明写照，在培育和践行社会主义核心价值观中发挥着独特而重要的作用。

2. 大力弘扬雷锋精神是新征程上推进社会主义文化自信自强的本质要求

雷锋精神是以雷锋名字命名，并通过雷锋的言行事迹体现出来的伟大精神。这一精神所蕴含的先进思想、高尚品德和崇高追求是穿越沧桑岁月而历久弥坚的精神力量，是新征程上推进社会主义文化自信自强的内在动力和价值支撑。社会主义文化自信的底气和力量，就源自那些体现社会主义价值方向和精神要求的无数个时代楷模及其代表的伟大精神所引领和汇聚起来的强大力量；社会主义文化自强的志气和骨气，就蕴含于那些不断薪火相传、代有赓续并发扬光大的伟大精神所铸就的文化品格和精神信念。在岁月的长河中，雷锋精神经久不衰，学雷锋活动蓬勃开展，雷锋精神在神州大地上生根开花结果。雷锋精神经代代传承，已融汇于社会主义文化自信自强的时代大潮中，融入新时代建设社会主义文化强国的生动实践中。雷锋精神所体现的崇高理想信念、道德品质和精神风范，正是推进社会主义文化自信自强的重要精神滋养。

3. 大力弘扬雷锋精神是汇聚全面推进中华民族伟大复兴强大精神力量的必然要求

中华民族伟大复兴已经进入不可逆转的历史进程。我们越是接近实现中华民族伟大复兴的目标，就会面临越来越多、越来越严峻复杂的风险挑战，就越是需要凝神聚气，振奋民族精神，汇聚力量。雷锋精神所彰显的执着的信念、崇高的追求、爱国的情怀、忘我的精神、敬业的态度、奋斗的意识，雷锋精神所体现的把崇高境界融入日常实践、把道德品质转化为具体行动、在平凡岗位上作出应有贡献的品格风范，正是全面推进中华民族伟大复兴所需要的精神力量。实现中华民族伟大复兴的中国梦，要求大力弘扬雷锋精神，继续以实际行动书写新时代的雷锋故事，把雷锋精神播撒在广袤的祖国大地上，镌刻在实现第二个百年奋斗目标新征程中，激扬起全党全国各族人民踔厉奋发、勇毅前行的志气底气骨气，汇聚起奋进新征程、建功新时代的强大精神力量。

二、弘扬雷锋精神，为辽宁全面振兴凝聚强大力量

辽宁是雷锋精神发祥地，雷锋在辽宁工作3年零9个月的时间里，完成了从公务员到工人、士兵到伟大的共产主义战士的转变，雷锋精神在辽宁淬炼升华并走向全国、走向世界，留下了弥足珍贵的精神财富。60年来，辽宁学雷锋活动薪火相传，结出了累累硕果。在雷锋精神的感召下，涌现出郭明义、罗阳、中船重工第七六〇研究所抗灾抢险英雄群体等一批英雄模范和成百上千的“辽宁好人”。当前，深入贯彻习近平总书记重要指示精神，全面落实党的二十大决策部署，推动实现全面振兴新突破，需要崇高精神的支撑。辽宁深入学习贯彻习近平总书记关于弘扬雷锋精神的重要指示精神，深刻把握雷锋精神的时代内涵和实践要求，持续深化拓展学雷锋活动，引导党员、干部、群众树立崇高理想追求，自觉把个人追求融入为党和人民事业的奋斗中，在振兴发展道路上奋力书写新时代雷锋故事，汇聚推动辽宁全面振兴、全方位振兴的强大力量。

1. 汇聚信念的能量，坚定理想信念

坚定的共产主义信仰是雷锋精神的精髓。雷锋是党的忠诚战士，一辈子感党恩、听党话、跟党走，一生对党忠贞不渝，始终保持共产党员的政治本色。今天，我们党团结带领中国人民踏上实现第二个百年奋斗目标新的赶考之路，面临的任务艰巨繁重、风险挑战异常严峻，更加需要学习雷

锋同志对党无限忠诚的政治品格，学习雷锋同志“一心向着党、向着社会主义、向着共产主义”的坚定信念，深刻领悟“两个确立”的决定性意义，增强“四个意识”、坚定“四个自信”、做到“两个维护”，自觉做共产主义远大理想和中国特色社会主义共同理想的坚定信仰者和忠实实践者。

推动振兴发展取得新突破，是习近平总书记和党中央交给辽宁的重要政治任务，也是我们必须扛起的政治责任。我们深入学习贯彻习近平总书记关于东北、辽宁振兴发展的重要讲话和重要指示批示精神，始终牢记“国之大者”，坚决扛起维护国家“五大安全”政治使命，着力补齐“四个短板”，扎实做好“六项重点工作”，着力形成对国家战略的强有力支撑。在以习近平同志为核心的党中央坚强领导下，经过全省上下共同努力，辽宁稳增长基础进一步巩固，政治生态持续净化，营商环境不断改善，已经走出了多年来的最困难时期，全面振兴蓄势待发。在此基础上，全力实施全面振兴新突破三年行动，打好打赢新时代东北振兴、辽宁振兴的“辽沈战役”，在新时代东北振兴上展现更大担当和作为，用实现全面振兴新突破的实际成效诠释对以习近平同志为核心的党中央的绝对忠诚。

2. 砥砺大爱的胸怀，秉持人民情怀

党的根基在人民、血脉在人民、力量在人民。全心全意为人民服务是雷锋精神的实质，也是雷锋精神能够保持旺盛生命力和持久活力的源泉。雷锋同志始终坚持以服务人民为最大幸福，以帮助他人为最大快乐，用实际行动彰显了共产党人的政治本色，诠释了我们党为人民而生、因人民而兴的真谛。无论时代如何变迁，雷锋精神永不过时。人民学习雷锋、呼唤雷锋，就是在歌颂我们党同人民群众的鱼水深情。近年来，千千万万的新时代“雷锋式”党员、干部牢记习近平总书记的殷切嘱托，为党和人民的事业鞠躬尽瘁、竭诚奉献，奋战在脱贫攻坚战场、乡村振兴现场、美丽中国建设一线，冲锋在疫情防控最前线，以实际行动践行党的为民宗旨。

习近平总书记指出：“我们的目标很宏伟，也很朴素，归根结底就是让全体中国人民都过上好日子。”当前，实现辽宁全面振兴、全方位振兴，是4200万辽宁人民的共同事业、最大心愿。我们要从雷锋精神中汲取为民力量，把人民对美好生活的向往作为我们的奋斗目标，始终保持同人民群众的血肉联系，倾心倾情倾力办好各项民生实事，让发展更有质感、更有温度，让振兴发展的成果更多惠及广大人民群众。大力推动高质量发展，创造积累更多社会财富，在做大“蛋糕”的同时把“蛋糕”分好，着力解决好就业、收入、教育、医疗、住房、养老等民生问题，扎实推进共同富裕，让广大群众时刻感受到党始终在人民身边。牢牢站稳人民立场，充分发动群众、组织群众、依靠群众，尊重群众首创精神，将实现振兴大业深深扎根于人民群众的创造性实践，充分激发蕴藏在群众中的创造活力，最大程度凝聚发展共识，形成千帆竞发、百舸争流的生动局面。

3. 发扬忘我的精神，勇于担当奋斗

雷锋是时代的楷模，雷锋精神是永恒的。实现中华民族伟大复兴，需要更多“时代楷模”。雷锋同志总是干一行爱一行、专一行精一行，像一颗“永不生锈的螺丝钉”，拧在哪里都闪闪发光。雷锋这种对事业无比热爱、对工作极端负责的精神，激励着一代又一代人顽强拼搏、不懈奋斗，为实现国家富强、民族复兴、人民幸福注入不竭的精神动力。

传承是最好的纪念，践行是最有力的传承。以中国式现代化全面推进中华民族伟大复兴是一场接力跑，需要一茬接着一茬干、一棒接着一棒跑，需要我们以“功成不必在我”的境界和“功成必定有我”的担当为党分忧、为民奉献。推动振兴发展实现新突破，必然会面临许多新情况、新问题、新挑战，需要像雷锋同志那样发扬“挤”和“钻”的精神，锐意进取、自强不息，不断补短板、强弱项，增强推动高质量发展本领、服务群众本领、防范化解风险本领。坚持把高质量发展作为辽宁振兴发展的首要任务，推动经济实现更高质量、更有效率、更加公平、更可持续、更为安全的发展。坚持把发展经济的着力点放在实体经济上，扎实做好结构调整“三篇大文章”，深入推进数字辽宁、智造强省建设，加快建设现代化产业体系。坚持把创新摆在振兴发展全局的突出位置，大胆探索、敢为人先，大力推进理论创新、实践创新、制度创新、文化创新，不断开辟发展新领域、新赛道，塑造发展新动能新优势，努力创造更多可复制、可推广的新鲜经验。强化教育、科技、人才支撑，整合力量，合力攻关，为国家高水平科技自立自强贡献智慧和力量。坚持以改革为先导，用改革促发展，向改革要动力，切实用改革的思路解决发展中的问题，用改革的办法破除体制机制障碍，全力推动改革落地见效，为振兴发展注入源源不断的强劲动能。

4. 激发进取的锐气，发扬斗争精神

奋斗是雷锋精神的底色。雷锋之所以在平凡的岗位上作出不平凡的贡献，靠的就是锐意进取、自强不息的创新精神，积极向上的人生态度和百折不挠、勇往直前的奋进意志。雷锋精神已成为中国共产党人精神谱系的一个重要坐标，成为亿万中国人民心中一座巍峨的道德丰碑，激发中国人民攻坚克难、砥砺前行，不断开创中华民族的美好未来。当前，赓续雷锋精神，踔厉奋发、勇毅前行，就要在苦与累中磨砺意志、在难与险中砥砺锐气，把奋斗的汗水挥洒在党和人民最需要的地方。

打好打赢新时代东北振兴、辽宁振兴的“辽沈战役”，必然会遇到各种可以预料和难以预料的风险挑战，需要一大批讲党性、有血性的干部，一大批堪当民族复兴重任的高素质干部。我们要牢记党面临的“四大考验”“四种危险”将长期存在，牢记全面从严治党永远在路上、党的自我革命永远在路上，发扬自我革命精神，纵深推进全面从严治党，持续净化政治生态，为振兴发展提供坚强的政治保证。增强历史主动，发扬斗争精神，敢于直面问题、较真碰硬，敢于亮剑接招、啃“硬骨头”，不断破解制约振兴发展的各类矛盾问题。用好辽宁作为“抗日战争起始地”“解放战争转折地”“新中国国歌素材地”“抗美援朝出征地”“共和国工业奠基地”“雷锋精神发祥地”等红色资源，讲好党的故事、革命的故事、英雄的故事，激发振兴发展精神动力。大力弘扬中华民族勤俭节约的优良传统和党的优良作风，坚持以俭修身、以俭兴业，坚决反对形式主义、官僚主义，坚决抵制享乐主义、奢靡之风，在全社会营造节约光荣、浪费可耻的浓厚氛围，把好作风、好形象融入加快实现全面振兴新突破的生动实践中。

三、出版《永恒的丰碑》一书的目的

辽宁省第十三次党代会报告提出，深入阐释辽宁“抗日战争起始地”“解放战争转折地”“新中国国歌素材地”“抗美援朝出征地”“共和国工业奠基地”“雷锋精神发祥地”的丰富内涵和时代价值，传承红色基因，赓续精神血脉。“六地”是辽宁红色历史、红色故事、红色精神等红色文化资源的集中凝练，滋养着辽宁儿女的理想信念。本书围绕“辽宁是雷锋精神发祥地”展开阐述，是辽宁红色文化普及丛书之一。

《永恒的丰碑——雷锋精神从这里走遍全国走向世界》一书，以图文并茂的形式，从摇篮、淬炼、生根、传承、播种、弘扬、升华、践行八个方面，重点梳理了雷锋在辽宁的工作历程和雷锋精神的形成、发展、融合、绽放的历史过程。本书不仅运用通俗易懂的语言揭示了雷锋精神的深刻内涵、历史演变及时代发展，而且配以传神精致的图片，阐释了各个历史时期所彰显的雷锋精神，让广大读者在愉悦的氛围中，浸入式地理解雷锋精神的实质。

本书是一本大众读者能读、爱读、乐读的雷锋精神通俗读本。全书视角新颖，内容精练，信息丰富，融知识性、思想性于一体，旨在帮助广大青少年知雷锋、爱雷锋、学雷锋、做雷锋。本书从内容设计到语言风格，都充分考虑少年、青年读者的心理特点和认知水平。坚持讲故事与讲道理相结合，用容易接受的话语介绍雷锋和阐释雷锋精神的内涵，是一本具有较强思想性、启迪性和可读性的通俗读物。

目录
CONTENT

第一章 摇 篮

雷锋，一个时代的符号，一座道德的丰碑，他用自己的无私奉献深刻解读了社会主义事业建设者的精神风貌。

被称为最美奋斗者的雷锋，生活于社会主义革命和建设的伟大时代。这是一个意气风发、艰苦创业的时代，是一个英雄辈出的时代，正是这样的时代，为雷锋的成长提供了充盈的道德滋养。以他的名字命名的雷锋精神凝结了中华优秀传统文化、红色革命文化和社会主义先进文化，深刻体现了爱国敬业、艰苦奋斗、忠诚担当、勇于创新的社会主义建设初期的创业精神。

雷锋从家乡湖南来到辽宁，辽宁赋予他广阔的成长舞台，他回报辽宁灼热的奋斗青春。辽宁成为雷锋的第二故乡，成为雷锋精神的发祥地。

一、激情燃烧的火热年代——雷锋精神诞生的时代背景

20世纪50年代，是一个激情燃烧的火热年代。全国人民壮志满怀，以冲天的革命干劲和如火的劳动热情，投身到社会主义革命和建设的宏伟事业中。社会主义工业化建设的时代热潮，造就了雷锋来到辽宁的历史契机，辽宁由此成为雷锋精神孕育发祥的摇篮。

1. 伟大时代共绘蓝图

1949年10月1日，中华人民共和国成立，开启了中华民族伟大复兴的历史新纪元。新中国成立初期，面对复杂形势和严峻考验，中国共产党采取一系列政策措施，领导全国人民巩固新生的人民政权，医治战争创伤，恢复工农业生产，迈开了建设新中国的坚实步伐。1950年6月，党召开七届三中全会，发出“为争取国家财政经济状况的基本好转而斗争”的伟大号召，全面部署恢复国民经济的各项工作。

当时的辽宁地区，包括辽东、辽西两省和沈阳、旅大、鞍山、抚顺、本溪五个特别市。辽宁由于在1948年11月就已经获得全境解放，所以从1949年起便开始了恢复经济的各项工作。刚解放时，辽宁全省工业设备生产能力受损率高达80%，工人失业率高达90%。战争废墟上遍地疮痍，辽宁恢复国民经济的任务异常艰巨。辽宁地区各地党委、政府，团结带领广大工农群众、青年学生和知识分子等，直面艰难险阻，昂首迎接挑战，凝心聚力为重建家园、恢复国民经济而共同奋斗。

辽宁人民勇于开拓。在艰难而又复杂的现实条件下，辽宁人民迎难而上，毅然投入到恢复生产的热潮中。鞍钢的干部、工人和技术人员，不分昼夜地奋战，加快修复设备。经过仅仅两三个月的时间，就炼出鞍钢解放后的第一炉钢。中板厂、焊接钢管厂、第一初轧厂等主干厂也相继修复投产。1949年7月9日，鞍钢举行盛大的开工典礼，中共中央送来了“为工业中国而斗争”的锦旗，实现祖国工业化由此从鞍钢起步。还有本钢的工人们，为了清除两座高炉里凝结的铁水、铁渣和焦炭等，不惧危险钻进炉膛，硬是用工具一点一点地凿除了炉内的铁砣，修复了1号高炉。同时，抚顺的矿工们，面对崩塌的岩石、积水的矿井和堵塞的坑道，昼夜拼搏，埋头苦干，迅速恢复了矿区生产。

辽宁人民善于革新。辽宁全境解放后，各地积极依靠工人阶级、团结技术人员，全面发展工业生产，在企业内部进行了民主改革和生产改革，建立了由厂长、工程师和职工代表参加的工厂管理委员会。在500人以上的企业中组织职工代表大会，实行企业管理民主化，建立了生产管理制度与责任制度，改革了工资制度。通过一系列改革，工人阶级确立了主人翁地位，激发出主动担当、投身建设的工作热情。

★ 孟泰（左一）

各级党委、政府和工会高度重视群众性的创造生产新纪录运动，1949年10月，东北总工会、东北人民政府工业部分别作出开展创造生产新纪录运动的决定，号召全体职工实行新的更高的技术标准和技术定额。广大工人备受鼓舞，十分踊跃地投身创造生产新纪录运动，成千上万的新纪录如雨后春笋般纷纷涌现。

辽宁人民甘于奉献。全面恢复国民经济之初，在工业战线首先遇到的严重困难是缺乏机械零部件和各种器材，正所谓巧妇难为无米之炊。为了解决这一难题，以孟泰为代表的广大干部职工无私奉献，主动将自己保存的生产器材无偿捐献给工厂。各地党组织、政府对这种行动给予热情称赞和积极引导，广泛号召人民群众捐献器材，很快掀起了“献纳器材”运动热潮。从1948年12月开始，到1949年3月，仅沈阳、鞍山、抚顺、本溪、阜新、辽阳等6个城市和沈阳铁路局的职工，献纳器材就多达87万件，价值420亿元东北币。一位曾断言鞍钢“只能种高粱”的日本专家惊叹道：“从来都是个人往家里拿东西，哪有给厂子送东西的，共产党了不起！”这些珍贵的器材，对于解决当时零部件和器械极度匮乏的困难发挥了巨大作用，有力推动了工业生产迅速恢复。更为重要的是，通过“献纳器材”运动，广大工人阶级受到了生动的思想政治教育，进一步增强了当家做主人的荣誉感、责任感和使命感。

正当全国人民集中力量恢复国民经济的时候，抗美援朝战争开始。辽宁地区站在抗美援朝的最前沿，既要组织本地群众参军、参战和参加战勤工作，又要承担全国赴朝作战兵员、军需物资和伤病员的中转任务。英勇智慧的辽宁人民不负重托，在人力、物力等方面充分动员、大力支援，为抗美援朝战争的胜利作出了巨大贡献。

抗美援朝期间，辽宁各地32万余名英雄儿女参军参战，约占志愿军总数的11%，源源不断地为志愿军补充兵员。辽宁建立起专门负责战勤的服务网络，246万余人（次）参加抗美援朝的战勤工作，约占当时辽宁总人口的12%，生产供应军需食品约2877万公斤，捐款折合战斗机235架。辽宁的各个单位全力以赴调集物资满足军需，辽宁人民昼夜赶制食品和军需物品全力供应前线，为战争胜利提供重要保障。

在中共中央和中共中央东北局的领导下，依靠工人阶级和广大群众的辛勤劳动、睿智创造和无私奉献，辽宁地区在胜利完成土地改革、没收官僚资本、镇压反革命、进行“三反”“五反”运动和抗美援朝任务的同时，于1952年底提前完成了恢复国民经济的任务，工农业生产、交通运输、文教卫生和商业等方面都取得了显著的成就，整个辽宁地区的工农业生产达到了历史最高水平。

国民经济恢复之后，面对新形势和新问题，党中央于1953年提出党在过渡时期的总路线和总任务，即“在一个相当长的时期内，逐步实现国家的社会主义工业化，并逐步实现国家对农业、对手工业和对资本主义工商业的社会主义改造”，向全国人民明确提出了建设社会主义的伟大任务。全党和全国人民迅速统一认识，开启了为建设一个伟大的社会主义国家而奋斗的新征程。

鉴于当时工业基础薄弱等实际情况，中共中央作出优先发展重工业的战略决策，着手编制第一个五年计划（简称“一五”计划）。1953年，“一五”计划正式实施，其核心就是集中主要力量发展重工业，建立国家工业化和国防现代化的初步基础。自此，中国人民走向富强的宏伟蓝图在神州大地上迅速铺展开来。

辽宁是当时全国工业城市最密集的区域，拥有机械、造船、钢铁、煤炭、电力等诸多类型的工业城市，具有一定的重工业基础，具备发展现代化工业的优厚资源条件，由此成为“一五”时期国家重工业建设的重点地区。国家确定“第一个五年计划的中心任务之一是基本上完成以鞍山钢铁联合企业为中心的东北工业基地的新建、改建，其中包括抚顺、阜新的煤矿工业，本溪的钢铁工业和沈阳的机器制造业”。

根据中共中央和中共中央东北局的部署，辽东、辽西两省和沈阳、旅大、鞍山、抚顺、本溪等市，认真宣传贯彻党的过渡时期总路线，在工业、基本建设、农业、商业等方面进行了扎实规划和严密部署，采取一系列重大措施推动计划实施，为建设国家重工业基地、实现社会主义现代化工业强国作出了突出贡献。

火热的年代激发斗志，伟大的蓝图振奋精神。举国上下，工人、农民和知识分子，满怀着对工业化的美好憧憬，迸发出前所未有的劳动热情，投身到工业建设的宏伟事业中。全国城乡到处奏响了“每一秒钟都为创造社会主义社会而劳动”的时代号角，到处洋溢着参加和支援国家工业化建设的热烈氛围。

辽宁的大规模工业建设及其非凡成就并不只是辽宁人民自己的功劳，更重要的是得益于中共中央的高度重视，得益于全国人民的大力帮助。“全国支援鞍钢”已成为当时祖国各地最响亮的口号。全国各地的干部、工人、技术人员、农民、大学生和军人等，响应国家号召，从四面八方奔向鞍钢，以饱满的热情和高昂的斗志投入国家工业建设事业。

2. 雷锋赴辽实现夙愿

社会主义革命和建设的时代热潮，工业化建设的大规模兴起，为雷锋来到辽宁创造了历史契机。1958年秋天，鞍山钢铁公司来到雷锋的家乡湖南省望城县招工，雷锋毫不犹豫地报名，毅然要去往祖国最需要的地方。

雷锋从小就志向远大，胸怀明确、坚定的人生目标。1956年7月，在高小毕业典礼上，雷锋上台发言，铿锵有力地说道："我决定留在农村广阔的天地里，当一个新式农民。我决心做个好农民，争取驾起拖拉机，耕耘祖国大地，建设社会主义新农村。将来，如果祖国需要，我就去做个好工人，为我国的社会主义工业化建设出把力。将来，如果祖国需要，我就参军做个好战士，用自己的鲜血和生命去保卫我们伟大的祖国。"雷锋向着人生目标稳步前进，在时代号角的召唤下，用实际行动不断践行着自己的誓言。1958年，原名为雷正兴的雷锋，在鞍钢招工的登记表上，郑重地写下新的名字"雷锋"，表达出要在社会主义工业化建设战线勇当先锋的宏愿。他以新的名字，开启新的人生旅程。

来到鞍钢后，雷锋被分配到化工总厂洗煤车间当推土机手。从农村到工厂，雷锋的生活发生了很大变化。他在湖南团山湖农场开拖拉机时，工资收入为32元，现在开推土机收入起点却降低为22元，每月工资比过去少10元钱。领导问他难道不怕吃亏吗？雷锋毫不迟疑地回答："不，我不是为钱来的。"

雷锋就是这样，毫不计较个人得失，满腔热忱地一心投入到社会主义建设中。他从1958年来到辽宁，到1962年牺牲在辽宁，他在当工人的经历中磨砺意志，在当兵的经历中升华思想，用自己全部工作生涯七成以上的时间，在辽宁大地上挥洒汗水、贡献智慧，一步一个脚印，以最丰满的奋斗实践书写下最光辉的人生篇章。

雷锋投身辽宁工业建设，在当时祖国最先进的地区之一直接得到工作历练，无疑对他坚定理想信念、增强学习意识、践行爱国主义精神起到了关键性的作用。

他的政治理论水平显著提高。雷锋到鞍钢后，积极靠近党组织，经常向党组织汇报思想，找党员同志谈心，特别是开始系统学习毛泽东著作。

不管工作多么劳累，他每天都坚持学习马列和毛泽东著作，从中不断汲取政治营养，并在工作实践中转化为行动。1959年11月15日，他便递交了入党申请书。

他的刻苦钻研精神日益增强。通过勤奋学习，他迅速掌握了驾驶推土机的技术，同时还学会了维修和保养推土机的技术，并认真培训学员，在此过程中体验到了学习使人进步的喜悦。

他的集体主义思想不断升华。在鞍钢工作将近一年之际，他从当初抱着感恩思想埋头苦干，到思想和眼界变得更加开阔和远大，革命干劲越来越高涨，并且深刻懂得了“一朵鲜花打扮不出美丽的春天，一个人先进总是单枪匹马，众人先进才能移山填海”的道理。

他的为民服务观念更加坚定。在日常生活中，雷锋助人为乐，对待同志们像春天一般温暖，利用一切机会帮助别人，由此收获了工友之间的珍贵情谊，也切身感受到帮助他人的互动喜悦。

我们常常思考，雷锋的品德和风格到底从何而来？难道是天上掉下来的吗？不会，人世间不存在天生的马克思主义者。或者是从地底下长出来的吗？也不会，根红未必苗正，栽培助力茁壮。

从雷锋的成长经历看，在苦难的旧中国，父亲惨死、兄弟夭折、母亲自尽，给雷锋带来了血泪斑斑的童年记忆，使雷锋从小就具备了朴素的阶级感情。解放后，在党和人民的关怀下，雷锋成为好学生和公务员。但是，雷锋一生中最闪光的岁月起步于在辽宁当工人，特别是1960年1月参加中国人民解放军之后。那些被人们广为传颂的雷锋事迹和雷锋日记绝大部分出现在20世纪50年代末、60年代初，正是对应我国完成生产资料的社会主义改造之后、社会主义初级阶段开始之时的历史阶段。

在社会主义制度下，亿万人民群众有着共同的理想，大家心往一处想、劲往一处使，为共同的目标而奋斗。雷锋以自己的光辉实践成为社会主义时代精神的杰出典范，雷锋精神植根于社会主义初级阶段的时代土壤，从党和人民在这一时期的实践活动中获得充分给养，特别是直接从辽宁人民砥砺奋进建设社会主义的辉煌实践中汲取能量。

雷锋在日记中，多次提到黄继光、邱少云、向秀丽等时代楷模，其中也不乏辽宁籍的英模人物。他在《前进报》上看到了共产党员郑春满同志舍己救人的英雄事迹，感动得热泪盈眶。郑春满同志见义勇为、舍己救人的英雄行为，令雷锋感受到无产阶级最高尚的品德，进一步坚定了他全心全意地为人民服务、为共产主义事业奋斗终生的价值观念和人生理想。

除了从英模人物的光辉事迹中感受崇高，雷锋还在与辽宁普通劳动群众的日常接触中收获启迪。1961年4月16日，他拿着铁锹跑到了抚顺李石寨人民公社万众生产大队，和社员们一起翻地。雷锋被当地劳动群众的冲天革命干劲深深地教育和鼓舞，他感慨地写道：“我真正懂得了群众的力量能移山填海，只有群众的力量是无穷无尽的，一个人的力量总是沧海一粟。我决心永远和群众牢牢地站在一起，为人类最美好幸福的生活而斗争。”

★ 1961年8月，雷锋出席抚顺市第四届人民代表大会时的留影

辽宁人民信任雷锋，爱戴雷锋。抚顺市民选举他当市人民代表。雷锋光荣地参加抚顺市第四届人民代表大会第一次会议后，激动地写下一首诗：“过去当牛马，今天做主人，参加代表会，讨论大事情。人民有权利，选举自己人，掌握刀把子，专政对敌人。衷心拥护党，革命永继承，哪怕进刀山，

永远不变心。”他真切地感受到代表人民的光荣，身为新社会主人翁的责任感和使命感进一步提升，下决心“为建设社会主义和实现共产主义而献出自己的全部力量，直至生命”。

新旧社会的鲜明对比，人生境遇的跌宕起伏，从苦孩子到学生，从农民到公务员，从工人到军人，雷锋一路走来，一路收获，一路感悟，他深切地感受到生活在社会主义社会的幸福，他多次热情地讴歌那样一个崭新而美好的时代：“今天我们处在一个翻天覆地、千变万化的时代，一个英雄辈出、百花盛开的时代，一个6亿人民精神振奋，斗志昂扬，意气风发的时代。在这样的时代里，我们应当鼓足更大的革命干劲，激发更大的革命热情，站得高些，更高些；看得远些，更远些！”“什么是时代的美？战士那褪了色的、补了补丁的黄军装是最美的，工人那一身油渍斑斑的蓝工装是最美的，农民那一双粗壮的、满是厚茧的手是最美的，劳动人民那被烈日晒得黝黑的脸是最美的，粗犷雄壮的劳动号子是最美的声音，为社会主义建设孜孜不倦地工作的人的灵魂是最美的。这一切构成了我们时代的美。如果谁认为这并不美，那他就不懂得我们的时代。”

我们不论是要深度学习雷锋事迹，还是要深刻领悟雷锋精神，都必须首先了解雷锋身处的那个时代。雷锋是新中国成立以后，在党和人民哺育之下成长起来的一代新人的优秀代表，是社会主义革命和建设时代的杰出典型，是把爱国之心转化为报国之行的模范先锋。他的迅速成长彰显着马列主义、毛泽东思想科学理论指引前进的巨大能量，他的模范事迹凝结着社会主义革命和建设时期先进人物共同拥有的高尚品格，他的精神传承体现着中国人民对幸福当下与美好未来的一致追求。

雷锋精神来源于时代，又反哺时代。这种精神不仅仅属于雷锋个人，更是属于所有雷锋式先进人物，是伟大时代精神的重要组成部分。正如诗人贺敬之在《雷锋之歌》中理解的那样：雷锋不只是一个普通的名字，更是一代社会主义青年的姓名。

二、轰轰烈烈的工业生产——雷锋精神形成的社会基础

“一五”时期，是中国工业化起步的关键时期，更是辽宁建设成为全国工业基地的关键时期。新中国重工业基地辽宁，与伟大的共产主义战士雷锋，相遇在高速前行的时代列车上，成就出交相辉映的共同成长。

1. 辽宁工业铸就辉煌

“一五”计划是新中国开展大规模现代经济建设的开端。“一五”时期，以苏联援建的156项工程为中心的经济建设，使我国的工业生产能力和技术水平向前迈进了一大步。完成“一五”计划，对中国工业化起步具有决定性作用，奠定了社会主义工业化的初步基础，为社会主义建设积累了宝贵经验。

苏联援建的156项重点工程建设项目，最后实际实施了150项，其中有24项落户辽宁。在重点工程数量方面，辽宁与陕西并列位居全国第一；在国家计划安排投资、实际完成投资和“一五”时期完成投资三个方面，辽宁均为全国最高。为了与国家24项重点工程配套，辽宁在沈阳、旅大、抚顺、本溪、安东等地安排了625个省、市重点工业项目。

中共中央对辽宁重点工程的建设十分重视，不仅在资金上给予大力保障，同时从全国各地抽调大批干部、工人和专业技术人员，支援辽宁的工业建设。在国家重点投入和全国人民大力支援下，经过辽宁人民共同拼搏、艰苦奋战，24项重点工程中的14项工程在“一五”期间建成投产，10项工程在“一五”之后建成投产，辽宁胜利完成了党和人民交办的重大任务。

经过“一五”计划工业建设，辽宁完成了以鞍钢为中心的工业基地建设任务，形成了以鞍山、本溪的钢铁工业，抚顺、阜新的煤炭工业，沈阳、大连的机械工业和抚顺、锦西、大连的石油、化学工业为主，以服务

于工农业生产建设和人民生活需要的建筑材料工业、农具制造和机械修配工业、造纸工业、柞蚕和棉纺工业及其他各种轻工业为辅的辽宁地区工业网，成为当时东北乃至全国的工业核心地。

辽宁生产出一批填补国内空白的工业产品，创造出众多令人瞩目的“全国第一”：第一架新型喷气式飞机、第一台四轴自动车床、第一台巨型变压器、第一座塔式吊车、第一台水轮发电机、第一台快速风镐、第一台卧式镗床、第一台选矿机、第一辆24行播种机、第一台立式大水泵……在新中国工业成就榜单上，闪耀着数不尽的辽宁首创光芒。

“一五”期间，辽宁工农业总产值平均每年增长17.3%，其中工业总产值平均每年增长21.5%，超过“一五”计划规定的8.7%。辽宁经济实力大大增强，为支援国家大规模经济建设、实现社会主义工业化和国防现代化奠定了坚实基础。全省国营和地方国营工业在“一五”时期上缴税金达87.9亿元，其中净提供资金达43.7亿元。辽宁生产的金属材料、重型设备、工业主要物资等大批量输出支援各地，为全国经济建设作出了突出贡献。

“一五”结束时，辽宁固定资产原值占全国的27.5%，居全国第一位；辽宁省工业总产值达94.4亿元，占全国的16%，居全国第二位，其中重工业产值达71.6亿元，居全国第一位。当时，全国17%的原煤产量、27%的发电量、近30%的金属切割机床、50%的烧碱、60%的钢均产自辽宁，辽宁的飞机、军舰、弹药等军事工业也占有很大的比重。

辽宁不仅作为国家的冶金、能源、机械等工业基地支援国家经济建设，而且为全国各地工矿企业输送和培训大批技术人员。“一五”期间，仅鞍钢就向外输送技术干部和管理干部1338名。在1956年一年里，全省数十万名技术人才，奔赴全国各地支援建设。辽宁不负党和人民的重托，有力支援社会主义工业化建设，切实发挥了共和国工业基地的巨大作用，铸就了光彩绚丽的辉煌，成为名副其实的“共和国装备部”。

那时的辽宁，是欣欣向荣的崭新家园，到处是热火朝天的繁忙景象，到处是机器轰鸣的建设场面，到处是干劲十足的劳动群众。勤劳智慧的辽宁人民，在党中央的关怀和全国人民的支援下，为绘就“一五”计划宏伟蓝图挥洒汗水、贡献力量，满怀豪情又脚踏实地，用火一样的热情、铁一样的意志，鸣奏着激情岁月的决胜战歌。

历经蹂躏的辽宁，在解放后平复创伤、砥砺创业，从战争废墟中拔地而起，一跃成为社会主义工业化的前锋；历经磨难的雷锋，在解放后重获新生、踏实奉献，着力探索并阔步向前，矢志成为社会主义建设的先锋。大规模社会主义建设的时代巨潮，促成了辽宁与雷锋蕴藏光辉的历史交汇。

工业体系的高速建设和巨大成就，迅速改变了新中国一穷二白的落后面貌，切实提高了人民群众的生活水平，极大地增强了劳动人民对美好未来的热切期盼和建设热情。社会存在决定社会意识，在轰轰烈烈的工业生产大背景下，各族人民共同形成了为建设社会主义强大国家而奋斗的社会理想，普遍推崇“我为人人、人人为我”的社会道德风尚。

社会主义工业化建设，是打开新中国走向繁荣富强之门的金钥匙，也是打开雷锋实现崇高人生理想之门的金钥匙。雷锋转战到工业战线，是雷锋精神孕育形成的重要转折点。

2. 交相辉映印刻永恒

雷锋在到辽宁之前，就深刻认识到了国家形势的变化和祖国建设的需要，形成了为祖国工业战线作贡献的坚定想法，对投身工业化建设充满期待。他在《决心书》里写道：“根据国家形势的发展，钢铁生产占了目前的重要地位，我自己申请，经望城县委批准，我来鞍钢学习，我愿把我的青春献给祖国……我一定服从组织的调配，到工厂后，一定刻苦学习，克服一切困难，发挥一个共青团员的应有热能……为祖国人民过幸福生活而奋斗到底!”

他在北上鞍钢的途中，跟同伴们闲谈时说：“哪里需要就到哪里去。

再说，我这个人打篮球都不服输，你想想，为祖国炼钢，你们女孩子都舍得离开家，我能甘心落后吗？”在列车中途停留在武昌站时，他和同伴们一起去看武汉长江大桥。雷锋指着长江大桥，十分兴奋地和同伴们说：“你们看，那下层铁路桥是用什么造的？那上层公路桥又是用什么造的？钢铁！全是钢铁！这需要多少钢铁呀！我国刚刚建成了第一座长江大桥，今后还要建多少这样的大桥呢？”他的声音和神态无比激动，想必那个时候，他的心早已长了翅膀飞到鞍钢，深深沉浸在即将为祖国钢铁事业挥洒汗水的迫切期盼中。

雷锋到达辽宁后，辽宁的雄厚工业实力和恢宏建设场面给他的心灵带来了巨大的震撼。在鞍山车站下车后，他眼前的繁荣工业场景让他惊呆：“那多得像春天里生长的春笋一样的烟筒，那密如繁星的炼钢炉，那沸腾的钢水，那堆得像山一样的钢材，那机器的响声比春雷还凶，祖国的钢都是多么的伟大啊！”雷锋瞬间爱上了这里。

他到鞍钢后，人事科科长找他谈话，说：“你以前当过公务员，你还给领导当公务员，生活会好些。”雷锋不同意，说：“我不是来享受的，是来工作的。”后来他被分配开推土机，就立刻认真学习，苦练本领，“只想早一日学会，早日为祖国出一点力量”。

他当上推土机手之后，接到任务，帮兄弟厂带一个学员，厂里要给他36元作为师傅费，他没有收，心想自己的技术是党培养教育的，一定要把自己所学的知识告诉其他同志，理应无私地为工业战线作贡献。

他写下诗篇《翻车机》，由衷地赞美大型工业设备：

我第一次走近翻车机的身旁，
仿如空中霹雷响，
吓得我倒退两步心惊慌，
啊，原来是翻车机把一列煤车来个底朝上！
只听那半空中唰唰响，

满满的一列车煤呀！
翻倒得又净又光。
马达在轰鸣，
翻车机好像个大蛟龙，
上下不停地翻腾搅动。
你的力量无穷无尽，
你的任务是多么重大而光荣。
你有时有点小毛病，
我们工人的心啊，
比失掉自己的双手、眼睛还痛。
翻车机呀翻车机！
我在你身边工作是多么的骄傲。
我愿意在你身旁尽忠效力，
伸出你的友谊的手吧——翻车机，
你我共同走向共产主义！

雷锋在新中国工业建设的伟大事业中，辛勤付出，磨砺成长，他对工业战线的一切，都饱含着深情和热爱。

通过在工人队伍中的实践历练，再结合对毛泽东思想的系统理论学习，雷锋更加深刻地认识和理解了工人阶级的历史地位。1961年，他在学习《论人民民主专政》后，激动地写道："整个革命历史证明，没有工人阶级的领导，革命就要失败；有了工人阶级的领导，革命就胜利了。在帝国主义时代，任何国家的任何别的阶级，都不能领导任何真正的革命达到胜利。工人阶级是最先进、最觉悟、最有组织纪律、最有前途的阶级。工人阶级在旧社会受剥削受压迫最深，生活不如牛马，要求革命最坚决，革命最彻底。我国人民在工人阶级先锋队——伟大的中国共产党的正确领导下，取得了革命的伟大胜利，取得了社会主义建设巨大成就，将来会建设一个更美好的共产主义社会。”

在祖国的“钢都”鞍山，经过大工业熔炉的锤炼，受到众多产业工人优秀品质的影响，雷锋越来越成熟，被锻造成一块无比坚硬的“好钢”。由此作为转折点，在党的正确引领、亲切关怀和着力培养下，经过一点一滴的丰富社会实践，雷锋从一名普通青年，逐步成长为一名光荣的共产主义战士，并在思想深处逐渐凝结铸就出宝贵的雷锋精神。

雷锋精神作为时代精神的精华，体现了我们的社会共同理想与共产党人最高理想、我们的社会公德与共产主义道德、强烈的求知精神与无私的奉献精神、高度的民主意识与严格的纪律观念的高度统一，反映了当时全国各族人民共同建设社会主义强大国家的迫切要求，蕴含了社会主义初级阶段劳动人民矢志振兴中华的磅礴伟力，成为内涵深刻、永不过时的共产党人精神丰碑。

三、厚重丰盈的优秀文化——雷锋精神塑形的思想渊源

中华民族的优秀文化为雷锋精神的形成提供厚重丰盈的底蕴。同时，雷锋的第二故乡——辽宁的地域文化也深刻影响着这个不断向上向善的年轻人。

1. 爱国奉献凝聚力量

爱国主义精神是统领雷锋精神的灵魂。爱国主义是中华优秀传统文化的精神内核，是红色革命文化和社会主义先进文化的核心。

爱国主义具有鲜明的历史特点与时代特征。在中华优秀传统文化中，爱国主义表现为如屈原、苏武、岳飞、文天祥这些与当时社会背景相契合的精忠报国的光辉典范。在新中国成立后，在中华民族的爱国主义精神体系中既有传统文化意义上的精忠报国、舍生取义，又兼具社会主义建设时期对社会主义祖国、对中国共产党和人民当家作主的人民政权的无比热爱

和对无产阶级、劳动人民的阶级兄弟的无比热爱。

爱民为民是中华民族爱国主义文化中的价值传统。春秋时期，孔子提出“古之为政，爱人为大”的思想。孟子则说“民贵君轻，得民心者得天下”。这些思想成为早期中国爱民思想的集中体现。这一理念对中国社会生活发挥重要作用，在中国共产党为人民服务旗帜下得到了最广泛的实践。全心全意为人民服务作为中国共产党的宗旨原则，不仅是对马克思主义唯物史观的继承与发展，同样也借鉴吸收了我们优秀传统文化中的爱民思想。

“厚德载物”是中华优秀传统文化中的人格塑造的经典表述，语出《易传·坤卦》的象辞：“地势坤，君子以厚德载物。”大地有柔顺的特点，可以承载包容万物。作为君子则要效仿大地的这种品性。“厚德”追求内在德行的积累，以及由此催生的生命境界的提升；“载物”体现的是利他的宽厚胸怀和担当意识。这一理念构筑了儒家在人格塑造和政治实践上的基本方法和路径。

这些中华优秀传统文化中的人生修养论已经融汇在中华民族的价值准则里，凝练在立德修身的理念中。位卑未敢忘忧国，中华民族源远流长生生不息，爱国修身的传统是一种强烈的内在力量。

辽宁作为中华民族和中华文明的重要发祥地之一，有着悠久的爱国主义传统。因其厚重的历史文化积淀、得天独厚的资源条件和区位优势，辽宁人民创造了新中国工业的辉煌，为我国建设独立完整的工业体系和国民经济体系作出了历史性贡献。辽宁人民的爱国境界，体现为信念坚定、勇挑重担，敢为人先、勤劳务实，不甘落后、拼搏进取，在共和国的发展建设、社会主义建设事业中展示着独特的魅力。

长期以来，辽宁人民的坚定信仰和家国情怀在践行使命中得到生动展示。14年艰苦卓绝、不屈不挠的抗日斗争，为全国抗战胜利作出了重要贡献。辽沈战役中辽宁和东北成为全国解放战争胜利的起点和强大后方，为夺取全国胜利拉开了序幕。抗美援朝战争中，辽宁作为大后方的最前沿，有246万余人（次）参加抗美援朝的战勤工作，流血牺牲、保家卫国。在建国初期的经济建设中，辽宁人民爱岗敬业、忠诚奉献，攻坚克难、开拓进取，这是“共和国工业长子”的忠诚与担当。辽宁大地涌现出孟泰、尉凤英等楷模，这些都是忠诚担当精神的生动展现。

辽宁人民敢闯敢试、敢为人先、开拓进取和求真务实、吃苦耐劳、锲而不舍，体现了辽宁人民“创新实干”的意志品格。“一五”计划完成时，辽宁已基本形成了以冶金、机械、化工、石油、煤炭、电力、建材等行业为主的重工业体系。辽宁创造了多个“共和国第一”。

当年雷锋为了祖国建设多炼钢铁，从家乡来到鞍钢，从农村进入工厂。鞍钢作为产业工人最集中的地方机器大工业的生产环境，对造就雷锋成为道德模范以及以后成长为伟大的共产主义战士发挥了重大作用。

在鞍钢的雷锋，工作、生活、学习在具有高度组织性、纪律性的产业工人当中，受到工人阶级具有的大公无私的伟大品格、优良品德和作风的深刻影响和教育，他身上深刻地打下了工人阶级的印记。

雷锋入伍一年后，曾这样回顾和评价工人阶级：“工人阶级是最先进、最觉悟、最有组织纪律、最有前途的阶级。”

工友易秀珍回忆说：“新工人入厂教育，给我们讲一些老工人的先进事迹，讲孟泰、王崇伦。雷锋听了特别兴奋，在学习回来的路上，他边走边和我说：‘小易，我一定要在工作中向孟泰、王崇伦学习，当一名鞍钢好工人。’”

雷锋在工作之余，经常反省，总感到自己的思想和行动与党的要求有差距。为了缩小差距，他开始如饥似渴地学习毛主席著作和革命书籍，从中吸取丰富营养。晚上，同宿舍的伙伴们，有的去看电影，有的去散步，还有的打扑克、下象棋，雷锋却总是坐在床边，认真地学习着，并不时地把书中重点章节、段落记在笔记本上。学习使雷锋懂得了不少革命道理，丰富了他的头脑。

雷锋在1959年的一篇日记中这样写道：“1958年入厂时候，我只是一个抱着感恩思想埋头苦干的工人，在生产上只能做到完成自己的任务和达到每天的定额。后来，在党的教育下，特别是受到党的社会主义建设总路线和全国人民冲天干劲的鼓舞，才使我的思想和眼界变得更加开阔和远大，才使我的干劲越来越高涨。由于党的教育，我懂得了这个道理：一朵鲜花打扮不出美丽的春天，一个人先进总是单枪匹马，众人先进才能移山填海……"

"我要永远戒骄戒躁，不断前进。"

雷锋说过："人总是要学习的，不学习就不能进步，就做不好工作。"

雷锋在鞍钢，服从组织安排，放弃了当炼钢工人的强烈愿望，认真学开推土机，提前七个半月完成《师徒包教保学合同》。他说："我就甘当一颗螺丝钉了。"在工作中，雷锋干一行爱一行、专一行精一行，忘我劳动，无私奉献。

雷锋在给鞍钢招工组的《决心书》里这样写道："几年来，由于党的不断教育和培养，使我从一个幼稚无知的孩子，成长为一个有一定知识、觉悟的共青团员。……根据国家形势需要，钢铁生产占了目前重要地位，我自己申请，经望城县委批准，让我来鞍钢学习，我愿把我的青春献给祖国……"

2. 地域文化锻造品质

地处辽河流域，拥有厚重历史的辽宁，有着独特的地域文化，蕴含和滋养着这片土地上的人们浓厚的爱国情怀！

辽宁的历史最早可以追溯到距今约30万年前，今天的营口金牛山遗址，是辽宁最早的旧石器时代人类活动的见证；阜新查海遗址距今8000年，被称为"辽河第一村"，是进入新石器时代的见证；沈阳新乐遗址和出土的大量器物，显示了辽宁在原始社会末期的繁荣景象。红山文化更是将中华民族的文明史提前了1000年。绵延赓续的历史变迁孕育了辽宁的历史文化。

辽宁曾经开出了中国第一台汽车，在这里最早形成近代中国民族工业。钢都鞍山、煤都抚顺、煤电之城阜新等都曾名扬遐迩，辉煌一时。新中国成立后，这里曾经走出了百余万技术人员和熟练工人支援全国工业化建设，以至于走到全国各地，到处都能听到辽宁的乡音。

辽宁以独特的地域文化承载着深厚的爱国奉献的炽热情感，滋养着这片土地上生活的人们！浓浓的爱国奉献氛围更影响着在这里为建设伟大的社会主义祖国建功立业的广大年轻人。雷锋就是他们中的典型代表，正如他在日记中说的那样："今天我们处在一个翻天覆地、千变万化的时代，一个英雄辈出、百花盛开的时代，一个六亿人民精神振奋、斗志昂扬、意气风发的时代。在这样的时代，我们应当鼓足更大的革命干劲，激发更大的革命热情，站得高些、更高些，看得远些、更远些！"因此，雷锋无论是当工人，还是做解放军战士，都以饱满的热情，投身火热的社会主义建设事业。

出于对党、对祖国、对人民的无限忠诚和无私爱心，雷锋勇于奉献：一是忘我劳动，奋不顾身；二是关心他人，助人为乐。来到鞍钢，无论在鞍钢化工总厂当推土机手，还是在辽阳弓长岭焦化厂工作，他都忘我劳动，表现出色，多次被评为劳动模范等。参军后，雷锋更加自觉地把个人融入党和人民的事业，他干一行爱一行专一行，在平凡的岗位上作出了不平凡的贡献。雷锋所从事的工作及职业身份几年间不断转换，但是不变的是他对工作的满腔热情、精益求精与乐于奉献；不变的是对同志、对战友，对他周围的与他有交集的普通人的无私帮助、甘于奉献以及包容与担当。既体现了一位社会主义建设时期一代青年的爱岗奉献的职业道德，又彰显了一位中国人民解放军战士全心全意为人民服务的思想境界与人格力量。

雷锋，将中华优秀传统文化的爱国主义融汇于修养品德中，又将社会主义和共产主义的理想落实在实际行动与思想认识里。因此，在雷锋身上，既看到对中华民族优秀传统文化爱国敬业的继承和发展，又体现出中华民族优秀传统文化在社会主义时代，放射出的灿烂的时代光辉。

四、英模辈出的红色热土——雷锋精神产生的道德滋养

20世纪五六十年代，那是我们共和国历史上一个特殊而辉煌的时代。社会主义制度的确立为形成社会主义道德观念奠定了强大的政治和社会基础，以马克思主义为指导，以艰苦创业、无私奉献、建设国家、创造美好生活、发展社会主义各项事业为思想文化与价值引领，逐步成为全社会的道德规范。在这种红色文化引领下的火热的社会主义的思想教育实践活动中，艰苦奋斗成为当时的鲜明印迹，涌现出一大批英雄和楷模。

1．红色文化孕育英模

1956年社会主义改造完成，建立了公有制的经济基础。在革命和建设的实践中，马克思列宁主义和毛泽东思想的指导地位也在我国人民群众中逐步确立。社会主义的经济、政治、文化条件的确立，极大地改变了中国人民的精神面貌。一个社会主义的中国屹立在东方，以崭新的面貌出现在世界民族之林。

建立在社会主义公有制基础之上的人与人之间的关系淳朴而诚挚，是一种真正的同志式的平等、互助、友爱的关系。红红火火的社会主义建设事业、各条战线捷报频传、各种英雄模范人物辈出，这些都激励、教育着那个时代的青年人。

从1949年到1959年，中华人民共和国经历了一个恢复国民经济、巩固人民民主专政和向社会主义过渡的休养和发展时期，其间虽然也有某些曲折和失误，但全国人民在中国共产党的领导下取得了举世瞩目的光辉成就。在经济建设上，超额完成了第一个五年计划，工农业产值和全国居民的消费水平都显著提高。1956年，我国基本上完成了对农业、手工业和资本主义工商业的社会主义改造，社会主义经济成分占统治地位，控制了整

个国家的经济命脉，社会主义制度已经基本建立。

到了20世纪60年代初期，由于国际上帝国主义对中国采取孤立政策、实行长期经济封锁，中苏两国关系交恶，以及由于对社会主义建设规律认识不够，对社会主义建设长期性的思想准备不足，我们在当时出现了大跃进的错误，导致国民经济比例失调，国民经济面临严峻的形势。面对严重的困难，中国人民既没有被困难吓倒，也没有屈服于外来的压力，而是更增强了自力更生、战胜困难、共渡难关的信心，激发了建设祖国的极大热情。在各条战线上涌现出许多英雄式的人物。在政治上，阶级斗争的暴风雨时期已经过去，国内的主要矛盾已经转变为人民对于经济文化迅速发展的需要同经济文化不能满足人民需要的状况之间的矛盾。此时党的主要任务是领导人民发展生产力，实现国家工业化，逐步满足人民日益增长的物质文化的需要。

社会主义建设需要全党和全国人民继续保持艰苦奋斗的革命作风，需要埋头苦干，追赶世界工业发展的历史脚步。

新的社会主义制度的确立，带来了个人与个人之间、个人与集体之间、个人与社会之间、企业之间、部门之间关系的一系列新变化。这些变化客观上要求在全社会建立一种新型的道德规范和行为准则，于是社会主义的道德关系开始形成。这些表现在：劳动人民当家作主地位的确立，要求人们以新的态度对待自己的社会和国家，于是爱党、爱国、爱社会主义的精神得以发扬光大；生产资料的全民所有和部门、行业之间的新型关系，要求人们以新的观念和态度来对待人民自己的财产，一心为公、克己奉公，发扬共产主义风格，用集体主义原则处理国家、集体、个人三者之间的利益关系；人与人之间在政治上经济上的平等，共同占有生产资料和在共同理想指导下的同志关系，全社会开始形成助人为乐的良好风尚，急他人所急，想他人所想，“把困难留给自己，把方便让给别人”被视为基本的道德常识。此外，社会主义经济要求人们立足本职工作，干一行爱一行专一行。共和国的蒸蒸日上以及社会主义建设的困难和艰巨，要求人们艰苦奋斗、奋发图强。在社会主义按劳分配原则的基础上，社会先进分子进一步倡导无私奉献。

这一切表明，社会主义道德观念已经形成，以马克思主义为指导，以艰苦创业、无私奉献、建设国家、创造美好生活、发展社会主义各项事业为思想文化与价值引领，逐步成为全社会的道德规范。

在这种红色文化引领下的火热的社会主义思想教育实践活动中，艰苦奋斗成为当时最鲜明的时代要求，涌现出一大批英雄和楷模。有一批战斗英雄，他们是抗美援朝战争中涌现出的“最可爱的人”。他们中的典范有邱少云、黄继光，有人民海军的战斗英雄安业民；有一批在社会主义建设初期艰苦创业的楷模人物：王进喜、时传祥等。他们的事迹鼓舞着社会主义的新一代公民成长。在他们的行列中，出现了雷锋的名字。这位平凡而又伟大的共产主义战士的典型意义，就在于他集中地体现了社会主义的时代精神，是新型的社会主义道德一个全面的实践者，是具备新型的社会主义道德的理想人格。社会主义经济关系所要求的一切道德规范和行为准则，他都默默地、一丝不苟地、全心全意地实践着。

1962年6月30日，雷锋在日记中写道：“我认为，一个革命者，要树立牢固的集体主义思想，时刻都要把集体利益放在第一位。同时还要坚决打消个人主义，因为个人主义对革命不利，对集体有损害。个人主义好比大海中的孤舟，遇到风浪，一碰就翻。集体主义好比北冰洋上的原子破冰船，任凭什么坚冰都可以摧毁。我认为坐在小舟里摇摇晃晃不好，还是坐在原子破冰船上乘风破浪一往直前为好。”

2. 榜样力量感召先锋

作为老工业基地，在社会主义建设初期，辽宁就涌现出一大批劳动模范，他们艰苦奋斗、一心奉献、勇于革新的精神鼓舞了几代人。这些劳模在工作中一丝不苟，任劳任怨，为社会主义建设事业默默贡献自己的一切力量；在自己的工作岗位上勇于创新、争创一流；发扬艰苦奋斗精神，淡泊名利、无私奉献。这些劳动模范的名字在当时就家喻户晓。

他们中有不分白天黑夜、不顾雨雪严寒，在十里厂区收集了上千种材料数十万个零部件，从废墟中捡回来三座高炉的孟泰；有大胆挑战传统观念，仅用 9 个月时间就取得驾驶火车资格的我国第一位女火车司机田桂英；有发明“万能工具胎”，走在时间前面的王崇伦；有先后 13 次受到毛主席接见，被党中央命名为“毛主席的好工人”的尉凤英；还有实现技术革新 780 余项，其中 18 项填补了国家空白的“技术革新大师”张成哲……

有的模范人物就生活在雷锋的身边，对他影响很大。在雷锋 1959 年 11 月 2 日的日记中就记载了一位叫张秀云的市（鞍山市）劳动模范对他的影响。他在日记中这样写道：“向市劳动模范张秀云学习。首先学习她高度的主人翁责任感，对党、对社会主义事业的赤胆忠心；学习张秀云同志积极主动、帮助别人、大公无私、舍己为人的共产主义思想和团结

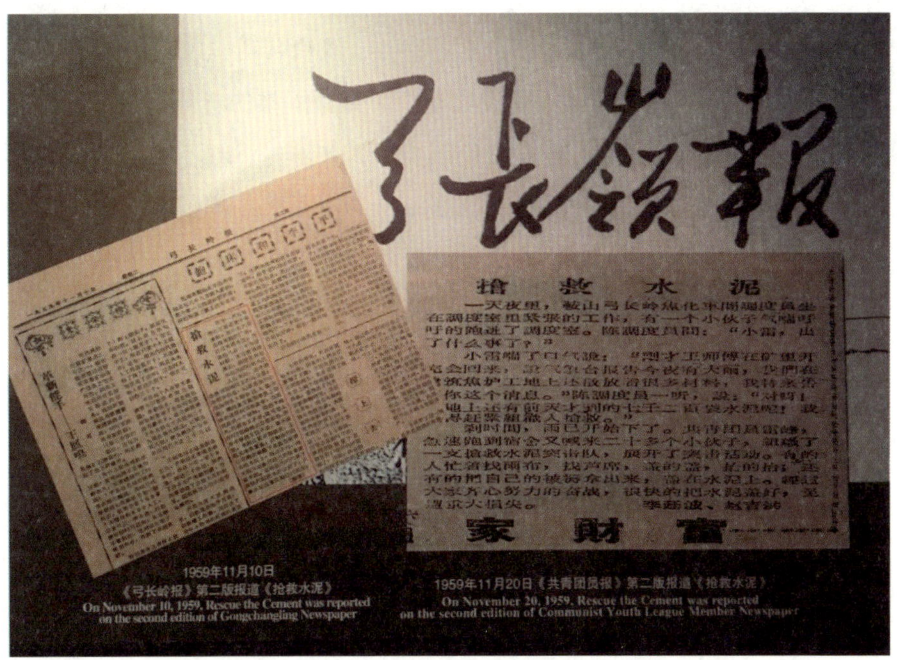
弓長嶺報

搶救水泥

一天夜里，鞍山弓长岭焦化车间调度员坐在调度室里紧张的工作，有一个小伙子气喘吁吁的跑进了调度室。陈调度员问：“小雷，出了什么事了？”

小雷喘了口气说：“刚才王师傅在矿里开完会回来，说气象台报告今夜有大雨，我們在新建焦炉工地上还放着很多材料，我特来告诉你这个消息。”陈调度员一听，说：“对呀！工地上还有前天才到的七千二百袋水泥呢！我們得赶紧組織人搶救。”

到时間，雨已开始下了。共青团員雷鋒，急速跑到宿舍又喊来二十多个小伙子，組織了一支搶救水泥突击队，展开了突击活动。有的人忙着找雨布，找芦席，盖的盖，扛的扛；还有的把自己的被褥拿出来，盖在水泥上。經过大家齐心努力的奋战，很快的把水泥盖好，免遭国家大损失。 李兹波、赵吉纯

家財富

★ 刊登雷锋《抢救水泥》报道的报纸

群众的优良作风；学习她坚持向群众学习、不断充实自己、谦逊好学的精神。”

向榜样学习，他是这样说的，也是这样做的。把学习榜样落实在实际行动上。1959年是雷锋在鞍钢工作的第二年，这年11月14日，雷锋在日记中记载了他和工友们雨夜抢救水泥的故事。“……深夜11点钟了，走在门外，天黑得伸手不见五指，这时突然下起雨来了。陈调度员说，我们建筑焦炉工地上，还散放着七千二百袋水泥。陈调度员急得手足无措。……雨越下越大，这时我猛然想到了党的教导，要我们爱护国家财产，又想到了我是一个共青团员。想到这些，一种无穷的力量鼓舞着我急忙跑到工地，用自己的被子和脱下来的衣服，抢着盖在水泥上。后来，我又跑到宿舍，发动了二十多个小伙子，组织了一个抢救水泥的突击队。他们有的忙着找雨布，有的忙着找芦席，盖的盖，抬的抬。经过一场紧张的战斗，避免了国家的财产受到重大的损失。……回到宿舍，回忆自己为国家为党做的一点点工作而高兴。”

向榜样学习，严格要求自己，艰苦奋斗、淡泊名利。1959年11月的又一篇日记，记录了雷锋当时在建设焦化厂时克服困难的精神状态。雷锋在日记中这样写道：“我们在建设焦化厂当中，住不好、吃不好和工作环境不好等，这些困难都是暂时的、局部的、可以克服的。只要我们有叫高山低头、河水让路的气概，是没有战胜不了的困难的。”

这年11月20日的雷锋日记记录了他无私带学员的经历。“我在鞍钢开推土机时，车间主任给了我一个任务，要我带三个学员。自己的技术不高，又怎能教好学员呢？可是，我想到这是党给我的任务，我一定要坚决完成。在驾驶和学习机器构造原理时，我和他们互相研究。我不懂就去请教其他师傅，而后再告诉他们。他们只用四个月就学会了开推土机。毕业后，工厂要给我三十六元带学员的师傅钱，我没要。我学的技术是党培养的，今天告诉别人是应该的。”从11月26日的日记中我们看到雷锋对待荣誉的态度。“中午12点，我刚从车间开完会回到宿舍，一进门就被大家围住了。小王拿着一张报纸跑到我跟前说：雷锋同志，你看，你上次在雨夜抢救水泥，登了共青团员报了！当时，我也和大家同样感到高兴。这对我和大家来说，都是很大的鼓舞。……我这么一点点贡献，比起党对我的要求和希望还是做得很不够，但是我有决心忘我地劳动，赤胆忠心，不骄不傲地乘胜前进。多为党做一些工作，这就是我感到最光荣的。”

雷锋不断地向榜样学习，也不断地自我学习。1959年的最后几篇日记，足以见证他成为一名共产主义革命战士的思想境界。1959年12月7日的日记这样写道：“……我和厂里的朱主席以及其他几位代表们坐火车到了弓矿开先进生产者、红旗手以及工段以上的干部大会。……党委高书记宣布了大会主席团名单，其中有我一个。当我走上主席台时，我那颗火热的心是多么的激动啊！像我这样一个放猪流浪出身的穷孩子，今天能参加这样的大会，同时还把我选为主席团成员。我是党的，光荣应该归功于党，归功于热情帮助我进步的同志们。”12月8日，雷锋写道：“一个革命者，当他一进入革命行列的时候，就首先要确立坚定不移的革命人生观。……树立这样的人生观，就必须培养自己的思想道德品质，处处为党的利益，为人民的利益着想，具有大公无私、舍己为人的风格。……要能够为党的利益，为集体的利益不惜牺牲自己的利益。否则就是个人主义者，是资产阶级的人生观。”12月20日的日记中写道：“一个人出生在世界上以后，除了早夭以外，总要活上几十年。……每个人每时每刻都在写自己的历史。每个共产党员和共青团员都应该好好地想一想，怎样来写自己的历史。每个共产党员和共青团员时时刻刻都要以马克思列宁主义、毛泽东思想来做自己思想行动的指导，真正做到言行一致。我要永远保持自己历史鲜红的颜色。”从这里我们足以看到决心成为共产主义先锋战士的雷锋的人生信念。

榜样的力量是无穷的。来到辽宁的雷锋，时刻浸润在“当先锋、做模范”的为社会主义建设无私奉献的思想文化氛围里，因此在他内心深处的爱国、感恩、奉献的情感如同活力无限的泉水汩汩涌出，汇聚到社会主义建设大潮中，不断激起新的浪花。他把自己的光和热，全部献给了他热爱的人民和阶级兄弟，在平凡中成就了伟大。

雷锋精神发祥于辽宁，并走遍全国走向世界。将辽宁与雷锋在火热年代中的彼此成就宣告给世人，将辽宁与雷锋密不可分的完美契合定义为永恒！

第二章 淬 炼

雷锋在辽宁工作过的城市有鞍山、辽阳、营口、抚顺、铁岭、沈阳，同时雷锋还去过大连、锦州、丹东、葫芦岛。雷锋的足迹遍布辽宁的10个城市，辽宁是雷锋的第二故乡，是雷锋精神的发祥地。辽宁的鞍山、辽阳、营口、铁岭、沈阳、抚顺这6个城市彰显出不同的雷锋文化特色。挖掘雷锋文化资源，凝练城市雷锋文化，既有利于提升城市雷锋文化的影响力，更有利于将辽宁打造成新时代学雷锋高地，构建特色鲜明的辽宁雷锋文化城市群。

一、雷锋在鞍山

1958年8月，鞍钢为适应钢铁生产发展的需要，到湖南湘潭、长沙，包括到雷锋的家乡望城等地招收新工人。湖南伢子雷正兴（后改名雷锋）听说这个消息后，心情特别激动，连续3次到招工工作组报名，最终得到了批准。1958年11月15日，18岁的雷锋响应党的号召，离开了生活多年的三湘大地，来到了“中国钢铁工业的摇篮”——鞍钢，成为化工总厂洗煤车间的一名推土机手，实现了他当个好工人的梦想。鞍钢大工业生产的环境，对造就雷锋起了很大的作用，是锻造雷锋成长的大熔炉。从响应号召奔赴鞍钢，到1960年应征入伍，雷锋在鞍钢化工总厂和弓长岭焦化厂工作和生活一年零两个月，确切地说是423天。雷锋在鞍钢工作的时间并不长，却使雷锋实现了从农民到产业工人的蜕变。他在这里学习技能、钻研工作、奉献自己、帮助他人，成为鞍钢一面火红的精神旗帜。这个阶段对于雷锋的成长和雷锋精神的形成奠定了坚实的基础。

1. 雷锋如何改名

雷锋的原名叫雷正兴，生于1940年12月18日，老家湖南长沙望城简家塘，小名庚伢子。他1958年11月从湖南望城来到辽宁鞍山，参加鞍钢建设，并正式改名为雷锋。然而，雷锋刚改名时用的却不是先锋的“锋”，而是山峰的“峰”。

那是在1957年2月，雷锋入团后不久，他找到当时的县委书记张兴玉，想把名字改为单字。张兴玉沉思了一会儿说：“就叫‘雷峰’吧。‘峰’是山峰、是高峰，这会永远激励你奋发努力，攀登高峰的。”这以后，雷锋就开始使用“雷峰”这个名字。

1958年11月，雷正兴将填好的工人登记表连同一份《决心书》交给了鞍钢招工组，《决心书》里这样写道：“让我来鞍钢学习，我愿把我的青春献给祖国。”同时，为表达自己想要去鞍钢当工人的强烈意愿，立下到鞍钢打冲锋、争先锋的决心，雷正兴在登记表上第一次写下“雷锋”这个名字。这是“雷锋”这个名字第一次走进人们的视野。在以后的近三年时间里，雷锋也偶尔用山峰的峰。

1958年11月15日，雷锋到鞍钢工作，其间，他的各种证书上的名字是“雷峰”。在辽阳，他的入伍申请书、决心书，用的名字是“雷峰”。

1960年1月8日，入伍的第一天，他从报纸上剪下黄继光的像贴在日记本扉页上，落款是“雷峰”。同年2月5日，在《辽阳日报》上发表的文章署名是“雷峰”。

1960年11月8日，雷锋填写的《入党志愿书》上，署名是“雷峰”。

1961年5月26日，雷锋当选为抚顺市第四届人民代表大会代表，当选证书上写的是“雷峰”。

现存在中国人民革命军事博物馆雷锋当年的存款单，1961年6月18日和9月9日分别存入储蓄所200元和100元钱，储户名填写的也是“雷峰”。

雷锋把“锋”与“峰”这两个字共用了较长一段时间，但从1961年9月以后，雷锋本人再没有用过“雷峰”。

尽管雷锋常用“雷峰”，但在入党转正申请书、出席人民代表大会登记表等重要文本上填的都是“雷锋”，加盖的印章也是“雷锋”。

其实，无论是改名前还是改名后，入伍前、入伍后，雷锋工作积极主动，总是冲锋在前。雷锋一直是共和国60年代的潮流先锋，他戴红领巾、主动回乡当农民、当政府公务员、学开拖拉机、喜爱拍照片、发表文章、立志当炼钢工人、参加解放军、学习《毛泽东选集》……他向前冲锋的脚步一刻也没停过。

2. 雷锋爱岗敬业

刚来鞍钢的那几天，雷锋一想到自己很快就要穿上防热服、手持钢钎，成为一名炼钢工人，他就抑制不住内心的兴奋。谁知，他被分配到了化工总厂洗煤车间学开推土机。“我是为祖国炼钢来的，为啥让我当推土机手？”年轻的雷锋有点想不通，连忙找到了车间主任于明谦询问情况。“炼钢光靠几座平炉不行，还需要矿石、铁水、焦炭、煤气等，缺少哪一样都不行。大工业生产就像一架机器，缺哪一颗螺丝钉也不能转动。”于明谦不慌不忙地解释道。听了于明谦的一番话，雷锋茅塞顿开，当场表示：“我就甘当螺丝钉了，党把我拧在哪里，我就坚守在哪里！”自此，雷锋开启了在鞍钢的工作和生活。

雷锋被分配到乙班，跟着李师傅当学徒。当时洗煤车间有两种型号的推土机，一种是斯大林80号推土机，振动大、操作难；另一种是德特54号推土机，体型小也省力。正当大家认为雷锋会选择德特54号时，身高还不到一米六的雷锋却非要开斯大林80号，理由是“开大车能多干活儿”。当年，雷锋由于个头不高，坐着开车看不见前面的推土铲，不好操作，所以大部分时间是猫着腰工作，一天下来腰酸背疼、汗流浃背，但他却从没叫过一声苦、说过一句累。他每班都早来晚走，努力钻研，虚心求教，很快学会了开推土机，还学会推土机维修与保养。签订的一年的“师徒合同”仅用了四个半月便全部完成，他也被师傅称赞为“岁数最小、学得最好”的徒弟。

3. 雷锋刻苦钻研

学开推土机，首先必须摸透机械性能、传动规律，把油、汽、水、电调整好才能启动机车。雷锋注意在实践中学。李师傅在操作时，雷锋站在一旁仔细看，问这问那，专心学习。雷锋在学习操作时，总让师傅在一旁指教，不会就问，学懂为止。雷锋还注意向书本学习，掌握理论知识。他每天背着书包上班，里面装着一本师傅送给他的《斯大林80号推土机构造说明》，休息时就掏出书本，逐字逐句地专心阅读，达到心领神会为止。下班后，又常常学到深夜。洗煤车间钳工们组织了“内燃机理论学习班”，雷锋挤出业余时间主动参加学习，被钳工组长称赞为“出勤最好的一个学生”。雷锋就是这样，苦钻苦学苦练建设鞍钢的本领。

在他来厂之前，洗煤车间已经培养过几批推土机手，一般都要一年左右才能独立操作。但是，雷锋的技术进步特别快，他以惊人的毅力、顽强的精神、苦学的劲头，只学四个半月，就能独立操作了。设备出了故障，他还会独立检修。在短短的半年时间里，雷锋努力学习技术，不仅会开斯大林80号，而且会开德特54号，哪里缺人，他就在哪里顶岗。洗煤车间为此号召青年工人发扬雷锋的“螺丝钉”精神，争做好徒工！

4. 雷锋乐于助人

19岁的雷锋不仅勤奋工作，还在鞍钢留下了一段段热心助人的事迹，让“雷锋精神”与“鞍钢精神”紧密相连。

在鞍钢化工总厂工作期间，雷锋的生活非常俭朴，处处精打细算，但是发现别人遇到困难时却非常慷慨，主动支援。计划经济时期，有钱买不着粮食，吃粮全凭粮票。当年价值10多元钱一张的白粮票，雷锋经常送人。面对珍贵的粮票，工友们都不好意思接受，雷锋却总是说“我一个人吃不了”，然后就将粮票塞给工友。

雷锋每月只挣22元钱，但他把生活安排得挺好，除留下生活费外，每月还储蓄4元。有一次，回收车间工人刘大兴接到从湖南老家来的信：“母亲病重，急需用钱。”雷锋听到这事，就主动问：“你母亲要钱治病，凑够了没有？”刘大兴焦急地回答：“母亲要50元，我手头只有20元。”雷锋就借给他30元钱。还有一次，同宿舍的一位工人不慎弄丢了全月的粮票和饭票，正发愁。雷锋跑去安慰他：“王大哥，没关系，我这里有粮票和钱。”随即拉着他到食堂去吃饭，还送给他8斤粮票，借他10元钱，真是雪中送炭。王师傅深受感动，紧紧地握住雷锋的手说：“你真是个好同志。”

一个冬天的夜晚，雷锋看到同宿舍5号房间的邹本国呼呼直喘，头发热，劝他赶快去医院。邹本国有气无力地说：“我走不动，明天再说吧！”夜晚，天黑，找不到车，雷锋就把邹本国背到铁东医院，帮着挂号，联系住院等事宜，一直忙到半夜12点。之后，雷锋常到医院看望，还给他带些饼干、糖果等食品，安慰邹本国好好休养。由于治疗及时，小邹很快痊愈出院，雷锋又把他接回宿舍。小邹回忆往事时激动地说：“雷锋待人亲如兄弟，劝我戒烟，帮我进步……我能够成为一名共青团员，除了组织的培养教育外，与雷锋同志对我的热心帮助也是分不开的。”

雷锋在鞍钢化工总厂开推土机的时间虽然不长，但是留下了一串坚实的脚印。他走过的历程中，没有惊天动地的伟业，没有轰轰烈烈的场面，也没有曲折动人的情节。只是做了些平凡的小事，却体现出了他艰苦朴素、热爱劳动、关心同志、毫不利己、专门利人的共产主义品格，温暖着他人的心。

5. 雷锋无私奉献

紧张的工作之余，雷锋还到洗煤车间举办的职工夜校参加学习。夜校只有两名专职老师轮流教学，忙不过来，雷锋本来是个学员，可他上了几堂课以后，就主动做起了兼职教员，讲起语文课来。

1958年9月，19岁的夏秀芝进入鞍钢化工总厂工作。据夏秀芝回忆说："在很多人印象中，雷锋只是个为人民服务的典范，是全国人民学习的楷模，然而在我心目中，雷锋还是一名非常优秀的语文教员。"1959年，"扫盲"工作开始，这一年鞍钢化工总厂开始办职工业余文化补习班，她和雷锋被抽调，帮助工友提高文化水平。当时夏秀芝做专职教员负责扫盲组织工作，雷锋做兼职教员，主要负责初中语文课程教学。

据夏秀芝回忆，做语文教员期间，雷锋特别认真负责，由于白天需要工作，扫盲教学被安排在每天晚上5点至6点进行。为了不耽误上课，雷锋每天下午4点从洗煤车间下班，冲完澡就会来到办公室领上课所需的粉笔、黑板擦等教学用具，准备上课，从来不迟到，而且备课认真。下课后，对工友的提问，雷锋有问必答，而且会不厌其烦地解释，直到提问者满意。其他老师有事时，雷锋都会主动要求帮助代课。

在鞍钢工作期间，雷锋以实际行动扎扎实实地学习孟泰、王崇伦的勤俭节约、艰苦奋斗精神。正是鞍钢对雷锋的历练，培养了他"不怕苦、不怕累、不怕难，干一行爱一行专一行"的职业态度与"像螺丝钉一样，拧在哪里就在哪里闪光"的职业精神，以及勤俭节约、爱厂如家的优良美德。雷锋在鞍钢化工总厂只工作了9个月零5天，却3次被评为先进生产者，每周都被评为生产标兵，5次被评为车间红旗手，还被评为职工夜校优秀兼职语文教员。此时不满19岁的雷锋已成为鞍钢最年轻的工人模范和先进典型，鞍钢这个大熔炉把他淬炼成钢。

60年来，雷锋精神已深深根植于鞍山这片沃土，涌现出以"当代雷锋"郭明义、全国"岗位学雷锋标兵""时代楷模"李超等为代表的一大批学雷锋活动先进典型。鞍山人传承雷锋血脉，矢志敬业奉献，形成了推动城市进步、社会发展的磅礴精神力量。

二、雷锋在辽阳

1959年8月20日，为响应鞍钢在辽阳弓长岭铁矿建造焦化厂的决定，雷锋主动申请来到这里工作。到1960年1月8日从弓长岭走向军营，雷锋在这里工作、学习、生活虽然只有142天，这段时间却是雷锋精神孕育和形成的重要时期。雷锋以爱党、爱国，爱岗、敬业，创新、创业，奉献、奋进，忘我、谦虚的品质诠释着青春的价值和意义，雷锋在辽阳力争上游，绽放青春。

1．雷锋以青春之力尽青春之责

1959年5月，鞍钢决定在辽阳弓长岭铁矿建一座年产30万吨焦炭的焦化厂。这年8月中旬，为了加快建设速度，鞍钢从化工总厂调给弓长岭焦化厂一批技术骨干和青年工人。动员时，厂领导除了强调建新厂的意义，也没有回避弓长岭是个大山沟，环境相当艰苦的情况。从鞍山市总厂优越的生活环境中向偏僻的弓长岭调人是十分困难的，大多数人不愿意去。雷锋说："不经风雨，长不成大树；不受百炼，难以成钢。"雷锋考虑工作的需要，当即报名："艰苦点怕什么，我去！"

★ 雷锋在焦化厂（辽阳雷锋纪念馆提供）

1959年8月26日，当雷锋来到矿山的时候，正是焦化厂施工紧张阶段。

职工们都住在没有整修的民房里，屋里还没有接上水管，用点水得到二里地外的松泉寺沟口去取，生活的确十分艰苦。临近冬天，矿领导决定发动职工修建宿舍。入冬以后，弓长岭山区格外冷，给施工带来了新的困难。领导把和泥这个最脏最累的活儿，交给了雷锋所在的青年突击队。干了两天，雷锋发现砌砖和运砖的同志上班后，都得等和泥小组把泥和好才能开始干活儿，每天都窝工个把小时，影响施工进度。雷锋想，要想不窝工，和泥小组就得提前上班，于是，他发动和泥小组的共青团员，每天天不亮，当别人还在熟睡的时候，他们就来到工地提早和好了一堆泥，等砌砖运砖的同志一上班，马上就能干活儿。但因为是冬季施工，开始没经验，用土和的泥黏结性小，砌上的砖不牢固。他们经过研究，把蒿草、沙子和土掺在一起，解决了黏结性小这个问题。但是，大家只用铁锹、二齿钩子使劲拌和，进度慢，硬土块还搅拌不开，怎么办？雷锋脱下鞋，挽起裤腿，踏进泥水里，用脚踏碎土坷垃。工段领导看见，怕冻坏他的脚，连忙取来胶靴叫他穿上。可穿上胶靴，一踩进泥里，胶靴就被粘住，拔不出来，尽管没少费劲，泥还是和不匀。雷锋干脆把靴子甩掉，仍然光脚踩泥。当同志们看到雷锋的腿上剐破了不少口子，都关切地问他："小雷，冷了吧？快进屋歇歇！"他笑呵呵地回答："冷点怕啥，宿舍早一天盖好，大家就少冷一天。"在雷锋的带动下，伙伴们也照着雷锋的样子干，泥水冰冷刺骨，碎石乱草扎得脚生疼，他们全然不顾，依然坚持这样干，终于把和泥的问题解决了，砖墙越砌越快。

在大多数人眼里，雷锋主要是做好人好事的模范，是一颗永不生锈的"螺丝钉"。其实雷锋还是一个革新标兵。

修建职工宿舍的施工进度加快了，墙越砌越高，可是墙砌得越高，运泥越困难。雷锋一边赤脚踩泥，一边琢磨：能不能找个窍门，使运泥的问题得到解决？他站在泥里比比画画，谁也不知他想干什么。

同他一起从湖南来的小叶，好奇地问他，比比画画地想干什么。"来，小叶，你帮我参谋参谋。"雷锋从稀泥中拔出脚来，对小叶说。"我想搞个土吊车运泥，你看行不?”说罢，他又把大家叫在一起，在地上画着图，讲解他的想法。

伙伴们听了都赞成他的想法，并立即向工段领导汇报了。领导很支持他们，并称赞他们这一想法。就在当天，工地上立马架起了“横杆吊斗”，经过试验，完全适用，吊泥、吊砖、吊瓦都行，大大加快了施工进度，而且在焦化厂建设中发挥了很大的作用。

在焦化厂建设中，雷锋善于开动脑筋进行技术革新，不仅发明了“横杆吊斗”，还革新了滑车和独轮车等生产设施，被焦化厂评为技术革新标兵。

当建到最后一栋宿舍时，已是初冬时节，早晚已经开始结冰。这时，偏偏打地基的石头用完了，工地附近的石头都拣光了。领导号召大家找石头，雷锋和青年突击队的几个同志积极响应这个号召，利用业余时间，在离工地不远的河里发现了石源。雷锋和团小组长小王一起，踏进没膝深的冰水里去捞石头。他们一边捞石头还一边喊:“同志们，这边河里有石头，快来捞啊!”在其他地方寻找石头的青年突击队队员，听见他们的喊声，都急忙赶来，也卷起裤腿下河去捞。大家干得十分起劲。随后又把捞上来的石头及时运往工地，解决了工地缺石头的难题。

工作中的雷锋起早贪黑，每次交接班，总要多干一二十分钟，甚至半个钟头。尽管已经超出工作时间，可雷锋还要仔细地把推土机再检查一遍，把油添足，把检修用的工具一一清点，才和同事交班。

2. 雷锋以青春之志展青春之美

雷锋风华正茂的青春岁月，正是社会主义建设红红火火的年代。年轻的人们在这个火热的时代里，充满了革命的激情和浪漫的情怀，生活虽然是艰苦的，但又是快乐的。

弓长岭焦化厂建设初期，什么物资都缺少。为此，厂党总支号召广大职工开展增产节约运动，争当节约能手。

雷锋积极响应党的号召，把在化工总厂工作期间养成的节约习惯带到了弓长岭焦化厂，大力回收废旧物资。他用一个木箱子和两个纸壳箱子制作了节约箱。他将捡来的螺丝钉、螺丝帽、钢筋头、铁线等废旧金属物品装在木箱子里，将捡来的旧擦机布、旧手套、旧劳动服、旧雨衣等装在纸壳箱子里，装满后，经过清洗再交给厂里。

雷锋在弓长岭工作时还有一个义弟，叫吕学广。吕学广回忆，有一个星期天，雷锋从节约箱中取出很多旧手套、旧擦布，求他帮助清洗。雷锋说："这些旧物品洗干净了，补上还可以再用。"他就问："这么多，什么时候能补完啊？再说，我也不会补啊。"雷锋回答说："你帮我洗一洗就行了，我会补。"

还有一次，吕学广发现雷锋把旧雨衣拆开，拼成很大的防雨布，就问："你拼它干什么？"雷锋回答说："用处可大了！房子漏了，可以压房子；什么东西怕雨淋了，可以盖上……"

雷锋在焦化厂的工友石素琴回忆说，有一次，雷锋看见一位工友上班没穿劳动服，就找出一件送给这位工友。他还把捡来的旧手套洗干净补好了，整齐地包成包送给厂里。书记厂长问他："你一个男人怎么会干女人的活儿呢？"雷锋回答说："我从小就会针线活儿。"

雷锋究竟为焦化厂回收了多少废旧物资，节约了多少资金，谁也说不清楚，只知道他月月都被评为节约能手。

在繁忙的劳动中，雷锋给自己规定一条，不管多么忙，每天必须挤出些时间读书。1959年10月，车间调度室已经修好，晚上那里很静，成了雷锋看书学习的好地方。1959年11月5日晚上，雷锋正在调度室里看书，忽听外面哗哗地下起雨来。住在这里的调度员十分着急地说："工地上还有七千二百袋水泥没卸下来，遭雨一淋，就要变质，得赶快叫人抢救！"雷锋一听，吃了一惊，水泥是国家财产，是工地急需的建筑材料，决不能让它受到损失。他马上顶雨跑回宿舍，叫上20多个小伙子，同时把自己的衣服、被子抱到现场盖在水泥上。经过一场激战，终于保住了七千二百袋水泥没有受到损失，可雷锋的衣服、被子却连泥带水弄得一塌糊涂。

原沈阳军区档案馆的《雷锋同志报告录音整理稿》这样记载了这件事："我跑到工地以后，雨越下越大。这时，我想起了向秀丽同志的英雄事迹（向秀丽为保护国家财产牺牲了自己的生命），眼看国家财产就要受到损失了，自己怎么样来抢救呢？我想，抢救一袋水泥就是一袋，因此，我就把自己一件棉大衣脱下来盖到水泥上……跑到宿舍以后，我把自己的被子拿来盖在水泥上。当时我叫来了20多名工人同志，组织了一个抢救水泥突击队，我们找来一块大雨布，盖的盖，抬的抬，很快地就把那水泥盖好了……后来，李书记请来一个人，把我的被子、棉大衣给我洗干净了以后，又送到了我的宿舍。"

★ 雷锋雨夜抢救水泥

雷锋工友易秀珍回忆："有一天深夜，外边打雷又下雨，我已经睡下了。忽听窗外响起一阵脚步声，还影影绰绰听人说什么东西遭雨淋了……第二天才听说，是工地专用列车上昨天没有卸完的七千二百袋水泥没有盖……我跑到现场一看，雷锋那床大红花布被还盖在水泥上。"

雷锋的老乡兼工友彭佑生对雷锋抢救水泥这样评价："通过这件事，我们深切地感受到雷锋在关键时刻对党的事业的忠心，看到了他的高尚品质和'舍己为公、爱厂如家'的奉献精神。"

雷锋这种公而忘私的精神，受到了同志们的普遍称赞。1959年11月10日和20日，《弓长岭报》和辽宁团省委主办的《共青团员报》都报道了雷锋的先进事迹。

3．雷锋以青春之火燃青春之姿

雷锋不仅业务上刻苦钻研，思想上追求进步，性情上也很是开朗活泼，凡是与他接触过的人，都有暖如春风的强烈感觉。

据雷锋义弟吕学广介绍，1959年9月的一天，正在读小学二年级的吕学广，趁午休时间到理发店理发。一进屋，看见七八个人在等着，他站在那里焦虑不安。忽然，一个小个子的大哥拉住了他，说道："小朋友，你先理吧，别耽误上学。"当他理完了准备付钱时，这位大哥告诉他说："别掏了，钱我替你付了。"吕学广说，那时候太小，不懂事，连句"谢谢"都没说就走了。回家后和父亲说起这件事，父亲教育他说："你也太不懂事了，还不去找找人家说声谢谢？"

连续三天，吕学广到焦化厂找人。一个年岁比较大的工人听了他的描述，一拍大腿："一定是开推土机的小雷。"见了面，果然是他。从那之后，一有机会，雷锋就给吕学广买笔、本、文具盒，还辅导他看书、学习。

这天，雷锋把他平时积攒的劳保服包了个大包，拿到大队问大队书记："姑嫂城谁家最困难？"那时困难的人家太多了，雷锋还是想找村里最困难的。大队书记合计了一下就说："俺们这儿穷的家多去了，要说最穷的，倒是有个老羊头，他家最困难。"那时吕长太放羊，大伙就都叫他老羊头。雷锋就说："行啊，那就给他家吧。"

大队书记又说了："他家在东沟啊，东沟可远啦，你不怕远吗？""有多远？"书记说："能有2里多地吧。"他就说："我不怕远，我跟你去。"

雷锋一进门就看见了吕学广，小孩子正在院子里剁猪食。他就说，哎呀，这是你家啊！吕学广扔下菜刀就跑了过来，哎呀哥，你怎么来了？雷锋说，我这有几件衣服要送人，大队给我介绍，说你们家最困难，我就上你们家来了。原来老羊头吕长太是吕学广的父亲，雷锋也很激动。

后来雷锋到了部队，在作报告时还不止一次地讲到吕长太老人：“我在路上看到了一个放羊的老大爷。那个老大爷穿着一件很薄的棉衣。当时我想到这个老大爷年纪很大了，这么冷的天一定扛不住冻，像我这样一个年轻小伙子不要紧，我就把身上的一件棉上衣脱下来送给了那个老大爷。那个老大爷当时就流下了眼泪，他握着我的手对我讲：‘我死也忘不了你。’”

1959年国庆节过后，在姑嫂城大队曹书记的见证下，雷锋认吕长太夫妇为干爹干妈。

从这以后雷锋有时间就去看望这位老大爷，把他当作自己的父亲一样，给他打柴、挑水，起垫猪圈、起地瓜、掰玉米……什么活儿都干，干完活儿就走。雷锋的工资并不高，每月只有30多元，可他省吃俭用，用省下来的钱贴补吕家生活。

雷锋入伍临走那天，把他不能带到部队的所有衣服、鞋，包括洗脸盆、毛巾等包了3个包，委托易秀珍送给吕长太家。

雷锋入伍的当天早晨，大队曹书记和吕长太父子，随同厂里送新兵的汽车，一直把雷锋送到辽阳南林子新兵集结地。

雷锋入伍后，曾几次来信向义父义母和奶奶问好，汇报他在部队的情况，问吕学广的学习情况，并先后两次到吕学广家探亲。

“雷锋哥哥虽然22岁就去世了，但是，他的精神一直激励着我做个对社会有用的人。”吕学广说。1970年，刚满19岁的他到矿里当了一名工人，别人一天推20车矿石，他推30车，年年被评为劳模。

2001年退休后，吕学广买了一辆三轮车搞营运，又在村头摆个摊儿修车。他有个原则：对那些生活条件不好的，一律免费。

2011年冬天，在村干部支持下，吕学广组织村民成立了一支40多人的学雷锋志愿者小分队，谁家遇到难事儿就帮一把。吕学广说：“我只有一生奉献，才能对得起九泉之下的雷锋哥哥。”

4. 雷锋以青春之笔书青春之歌

雷锋在辽阳弓长岭工作生活期间，写下了22篇闪耀着共产主义思想光辉、充满理性思考的日记，标志着雷锋精神在辽阳孕育并初步形成。

弓长岭是一个不太大的地方，但这里却是雷锋人生道路上的一个里程碑。在这里，他树立了自己人生的远大目标——加入伟大的中国共产党，为共产主义事业奋斗终生。雷锋在1959年8月26日的日记中写道："自从由鞍山转到弓长岭以来，自己就抱定决心：一定要很好地工作、学习，争取加入中国共产党。对各种学习任务都能认真完成；自学较好，每天早晨学习一小时，晚上总是要自学到深夜11点钟。早晨坚持做早操，没有违反过纪律，都能按规定去做。今后，我应当继续加强组织纪律性，向违法乱纪做斗争，严守纪律，听从指挥，做好机器检查和保养，保证安全，消灭事故。努力学习政治，开展思想斗争和批评与自我批评，加强团结，虚心学习。"这篇日记从学习、工作、纪律、团结，一直讲到个人修养。雷锋第一次在书面上表达加入中国共产党的愿望。从这些文字里完全可以看出，此时的雷锋不仅年满18周岁，而且思想开始成熟，视野逐渐开阔。他走进工人阶级队伍以后，思想产生了飞跃式变化。

雷锋立志要"做一颗永不生锈的螺丝钉"，在党和人民需要的每一个岗位上发挥自己的光和热。在弓长岭焦化厂，哪里有困难和危险，雷锋就出现在哪里；组织需要什么，雷锋就义无反顾地坚决完成。

雷锋的"钉子精神"，给这里的人们留下了深刻的印象。在焦化厂时，他不仅读完了3卷《毛泽东选集》，还写下大量的眉批。他每天早上坚持学习1小时，晚上熄灯后，就在被窝里打着手电筒看书、写日记，每天都要学到22点至23点。他不仅学习马列主义、毛泽东思想和科学文化知识，还学习保尔、董存瑞、黄继光、张秀云等英模人物的模范事迹。

雷锋在1959年10月25日的日记中抒发了对青春的感悟："青春啊！永远是美好的，可是真正的青春，只属于这些永远力争上游的人，永远忘我劳动的人，永远谦虚的人。”雷锋关于青春的这段名言写得非常精彩。可以说它充分表述了青春的真谛，阐明了青春的真正价值。雷锋的这段名言是伟大的，是不朽的，它影响了几代年轻人，还在继续影响一代又一代年轻人。

雷锋由农民转为工人以后，主人翁意识更强了。当时，鞍钢的生产压力很大，需要抽调各班工人参加炼钢。因为雷锋所在的推土机作业班人手少、任务重，就没有抽调他们，可雷锋却利用休班时间主动参加炼钢。工人都是昼夜三班倒，每班8小时。雷锋每天要上两个班，一班是推煤，一班是炼钢，忙得不可开交。有的工友不理解，问他为什么这样做。答案很简单，他太爱工厂了，他太爱钢铁了，他太爱集体了。

他每天看着工厂里高大的厂房，高高的烟囱上空白云飘荡；他每天工作在宽敞的车间里，听着隆隆的机器声；他每天走在厂区林荫道上，欣赏顶天立地的白杨树；特别是观看那连绵不断的钢花铁水，真有些心旷神怡。于是他写下了《可爱的工厂》这样优美的诗。

汽笛，对着初升的朝阳，
情不自禁地高声歌唱，
迎接英姿焕发的工人走进工厂。
啊，钢铁的心脏——鞍钢，
为了祖国的工业化，
你永远不知疲倦地繁忙。
你那高大的厂房，
建筑在数十里的土地上。
红彤彤的铁流，
像滚滚的长江水一样，
昼夜不停地奔忙。
如果谁要是在远处瞭望，

就能看到鞍钢全部的景象：
从森林般的大烟囱里，
吐出一股股黑黑的浓烟；
夜晚像无数条火龙在闪闪发亮，
把浓烟映得像五彩缤纷的彩云一样。
在这浓烟下面，
就是我们工作的厂房。
呀！真仿如神话般的天堂，
这里的工厂主人，
都在日以继夜地繁忙，
热情地歌唱。
歌唱我们的新生力量，
歌唱我们的厂房——鞍钢焦化厂。

雷锋怀着豪迈，揣着理想，大步走进大工业的钢铁基地，真不知怎样表达对巨人的欣赏。“汽笛”似乎是震撼雷锋的第一声响，立下雄心——为祖国工业化不知疲倦奔忙。雷锋爱鞍钢，亲鞍钢，他把源源不绝的铁水比作无尽无休的万里长江。

人生观决定着一个人活着的目的和意义，决定着人生道路的方向和对待生活的态度。在1959年12月8日的日记中，雷锋写道：“一个革命者，当他一进入革命的行列的时候，就首先要树立坚定不移的革命人生观……树立这样的人生观，就必须注意培养自己的思想道德品质，处处为党的利益、为人民的利益着想，具有大公无私、舍己为人的风格……要能够为党的利益、为集体的利益不惜牺牲自己的利益。”雷锋就是以这样的信念要求自己，激励自己，他的这种信念逐渐升华为一种时代精神，而辽阳正是孕育雷锋精神的土壤。

雷锋在弓长岭矿焦化厂工作仅仅4个多月，18次被工段以上评为标兵，

5次被评为红旗手，3次被评为先进生产者，1次被评为优秀宣传员。1959年12月7日，雷锋作为矿山“先进生产者”出席了弓长岭矿召开的先进生产者、红旗手以及工段长以上干部大会，还被确定为主席团成员。同年，雷锋还获得辽阳市“除四害讲卫生先进工作者”荣誉称号，并出席鞍山青年社会主义建设积极分子大会。

在辽阳，雷锋用奋斗定义青春。雷锋工人先锋形象在辽阳定格为永恒。雷锋是在辽阳报名参军的，是从辽阳穿上军装走向军营的，是辽阳市的领导和群众在辽阳火车站敲锣打鼓欢送雷锋入伍当兵的。他与辽阳人民结下了血浓于水的亲情，用汗水和爱心为弓长岭积聚了前进的力量。今天，雷锋的青春之火在这里绵延不绝，雷锋的青春之光在这里熠熠生辉。今天的辽阳已将雷锋精神融入全市经济和社会发展的各个层面，在新时代焕发出更加耀眼的光芒。

三、雷锋在营口

雷锋1960年1月8日从辽阳参军来到营口，1960年4月7日从营口去抚顺执行任务，雷锋在营口历时90天。在这里，他实现了从一名工人先锋向一名伟大共产主义战士的角色嬗变。从此，雷锋精神在营口这片土地上薪火相传、生生不息，已经成为一种精神符号和文化基因融入这座城市的血脉，也为营口今日打造“雷锋文化，营口有礼”城市名片凝聚起强大的精神力量。

1．雷锋从戎之梦

1959年12月初，新一年的征兵工作已经开始，雷锋迫切要求参加中国人民解放军，但鉴于焦化厂的征兵名额有限，且雷锋在工地的表现十分突出，领导也舍不得放他走，就不同意他报名。这可急坏了雷锋，他跑了几十里路，来到辽阳市人民武装部向余新元副政委讲起自己的经历，表明他参军的志愿和决心。

武装部的余新元副政委和沈阳军区工程兵派来的接兵的领导专门研究了雷锋的入伍问题，认为他是苦孩子出身，经过实际工作的锻炼，政治素质好，入伍动机明确，虽然身高1.54米，体重不足50公斤，身体条件差些，但他在农场开过拖拉机，在工厂开过推土机，多次被评为先进工作者、社会主义建设积极分子，相信他入伍会成长得更快。最后决定批准雷锋入伍。

1960年1月8日，雷锋领到了入伍通知书，随新兵一同由辽阳来到驻地营口。火车刚刚驶进营口车站，就听到车站锣鼓喧天、鞭炮齐鸣。原来，部队首长和老战友们一早就来到车站，等候着迎接新战友了。

沈阳军区工程兵工程第十团欢迎新战友大会是在部队操场上举行的。团政治处主任张国民首先致欢迎词，接下来是团长吴海山讲话，然后是老战士代表任佐芝发言，最后主持会议的张国民主任高声宣布："请新兵代表雷锋同志讲话！"

★ 新兵代表雷锋同志讲话

雷锋不慌不忙地走上主席台，在上千双眼睛的注视下，挺胸昂头地站在话筒前代表新兵发言。他亮开嗓门，带着浓重的湖南腔说："敬爱的首长和全体老大哥们，让我代表新战士……"一句话没讲完，一阵寒冷的北风刮来，雷锋手里的讲话稿被吹得起了卷。由于雷锋没有戴手套，冻僵的手指加上不断吹来的风，他怎么也理不好稿纸。雷锋索性把稿纸收起塞进裤兜里，亮开嗓门，即兴讲了起来。他说："我们这些新战士，能在60年代刚刚开始的日子里，穿上军装，扛起枪杆，真有说不出来的高兴。我们当中有工人，有社员，有学生，来自四面八方，可我们只有一个心眼，学好本领，保卫祖国，当个像样的兵，做毛主席的好战士。"一阵掌声过后，他又接着说："刚才首长讲话，勉励我们争取当五好战士。依我看啊！有党的领导，有老同志的帮助，别说'五好'，再加'五好'也保证当上……"这句话把大家逗得哈哈大笑，雷锋说："大家笑什么呀！我讲的全是实话。"

雷锋转身向团首长敬礼，全场响起了一阵热烈的掌声。

战士争创"五好"是当时基层连队开展的一项活动。评比标准只有五条，哪儿来的什么"十好""八好"？雷锋虽然讲了一句"外行话"，倒反映出新战士力争上游的决心和胆识。台上的几位团首长目视着雷锋走回队列的身影，都说这个新兵好机灵，有股子闯劲、干劲。

2. 雷锋夙愿实现

雷锋在来到营口的当天晚上写下了当兵第一天的日记，表达参军的无比幸福、激动和决心。雷锋在日记中写道：

"这天是我永远不能忘记的日子，这天是我最大的荣幸和光荣的日子。我走上了新的战斗岗位，穿上了黄军服，光荣地参加了中国人民解放军。我好几年来的愿望在今天已实现了，真感到万分的高兴和喜悦，这是我一生最大的幸福。

我在党的正确领导下，在革命的大家庭里，我一定要好好地锻炼自己，在入伍的这一天，我并提出如下保证：

一、听党的话，服从命令听指挥，党指向哪里，我就冲向哪里。

二、加强政治学习，多看报纸和政治书籍，按时参加部队各种会议和学习，积极宣传党的政策……不断提高自己的政治思想觉悟。

三、尊敬领导，团结同志，互帮、互助、互爱、互学。

四、严格遵守部队一切纪律，做到虚心向老战士学习，刻苦钻研，加强军事学习，随时准备打击敌人。

五、克服一切困难，发扬长辈优良的革命传统。我要坚决做到：头可断，血可流，在敌人面前绝不屈服、投降。我一定要向董存瑞、黄继光、安业民等英雄的战士学习。

……”

雷锋是这样说的，更是这样做的。他入伍后的行动，都一一沿着他入伍第一天立下的“奋斗目标”前进。

3. 雷锋心中英雄

雷锋到了部队后，积极参加团里组织的新兵教育活动。这天，新兵营的战友们被集合在团政治处俱乐部里，团政治处主任给大家上了第一堂政治课。

接着，新兵们参观了团荣誉室。荣誉室里，奖旗一面挨着一面，挂满了四周的墙面。雷锋依次看去，有的绣着“名扬川西”，有的绣着“功在黔东南”，有的绣着“万难莫挡英雄连”。有的奖旗经过战争年代的炮火硝烟，原来绣的字早已残缺不全，所以看起来更加让人肃然起敬。

吴海山团长讲解着这一面面奖旗的历史，特别强调了我军官兵的光荣传统。

战争年代革命军人英勇顽强、不怕牺牲的英雄事迹，使雷锋深受感动，他决心向革命前辈学习，争取早日成为一名合格的人民解放军战士。

课后，团里给新战士放映了电影《董存瑞》。当雷锋看到战斗英雄董存瑞英勇炸碉堡的时候，感动得流出了热泪。他表示一定要向英雄学习，在党和国家需要的时候不惜献出自己宝贵的生命。

第一堂政治课给了雷锋很大的教育和鼓舞，使他深深地懂得了如何继承与发扬人民军队的优良传统。

课后回来，雷锋找到一本《解放军画报》，随意地翻起来，他看到了画报中战斗英雄黄继光的画像。画像上展现的黄继光，目视前方，表现出仇视敌人、勇往直前的英雄气概。于是，他把画像剪下来，贴到了日记本上。雷锋还在画像两侧空白处竖着写道："英雄的战士黄继光，永远向你学习。"此后，雷锋每天写日记前，都要先看看黄继光的画像，然后在日记本上写下自己的感想。

4. 雷锋一心向党

雷锋入伍后，亲眼看到团、营首长下到营房看望新兵，言谈话语中充满了兄长般的关怀与亲人般的温暖。雷锋所在的新兵班班长对战士们更是关怀备至。于是，雷锋找来姚筱舟（署名"焦萍"）创作的一首诗：《唱支山歌给党听》，他工工整整地将诗抄写到了日记本上，以表达他对共产党的感恩之情。

读这首诗时，雷锋不知不觉地流下眼泪。诗中每一句话，都激荡着雷锋的心灵，受够了旧社会"鞭子"的孤儿，党就是爱他、护他、给他温暖的"母亲"。

有着刻骨铭心感悟的雷锋，按照自己的理解，对原诗作了三处精妙的改动：把"母亲只能生我身"改成"母亲只生我的身"，把"党号召我们闹革命"改为"共产党号召我闹革命"，并将最后四句略去了。此后，连

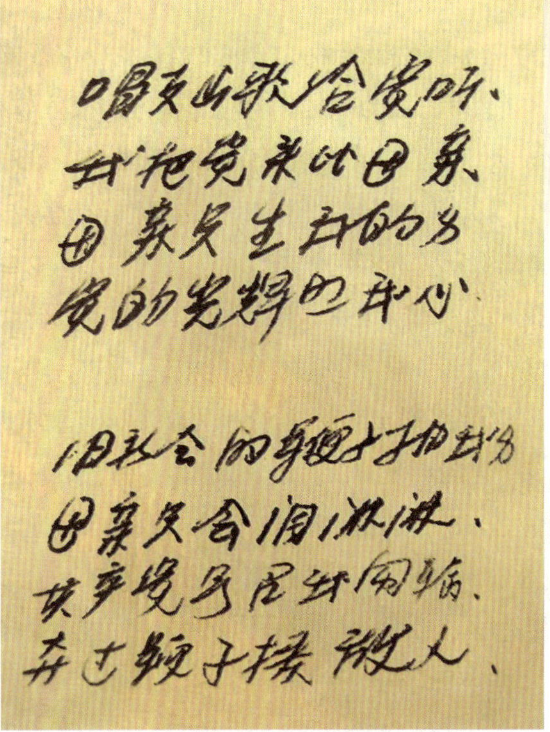
唱支山歌给党听、
我把党来比母亲
母亲只生我的身
党的光辉照我心
旧社会的鞭子抽打我身
母亲只会泪淋淋、
共产党号召我闹革命、
夺过鞭子揍敌人、

★ 雷锋将诗歌《唱支山歌给党听》抄在日记本上

队几次组织文娱活动，雷锋都把这首诗用湖南小调唱给大家听。他每次唱的时候都很投入，唱出了对旧社会的切齿痛恨、对共产党发自心底的感激，使战士们受到深深地感染。

雷锋牺牲后，他的事迹深深地感动了上海实验歌剧院朱践耳，他日记里的这首诗引起了这位音乐家的注意。为了纪念雷锋，他决定把这首“雷锋遗诗”谱曲成歌，以便传唱。受这首诗氛围的感染，擅长交响乐创作的朱践耳，特意把这首诗谱成通俗易懂、朗朗上口的曲调。谱曲一气呵成，并附有300字的“唱法说明”，标题也改成了《雷锋的歌——摘自〈雷锋日记〉》。这首歌曲的首唱者是上海歌舞剧院的任桂珍，后来上海音乐学院声乐系的藏族学生才旦卓玛也唱了这首歌。不久，中央人民广播电台向全国播放此歌，才旦卓玛一举成名。朱践耳最初谱曲的目的是纪念雷锋，才旦卓玛也是为了宣传雷锋而歌唱。姚筱舟的一首平凡的小诗因雷锋而红遍全国。姚筱舟曾回忆：“这一首诗能成为歌词，是雷锋同志的功劳。雷锋在摘抄这首诗时，曾作了‘点石成金’的修改……这一改，就更具有音乐的节奏感，更适宜于谱曲了。”

几十年来，这首歌传遍了大江南北，激荡过几代人的心扉。人们很自然地把它与雷锋联系在一起，质朴真挚的歌词仿佛从雷锋心里流淌出来的。

5. 雷锋本领过硬

雷锋被编入运输连手工艺新兵排，不久军事训练便开始了。

在新兵训练期间，领导对雷锋的训练成绩是满意的。但开始练手榴弹掷远时，雷锋却遇到了困难。

手榴弹掷远的规定标准，对老战士来说，是一举手就可以超过的；对膀大腰圆的新战士来说，也没有困难。可是，这手榴弹一抓到个子矮、体质弱的雷锋手里，就变得格外沉重。他费尽全身力气，苦练了不少次，也没有达到及格的标准。班长再三帮助他纠正动作，传授要领，雷锋左琢磨右体会，又练了一上午，胳膊甩得生疼，急得他直跺脚，还是不及格。他心里明白，一个人不及格，就会影响全班的训练成绩。决不能扯全班的后腿！

雷锋的心，像猫抓似的难受，他埋怨自己，为什么这样不争气："当兵保卫祖国，到时候连颗手榴弹都掷不远，还凭什么保卫祖国？"

他拼命苦练，除了规定的练习时间，他把一切休息时间全利用上，达不到要求决不罢休！投来投去，不但没有进步，反而越投距离越近了。因为他练得过猛，把胳膊都练肿了。

一天晚上，指导员叫他到连部去。进门喊报告时，指导员发现他抬胳膊有点吃力，便问他："右手怎么了？"

他很严肃地说："没怎么。"

指导员是个老战士，知道他一定是练手榴弹掷远把胳膊练疼了，他不肯说就算了，也没有再追问，只是安慰他一番，鼓励他几句，就叫他早一点儿回去休息。

回到宿舍，雷锋的心总是平静不下来。他从挎包里拿出了日记本，在明亮的灯光下，一页一页地翻着日记。

他一边翻一边看，找到了他入伍后从报纸上抄录下来的一段话：

“……斗争最艰苦的时候，也就是胜利即将到来的时候，可也是最容易动摇的时候。因此，对每一个人来说，这是个考验的关口。经得起考验，顺利地通过这一关，那就成了光荣的革命战士；经不起考验，通不过这一关，那就要成为可耻的逃兵。是光荣的战士，还是可耻的逃兵，那就要看你在困难面前有没有坚定不移的信念了！”

这些话激励着他的心。他边念边点头微笑，似乎在说：“这些话说得对呀！必须用坚定不移的信念去战胜困难！”他在心里做了这样的回答以后，又继续念道：

“困难里包含着胜利，失败里孕育着成功。革命战士之所以伟大，就是他们能透过困难看到胜利，透过失败看到成功。因此，他们即使遇到天大的困难，也不会畏怯逃避；碰到严重的失败，也不至气馁灰心；而永远是干劲十足，勇往直前，终于成为时代的闯将。”

雷锋重温了这篇文章，认为它讲得有辩证法，有韧性和战斗精神。接着，他又翻到这篇日记之后，找到了剪贴的黄继光画像看了又看，感到有一股力量在鼓舞着自己，推动着自己前进。黄继光为了战胜敌人，为了减少后续部队的牺牲，他用自己的胸膛堵住了敌人的枪口，难道我遇到这点困难就后退吗？这时，他觉得满身是劲，甩了甩胳膊，也就不那样疼痛了。

接着，他又看到入伍后第10天写的那篇日记，那上面写着：

雷锋同志：

愿你做暴风雨中的松柏，
不愿你做温室中的幼苗。

然后，他把日记本合起来，抓起一颗教练弹就直奔操场去了。熄灯的哨声响了，他没有听见，还在继续练投弹。他练投弹，也不管投多远，教练弹一出手，马上就追上去，抓起来再往回投，往回跑。投一阵手榴弹，又去练一会儿单杠。因为他知道，投弹不及格，主要是臂力不够。为了增强臂力，他除了练投弹，还练单、双杠。

★ 雷锋苦练本领

“雷锋！”突然有人喊了一声。他转身一看，原来是班长来到了他跟前，又是申斥又是爱惜地说：“还以为你在连部呢！又跑到这儿来啦，走，睡觉去！”说罢，夺下教练弹，拉起他就走。

雷锋请求道：“班长，让我再练一会儿。”

班长说：“想一锹挖口井可不行，要练也得匀乎着练。”

回到宿舍，有的同志已经睡了。班长帮他铺好被子，催促他快躺下，并小声告诉他说：“往后别忘了，听到熄灯哨就睡，这是纪律。”

“嗯！”他答应了一声就钻进了被窝。

到被窝里，浑身骨节都像针扎似的，一翻身就疼得难忍。他暗暗告诫自己：“为了保卫祖国练本领，疼点也不能忍受吗?!”想着想着就睡着了。

一觉醒来，天还没有亮。他又悄悄爬起来，向操场奔去……

实弹打靶开始了。新战士们都按照要领，一个接着一个把手榴弹投向假设的敌堡。

当他听到指导员喊“雷锋就位”，他的心就怦怦直跳。班长在旁边再三嘱咐他：“别慌，要沉着！”

他“嗯”了一声，拧开手榴弹盖，将小铁环套在指头上，一跃跳出了堑壕，冲过一段开阔地，猛力一甩，只听轰的一声，手榴弹恰好投进了“敌堡”，得了个优秀。靶场上所有的人都为他祝贺。

这一刻，雷锋更加深刻地体会到做一个革命战士的幸福，体验到了经过苦练以后获得成功的幸福。但是，他也清楚地知道，在保卫祖国的革命征途上，这仅仅是迈出了第一步……

在新兵训练过程中，个子矮小的雷锋，射击也遇到了难题。一个星期天的下午，天气特别冷，战士们大多在房间休息，等着3点钟吃晚饭（那时部队星期天只吃两顿饭）。张时扬路过菜窖，看见雷锋一个人伏在地上练瞄准。他眉毛上蒙上了一层白霜，脸蛋冻得通红，右手没戴棉手套，用食指扣着扳机。

张时扬问："雷锋，冻成这个样子了，还不回屋休息？"

"我瞄准动作不行，趁着开饭前再练一会儿。"

"天这么冷，冻坏了咋办？"

"怕冷，能练出硬本领吗？没有硬本领，怎么保卫祖国？"张时扬还没回话，雷锋又说："你劝我，还不如帮我，干脆你教我练瞄准吧。"

雷锋这么一说，张时扬也不好再劝他了，就伏地帮他纠正瞄准动作。

张时扬发现，由于雷锋手短小，用食指扣扳机时易造成枪身摆动，枪口向下，不容易击中目标。他就给雷锋出了个主意，改用中指扣扳机，瞄准目标后，借用中指和大拇指间合力扣扳机。雷锋试了试，挺管用。经过一段时间的认真操练和细心体验后，他很快地掌握了要领，顺利通过了射击考试。

新兵训练结束后的一天，团里在三营大操场召开新兵训练表彰大会，团首长宣读了对雷锋的嘉奖令。嘉奖令中说，雷锋在新兵训练中，勤奋好学，军容风纪、内务卫生、队列、投弹、射击等基础训练都取得了优异成绩，而且继承和发扬了我党我军的光荣传统，在军营内外做了许多好事，受到了部队官兵和一些市民的好评和赞扬，要求全团官兵向雷锋学习，做好施工前的准备工作，为更好地完成新年度施工任务而努力奋斗。

几十年后，张时扬回忆当时的情景："我边鼓掌边把目光转向雷锋，看见雷锋胸前戴着一朵红花，面带笑容，昂首挺胸地站在主席台上。他个子虽然很小，但在我们官兵心中的形象却显得特别高大。"

完成新兵基本训练后，组织上考虑到雷锋的条件，将他分配到运输连当汽车兵。他到运输连后，被编入新兵排，专业训练是驾驶汽车。

开始学习汽车驾驶理论。雷锋就把掌握汽车驾驶业务，作为当汽车兵的根本任务来完成，聚精会神地听课、记笔记。他牢记毛主席在《实践论》中阐述的真理："认识必须和实践结合起来，才能发挥作用。"因此，他每天下课后，就拿着笔记本爬到车上，钻到车下，对照着实物一样一样地进行复习。有不懂的地方，就及时向教员或班长请教，很快就记住了汽车的各部分结构和各种零件的名称。

学完理论课，接着学原地驾驶。他看别人操作，心里还有个数，临到自己操作时，心里还是有些慌。教员和班长总是耐心地嘱咐他："不要慌，多练习几次就好了。"

为了便于理论联系实际，帮助大家更快地掌握汽车的技术，王教员给大家出了个主意：可以做个模型，在课余时间练习。因为连里新兵多，教练车少。

雷锋真的这样做了。他研究了六班制作的汽车驾驶室模型，就和本班的战友们共同制作了一个新的模型。

战友们都对汽车驾驶台模型产生了兴趣。每天晚饭后，雷锋就和战友们来练习操作。他坐在模型前面，脚踏离合器踏板和加速踏板，手拉变速操纵杆，掌握方向盘，脚动手也忙，不断地练习。直到熄灯后，他躺在床上，脑子里还盘算着打开油门，转动离合器，挂挡，掌握好方向盘，手和脚也配合着做起动作来。

雷锋刻苦钻研专业技术的行动，很快带动了全班战友积极地学习专业技术。

原地驾驶技术的要领掌握后，就进一步学习行车驾驶。雷锋坐进驾驶室，手把方向盘，开动发动机，拉挡，双目正视前方，专心地进行行车操作。他在学习行车驾驶的过程中，不断鞭策自己："一定要下苦功夫，练会、练好。"雷锋驾驶汽车外出时，总是不断地征求助手的意见，问车子在驾驶中还有些什么缺点。只要车上坐了人，他就随时征求人家的意见，问：“车子开得稳不稳？颠簸不颠簸？”他听到了意见，马上就想办法改正。

雷锋处处留心学习业务技术，乘公共汽车外出时，他总是站在司机的后面，细心地观察遇到复杂情况时司机是怎样操作的。一次，他乘兄弟部队的汽车回驻地，汽车忽然自动减速，他从后窗往驾驶室里看，见司机拉了一下阻风，做了一个上坡才用的动作。他很奇怪，停车后就去请教那位司机，司机告诉他说：“我拉阻风是想判断自动减速的故障是出在油路上还是电路上。这是个简便的判断故障的方法。”

雷锋感到这是个好经验，回去告诉了全班战友，大家都认为这个办法好。

雷锋还牢牢地记住王教员讲过的几句话：

> “一个好汽车司机，也应该是一个好的汽车修理工人。要善于听到汽车的声音，就知道汽车有无故障和故障出在哪里，要学会排除故障。”

在出车途中，只要条件许可，他总是和助手互出难题，锻炼排除故障的本领。

有一次，汽车上豆粒大的火花塞帽不见了，四处寻找也找不着。雷锋想：要是掉进气缸里，将会发生意想不到的事故，就会使国家财产遭受损失，绝不能轻易放过。再说，这也是锻炼排除故障本领的机会。于是，他和同班战友，在零下20摄氏度的严寒中，将车头机器拆开，整整忙了4个小时，终于在气缸里找到了火花塞帽。

雷锋时时刻刻注意从实战要求出发。他把从实战要求出发看作学习过硬本领和提高技术的重要方法。一个寒冷的冬季，气温降到零下20多摄氏度，帽檐上都挂满了白霜。一天，他和小韩进行汽车三级保养，洗油箱是

★ 雷锋所在班被国防部授予“雷锋班”称号

很冷的，满手沾满了油泥，冻得手指发木，像针刺一样疼。

小韩说：“我们把木炭烧起来，烤着干吧？”

雷锋心里也动了一下，但转念一想：“练兵要从实战出发，难道打起仗来，我们还能抬着火盆上战场吗？”于是便向小韩解释说：

“过硬的本领就是从困难中锻炼出来的，艰苦才能锻炼人的意志。”

小韩觉得雷锋说得对，两个人就在冰天雪地里，在一天之内完成了车辆三级保养的任务，从而也提高了在严寒气候条件下保养汽车的本领。由于雷锋平时勤学苦练，很快就掌握了汽车驾驶技术，也学会了排除故障的本领，锻炼成了一个技术比较全面的汽车兵。

到5月份，党支部就批准雷锋跟老汽车兵一起出车去工地。老汽车兵都很佩服这位新战友。就像雷锋所倡导的，干一行爱一行，雷锋在部队努力钻研技术，将钉子精神发挥到了极致。

雷锋在营口留下了诸多个第一：第一篇军营日记，第一张军营照片，上第一堂政治课，第一次练射击、练列队、练投弹，以解放军战士的身份做的第一件好事、第一次存款、第一次在营口火车站扶老携幼，第一次在新兵集训总结大会上被表彰，等等。雷锋牺牲后，1963年1月7日，中华人民共和国国防部授予雷锋生前所在部队运输连二排四班“雷锋班”称号。1963年1月21日，“雷锋班”全体战士专程从营口赶到沈阳参加“雷锋班”命名大会；2月2日，营口市党政军各界在市纺织厂俱乐部隆重集会，祝贺雷锋生前所在班荣获“雷锋班”称号。1965年3月5日，由八一电影制片厂拍摄的电影《雷锋》，在营口举行了首映式。

所有这些都充分印证了营口是伟大共产主义战士雷锋军旅生涯的起步之地，是实现他“去做个好战士，拿起枪用生命和鲜血保卫祖国，做人类英雄”梦想的起步之地。尽管雷锋在营口的时间并不长，但他留下的精神财富却长久地影响着这座城市，成为这座城市的精神坐标和信仰。雷锋精神已经成为营口人民勠力前行的不竭动力。

四、雷锋在沈阳

在雷锋短暂的951天军旅生涯中，由于工作、出差、开会、作报告等原因，他出现在沈阳的时间至少超过了330天，几乎平均每三天就来沈阳一次，沈阳是雷锋生前活动的中心城市。因为原沈阳军区机关在沈阳，原沈阳军区工程兵机关在沈阳。原沈阳军区对雷锋的人生和成长有着巨大的影响，起着决定性的作用。雷锋的成长和雷锋精神的形成都与沈阳密不可分，沈阳是雷锋政治生命的诞生地。

1. 雷锋事迹军中传颂

1960年10月以后的一段日子里，雷锋应邀多次到沈阳、营口、海城、旅顺、大连等地作报告。出差的机会多了，他做好事的机会也多了。从那时候开始流传一句话：“雷锋出差一千里，好事做了一火车。”而雷锋做好事的中心地点就是沈阳站。有一次，雷锋在沈阳站换车，出检票口时，发现一群人围着一个背小孩儿的中年妇女。原来这名妇女要去吉林看丈夫，不小心把车票和钱都弄丢了。雷锋连忙用自己的津贴买了一张去吉林的火车票塞到大嫂手里。大嫂眼含热泪激动地说："小兄弟，你叫什么名字？是哪个单位的？""我叫解放军，就住在中国。"后来，雷锋在沈阳站说的这句话成了传遍世界的名言。

1961年5月的一天，雷锋要到沈阳出差。他早晨五点多钟冒雨从抚顺驻地出发，在去车站的路上，看到一位妇女身上背着一个孩子，手里还领着一个小女孩儿，在滂沱大雨中深一脚浅一脚地也往车站走去。雷锋急忙上前，脱下自己的雨衣，披在妇女身上，又背起地上走着的小女孩儿，陪同她们一同上了火车。在车上，雷锋见那小女孩儿冷得直打战，又把自己贴身的绒衣脱下来，给那小女孩儿穿在身上。火车到了沈阳，雷锋又一直把她们母子三人送到家里。那位妇女感动得热泪盈眶，紧紧握着雷锋的手说："同志，我可怎么感谢你呀！""不要感谢我，大嫂，应该感谢党和毛主席呀……"

1960年秋，雷锋的事迹已在军区工程兵部队传开，雷锋的名字也在部队驻地传颂。11月26日，军区《前进报》第1309期用两个整版的篇幅，套红宣传雷锋的事迹。一版头条发表了由张峻、赵志华、佟希文、李健羽集体采写的《毛主席的好战士》长篇通讯，二版用整版篇幅转接一版的长篇通讯，并在一、二版内配发了反映雷锋事迹的4幅照片，在军内外引起强烈反响。

12月1日，《前进报》摘发了雷锋从1959年8月30日至1960年11月15日间写的15篇日记，并在编者按中提出倡议，希望同志们再仔细地阅读一下这组日记，把雷锋同志作为一面镜子，来对照检查自己，学习雷锋，赶上雷锋，发一发阶级之奋，图一图祖国之强！

从此，一场宣传学习雷锋的活动，在沈阳军区范围内拉开了帷幕。随后，新华社、《人民日报》、《解放军报》等多家媒体也陆续刊登了这篇通讯。从此，雷锋的名字迅速传遍祖国大江南北。

2. 雷锋足迹遍布四方

雷锋先后在原沈阳军区司令部、政治部、后勤部、军区工程兵、装甲兵、炮兵、沈阳空军、军委工程兵沈阳器材基地等八大单位和五所大中小学校作过报告。1963年3月，毛泽东主席给雷锋题词，中央人民广播电台向全国人民播放的雷锋讲话录音，就是在辽宁省实验中学留下的。八一剧场、辽宁省实验中学、沈阳站、东北电影院、沈阳生生照相馆等地方都留下了雷锋的足迹。沈阳留下了雷锋的声音，留下了雷锋的笑容，留下了雷锋的身影，留下了雷锋深厚的情感。

雷锋在沈阳黄继光墓前宣誓。就像现在的许多年轻人追星一样，雷锋也有自己崇拜的偶像。人们在《雷锋日记》中多次看到雷锋对黄继光真诚的崇拜。他曾在日记中这样描述："《黄继光》这本书，我不止看过一遍，而且是含着激动的眼泪，一字字一句句地读了无数遍，甚至我能把这本书背下来。"

1960年3月的一天，雷锋入伍刚刚两个月就来到了沈阳。公务之余，雷锋参观了沈阳抗美援朝烈士陵园，为黄继光烈士墓碑拭去灰尘。雷锋第一次瞻仰沈阳抗美援朝烈士陵园的时间并不长，但这段经历却永远地铭刻在他心里。他离开烈士陵园的时候，满怀深情地举起右手，给长眠地下的烈士们庄重地敬了一个军礼。

"钉子精神"缘起沈阳。提起学雷锋，很多人最先想到的是"钉子精神"。可大家知道吗？雷锋"钉子精神"的最早出处是雷锋和战友赵明才在沈阳的谈话，后来被雷锋写进了日记，成为家喻户晓的名言。

1960年11月初，沈阳军区工程兵政治部在沈阳召开连队支部会议经验交流会，雷锋此时正在沈阳作忆苦思甜报告，住在工程兵机关。雷锋与同屋的赵明才一边散步，一边交流学习体会。雷锋说："学习就是要有'钉子'一样的精神，只要有挤劲、钻劲，总会有收获。"雷锋把这次谈心的

★ 雷锋学习《毛泽东选集》

体会写进了1965年10月19日的日记。雷锋写道："有人说工作忙、没有时间学习。我认为问题不在工作忙，而在于你愿不愿意学习，会不会挤时间。要学习的时间是有的，问题是我们善不善于挤，愿不愿意钻。一块好好的木板，上面一个眼也没有，但钉子为什么能挤进去呢？这就是靠压力挤进去的，硬钻进去的。由此看来，钉子有两个长处：一个是挤劲，一个是钻劲。我们在学习上，也要提倡这种'钉子'精神，善于挤和善于钻。"

3. 雷锋成为学习榜样

有三件大事让沈阳见证了雷锋的辉煌时刻：一是通过雷锋入党的党委会在沈阳召开，雷锋的政治生命在沈阳开始；二是雷锋被授予"模范共青团员"和"节约标兵"的大会在沈阳举行，雷锋成为大军区范围的典型；三是雷锋出席最高规格的会议是沈阳军区首届共青团代表会议，还是大会主席团成员，这是雷锋生前的最高荣誉。

雷锋参军不久，因为经常参加文艺演出、作忆苦思甜报告出了名，他被评为军区学习《毛泽东选集》积极分子和学习标兵。1960年10月，沈阳军区工程兵党委根据雷锋的先进事迹，决定树立雷锋为典型，从此雷锋逐渐成为家喻户晓的人物，雷锋的名字越来越响亮。

加入中国共产党是雷锋最崇高的理想。雷锋先后向党组织递交过三次入党申请书：第一次是1958年11月，在望城；第二次是1959年11月，在鞍钢；第三次是1960年4月上旬，雷锋向连队党支部郑重地递交了入党申请书。经过党组织的培养和考察，1960年11月9日，团党委在沈阳军区招待所召开了一次特殊的团党委扩大会议，一致同意批准雷锋为中国共产党预备党员，从雷锋所在运输连党支部党员大会11月8日通过雷锋为预备党员之日算起。

加入中国共产党是雷锋梦寐以求的夙愿。雷锋在日记中这样写道："一九六〇年十一月八日，是我永远不能忘记的日子。今天，我光荣地加入了伟大的中国共产党，实现了自己最崇高的理想……伟大的党啊，您是我慈祥的母亲！我所有的一切都是属于您的，我要永远听您的话，永做您忠实的儿子。今天我入了党，使我变得更加坚强，思想和眼界变得更加开阔和远大。我是一个共产党员，人民的勤务员。为了全人类的自由、解放、幸福，哪怕高山、大海、巨川；为了党和人民的事业，就是入火海，上刀山，我甘心情愿，头断骨粉，身红心赤，永远不变。"

1960年11月23日，沈阳军区工程兵党委作出了授予雷锋"模范共青团员"称号的决定。1962年2月14日，雷锋被选为中国共产党工程兵十团党代会代表，并出席了大会。2月19日，雷锋以特邀代表身份出席了在沈阳八一剧场举行的沈阳军区首届团代会，还被选为大会主席团成员，并在大会上作了题为《我是怎样从一个苦孩子成长为毛主席的好战士》的报告。雷锋情真意切的报告，打动了每一位与会者，给他们留下了深刻的印象。

雷锋在1962年2月19日的日记中描述了参加军区首届团代会的感想：“今天是我永远不能忘的日子。像我这样一个穷孩子，能光荣地参加这次沈阳部队召开的首届团代会，感到万分的激动。能见到军区首长，直接听到首长的报告和指示，更是感到荣幸。首长特邀我参加这次隆重的团代会，并选我为主席团的成员，能和首长坐在一起，能和来自四面八方的英雄模范见面等等，这一切都是我过去做梦也想不到的。我这次参加团代会，既感到高兴，又感到惭愧。高兴的是：有党和毛主席的正确领导，全军共青团工作取得了巨大的成就；惭愧的是：我为党和人民做的工作太少了，比起其他的代表，我差得太远了。但是我决不甘心落后。我想，只要听党和毛主席的话，积极肯干，就能为祖国为人民做出许多好事。我相信自己，别人能做到的事，我一定能做到。我决不辜负党和人民对我的期望，决心从以下几个方面努力：

（一）永远听党和毛主席的话，党指向哪里，我就冲向哪里，处处以整体利益为重，全心全意为革命工作，勤勤恳恳，踏踏实实，在平凡细小的工作当中，干出不平凡的业绩。

（二）好学：我要认真学习毛主席的著作，刻苦钻研技术和业务，决心做个又红又专的革命战士。

（三）我要密切联系群众，相信群众，虚心向群众学习，团结带领群众一同前进，永不自满，永不骄傲，永远谦虚谨慎，紧紧地与群众团结在一起，共同为党的伟大事业而奋斗。

（四）我要积极肯干，做到说干就干，干就干好，脚踏实地、实事求是地干，千方百计地干，事事拣重担子挑，顺利时干得欢，受挫折时也要干得欢，扎扎实实地干，一定要把事情办好。”

1963年1月7日，中华人民共和国国防部授予雷锋生前所在运输连二排四班为“雷锋班”称号。1月21日，沈阳军区在沈阳举办“雷锋班”命名大会。

雷锋是光辉的榜样，雷锋精神是不朽的丰碑。雷锋精神在沈阳有着深厚的历史渊源、感情基础和广泛的人格认同。2017年3月23日，中共沈阳市委下发了《关于开展“弘扬雷锋精神共建幸福沈阳”行动的指导意见》，明确提出把雷锋精神作为沈阳的城市精神。沈阳人已将雷锋精神根植于心中，落实到行动中，雷锋精神已成为沈阳城市振兴的强大精神力量。

五、雷锋在铁岭

雷锋从1962年2月26日随所在部队执行任务，来到铁岭县横道河子镇下石碑山村驻扎，到1962年8月15日7时从下石碑山村返回抚顺营地不幸牺牲，在铁岭工作生活了170天，留下了39篇日记和18则感人故事，赠老乡2张照片、1篇赠言，并作过4次报告、1次证人，这些珍贵资料已成为铁岭宝贵的精神财富。在村里生活期间，雷锋与村民之间发生了许多感人至深的故事。铁岭是伟大共产主义战士雷锋人生价值得到完美升华的地方，是年轻而永恒的生命之花傲然绽放、芳华永驻的地方。

1. 雷锋“做好兵”鱼水情深

1962年3月，雷锋在国防“105工程”施工地执行运输任务，驻扎在下石碑山村。为了施工方便，战士们分别住到了老百姓家里。村党支部原副书记沈启凤回忆说，雷锋个子虽小，但长得非常精神，很聪明，也很机灵。他衣着整洁，生活简朴，为人谦和，非常热心，常帮老乡干农活儿，帮老乡挑水、起粪、扫院子。每次乡亲们从地里回来，水缸里的水总是满满的，院子也是干干净净的。

雷锋在下石碑山村驻扎时的房东儿子艾荣普回忆说：“1962年，雷锋所在的部队是在春天来到村里的。那时候，乡亲们听说解放军要住在村里，家家又腾房子又腾炕，都争着让战士们住到自己家中。其中有个矮个子战士，言谈举止中透着一种灵气、英武气，他就是雷锋。”

艾荣普介绍，雷锋牺牲前的一段时间一直住在他家，由于年龄相近，

★ 雷锋擦汽车照

与他相处得特别好。“雷锋特别能干，是个闲不住的人。每天早上，早早起床去河套擦车，他的那辆嘎斯卡车总是被他擦得锃亮。当时，村里的人都要到村口挑井水，雷锋每天都帮我家挑水，还经常帮左邻右舍的乡亲挑水。因为个子小，扁担绳长，他就把扁担绳挽个花再挑水。雷锋用过的扁担，我们家一直保留着，现在赠给了铁岭雷锋纪念馆。”

说起雷锋的爱好，艾荣普说：“雷锋特别喜欢学习，他总说自己字写得不好，所以没事的时候就练字，看见报纸上有好的文章他就抄下来，一边学习，一边练字。”

雷锋牺牲以后，艾荣普悲痛不已，往日雷锋对他的帮助一幕幕不断地在脑海里回放。当年艾荣普因为家庭出身不好，当兵被刷下来，为此他很消极。雷锋知道后劝慰过他："你不要悲观，出身不能选择，可前途可以选择。"就是这句话才让艾荣普对生活又燃起了希望。多年来，艾荣普始终以雷锋为榜样，无论是做农民，还是当大队的技术员、公路养护员、护林员，他每样工作干得都很出色。

雷锋在这里与百姓朝夕相处，患难与共，留下了他一串串足迹，传颂着一段段感人的故事。

2. 雷锋"做好事"不胜枚举

雷锋牺牲后，前来参加追悼会的人络绎不绝，有工人、农民、战士、学生、机关干部等。下石碑山村一位姓李的老大娘来到部队，找到连长，哭着要求连长，让她为雷锋守灵，她要看雷锋最后一眼。连长一时摸不着头脑，不知这老太太为什么对雷锋有这么深的感情，为什么要这么做。他细问后才知道，原来这老太太体弱多病，尤其是有严重的胃病，犯病时常疼得死去活来。雷锋知道后就为她请了医生，看她吃不了粗粮，还把自己的细粮省下一半给她吃。连长这才明白雷锋为什么每次吃米饭都只吃一半，把剩下的端回去，原来是送给了大娘。

1962年5月2日，在下石碑山村发生了全国人民耳熟能详的"雷锋雨夜送大嫂"的故事，这件平凡的小事生动地诠释了雷锋精神的本质就是全心全意为人民服务。雷锋在日记中记录了事情发生的过程："今天下午我在保养汽车，突然天下大雨。我正在盖车的时候，见到路上有一位妇女，抱着一个小孩，右手拉着一个五六岁的孩子，左肩上还背着两个行李包，走起路来真是很吃力。我急忙跑上前，问她从哪来？到哪去？她说：'从哈尔滨来，到樟子沟去。'她还告诉我说：'兄弟呀！我今天遭老罪了，带两个孩子，还背一些东西，天又下雨，现在天快黑了，还要走10多里路才能到家。现在我都累迷糊了，我哭也哭不到家呀……'我听她这么说，心里很过不去。我想，毛主席说过：‘我们的同志不论到什么地方，都要和群众的关系搞好，要关心群众，帮助他们解决困难。’想起毛主席的教导，浑身有了力量，我跑回部队驻地，拿着自己的雨衣给那位妇女，我又抱着她的孩子，冒着风雨送她们回家。在路上，我看那小孩冷得发抖，我立即脱下自己的衣裳给他穿上。走了1小时40分钟，终于把他们送到了家，那妇女激动地对我说：‘兄弟呀，你帮了我，我一辈子也忘不了啊……’我对她说：‘军民一家嘛，何必说这个呢……’我离开她家的时候，风雨仍然没停，他们都留我住下，我想，刮风、下雨、天黑，算得了什么？一定要赶回部队，明天照常出车。我一边走一边想着：我是人民的勤务员，自己辛苦点，多帮人民做点好事，这就是我最大的快乐和幸福。”

★ 雷锋雨夜送大嫂（绘画：刘静）（湖南）雷锋纪念馆藏

后来，据当年雷锋抱过的那个小孩徐富斌回忆：“1962年，我还是一个6岁孩子，离开故乡后辗转千里落户在甘肃天水。那年5月，母亲带我们兄弟俩从黑龙江回辽宁老家，下车后步行经过下石碑山村时，雷锋看到我们母子三人在风雨中艰难前行，主动把我们送到樟子沟我爷爷家。当时他抱着我一路走，一路唱着《我是一个兵》。现在回想起来，雷锋个子不高，却像一团火焰，让人感到温暖。雷锋去世后，母亲找人把雷锋帮助我们母子的感人事迹写稿子刊登在《黑龙江日报》上。母亲多次领着我们兄弟俩外出作报告，宣传雷锋精神，7次被哈尔滨市和天水市评为‘学雷锋先进个人’。”

徐富斌说：“1976年，我也接过了雷锋的枪，参军入伍，也成为一名汽车兵。我时刻激励自己以雷锋为榜样，做雷锋式的好战士。2016年10月，铁岭雷锋纪念馆落成。我再次回到辽宁，重走了一遍55年前那个风雨之夜，在雷锋陪伴下走过的路。该馆建在当年雷锋送我们母子的起点上。馆内用全息影像方式重现了当年情景，我又回到了50多年前的那个风雨夜，心潮澎湃，世事沧桑之感顿生。现在我已是花甲之年，‘雨夜送大嫂’的亲历者仅剩我一人。雷锋、我的母亲、弟弟都已离世，但因为雷锋，我永远记住了这条路，这条路也成为我人生的转折点。因为雷锋精神已经在我心里扎根，它指引我一生清白做人，努力上进，乐观面对生活中所有困难和挫折。”

雷锋生前战友、如今仍健在的原雷锋所在连队医生罗叔岳，曾深情回忆起雷锋路遇他们的救护车陷在泥里时，脱下自己的衣服、挽起裤脚站在泥水里帮助他们摆脱困境的故事。

3. 雷锋“做好人”增长本领

下石碑山村距离抚顺60公里左右，但山区路窄，坡陡，雷锋和战友们要在这条危险的路上往返奔波，运送施工材料和部队的给养。为了确保行车安全，一进入驻地，雷锋就仔细勘察了下石碑山村至抚顺的道路情况，并在笔记本上绘制了道路勘察情况图，用各种符号说明路况。

雷锋详细绘就了下石碑山村至抚顺的道路情况：发车下石碑山，经过水沟一条，土包一个，直角弯一个，到上石碑山。经横道河，过水沟一条，经过一个急转弯，过水沟两条，到金花楼。过桥过水沟一条，过桥，经过山道弯急，过桥，上大坡，到会源堡。拐直角弯一个，走山道，有急弯两个，过木桥，到后兴安堡。拐急弯一个，过水沟，拐急弯，过木桥到前兴安堡。过木桥两座，拐急弯过桥，过小河，拐急弯，过土包到大马金庄。过桥两座，土包一个，到小马金庄。拐急弯，上抚顺，大岭，过水沟一条，到抚顺城。过铁道拐急弯，过交通警两个，经铁桥，走转盘，过交通警两个，到抚顺市，到火车站。

这条路当时跑得最多，雷锋要求全班战士熟记一路上的复杂情况，防患于未然。他还组织大家分析事故案例，结合实际查找可能发生的问题，共同研究制定了“四勤、三先、五不超、六不走、九慢”的安全措施。

1962年5月6日，雷锋向下石碑山大队的王大爷学犁田。他在日记中写道：“今天是星期日，过得很有意义。上午修路200米，把几个坑洼的地方都填好了。开车的人对我说：‘你做了好事呀！把路修好了，以后行车就要少遭点罪了。’我想，是呀！为了行车方便，减少车辆震动，以防机件受损失，自己少休息点，多劳动点，是完全值得的。下午，我保养了1个小时车，其余时间帮老百姓种地。我看到老乡们犁地，心想：借此机会学习犁地也不错呀！我提出要求，就得到了老乡的支持，尤其是王大爷真好，把着手教我犁地。开始，牲口不听我使唤，地也犁得弯弯曲曲的。学习了一会儿，找到了点门道，慢慢就顺手了。

两个小时过去了，老乡说：‘休息一会吧，让牲口吃点饲料。’‘说实在的，这时我真不想休息，总想多学一会，虽然累了一身汗，我觉得学点犁地技术是完全划得来的。从内心往外说，我时刻都想多学点本领，更好地为人民服务。我时刻牢记着马克思的教导：不学无术在任何时候，对任何人，都无所帮助，也不会带来利益。今天，我为了人民的利益、阶级的利益、革命的利益，多学点本领就更为必要了。我所以要虚心学习，刻苦钻研，学到真本领，就是为此目的。’”

1962年8月10日，雷锋在铁岭给我们留下了最后一篇日记：“今后，我要更加珍爱人民和尊敬人民，永远做群众的小学生，做人民的勤务员。”尽管此时的雷锋，已经是报刊上有名、电台里有声，在军内外享有广泛赞誉，但是他依然保持着清醒的头脑，谦虚谨慎，不骄不躁。

在铁岭，雷锋高尚的道德情操与崇高的精神境界得到了完美升华。他在这里将有限的生命活出了无限的深度和广度；他在这里做的每一件好事、完成的每一项任务、履行的每一项职责都刻印着“典范”二字；他在“做好兵”“做好事”“做能人”中找到了人生真谛，实现了生命价值。铁岭当之无愧是永恒典范雷锋的人生价值升华地。

六、雷锋在抚顺

雷锋1960年1月参军，1960年2月10日，雷锋所在部队工程兵工程第十团接到国防部和沈阳军区命令，全团停止全年军训，赴抚顺钢厂参加国防工业建设，执行“751工程”施工任务。全团各营及直属分队分为两批，分别于2月25日和3月18日到达抚顺瓢儿屯，陆续进驻“751工程”工地。雷锋在3月新兵连训练结束后，本应随运输连到抚顺，但团里抽调他到战士业余演出队执行新任务。所以，雷锋完成演出任务后，于1960年4月7日下午来到抚顺，回到运输连，直到1962年8月15日牺牲，雷锋在抚顺度过了2年零4个月的时光，共计861天。雷锋生命中最灿烂、最辉煌的岁月是在抚顺度过的。20世纪60年代，抚顺是新中国重工业建设的重镇。在这里，雷锋这个出身于贫苦农民家庭、接受过大工业洗礼的解放军战士获得了充足的精神给养。雷锋许多闪耀着共产主义思想光辉的先进事迹发生在抚顺，也将永远镌刻在抚顺这座城市的史册中。这些先进事迹告诉人们，这位“时代楷模”的崇高精神是永恒的，我们要把雷锋精神代代传承下去。

1．雷锋永葆革命红色

辽宁省抚顺市雷锋纪念馆，陈列着雷锋生前在部队开过的13号汽车。驾驶位上，端坐着雷锋的塑像，手中捧着一本《毛泽东选集》。雷锋经常在车中学习《毛泽东选集》，他将《毛泽东选集》比作粮食、武器和方向盘，还在日记中写道："人不吃饭不行，打仗没有武器不行，开车没有方向盘不行，干革命不学习毛主席著作不行。"

雷锋之所以成长为一个伟大的共产主义战士，关键在于自觉认真、坚持不懈地学习毛主席光辉著作，在于以马克思主义与中国革命和建设实际相结合的毛泽东思想武装自己，毛泽东思想是他成长为伟大的共产主义战士的行动指南。雷锋经常刻苦学习马克思列宁主义和毛泽东思想，他在笔记本上抄录马克思、恩格斯、列宁、毛泽东语录有60多条，在他读过的毛泽东著作书页上写下的眉批有上百条。

在《论联合政府》一文最后一节的空白处，雷锋写道："无数革命先烈为了人民的利益牺牲了他们的生命，给我们换来了幸福。今天，我们没有理由不好好工作和学习，没有理由不改正缺点和错误，没有理由只顾自己不顾集体，没有理由只顾个人眼前利益，而忘记了整个无产阶级的最大利益。"

在《为人民服务》一文，雷锋在最后一页的空白处写道："我觉得一个革命者活着，就应该把毕生精力和整个生命为人类解放事业——共产主义全部献出。我活着只有一个目的，就是做一个对人民有用的人。生为人民生，死为人民死。"

雷锋在1961年11月26日的日记中写道："我学习了毛选一、二、三、四卷以后，感受最深的是懂得了怎样做人，为谁活着……我觉得要使自己活着，就是为了使别人过得更美好。"

雷锋是在毛泽东思想的沐浴下，从平凡走向伟大的。"粮食、武器、方向盘"，是雷锋对毛泽东思想最通俗、最形象的比喻。从毛泽东著作中，他懂得了"怎样做人，为谁活着"。

2. 雷锋永葆俭朴原色

雷锋从小养成了勤俭节约的好习惯，处处注意节约，时时注意节约。

雷锋生活的年代，正值新中国成立不久，社会经济还比较落后，物质条件还比较艰苦。雷锋入伍时，更是国民经济严重困难时期。

参军后，雷锋从每月的津贴费中，除了留下一角钱交团费，两角钱买肥皂，再用些钱买书，不断充实他的“小图书馆”（战友们这样称呼他装书的挎包），其余的钱，全部存入储蓄所。他穿的袜子，补了又补，最后已经补得完全改样了，还舍不得丢。他的搪瓷脸盆和漱口缸儿，已经用了多年，上面的搪瓷掉了许多，他也舍不得买个新的。他经常把出差的粮票和钱省下来交给组织，把部队发的苹果票、糖票、月饼票送给战友。雷锋有个“节约箱”，他把平时拣来的破铜烂铁、玻璃瓶、螺丝帽、牙膏皮、边角料等收集在“节约箱”里，遇到要用的时候，他就从“节约箱”里找出来适用的东西，不用的废品就拿去卖了，得来的钱全部交公。

雷锋在1960年6月5日的日记中写道：“在工作上，要向积极性最高的同志看齐；在生活上，要向水平最低的同志看齐。”他严格要求自己：积极响应党的号召，发愤图强，自力更生，处处做到增产节约，发扬我军艰苦朴素、勤俭节约的优良传统。

为了节约粮食，有一天，雷锋找到连长李超群并对他说：“连长，我一天只吃二两饭就好了。”李超群一听很吃惊，二两饭就那么一口口怎么行，就是个子再矮也不行呀。后来，部队响应上级节约粮食支援人民的号召，要求大家自报定量，雷锋还是坚持要吃二两，李超群坚决反对，最后给雷锋提到了一天六两，当时雷锋的定量是全连最少的。

1960年10月1日，雷锋被评为“节约标兵”，荣立二等功。

1961年4月30日，司务长杨丰普给全连官兵发夏装。按规定，每人发两套军衣、两套衬衣、两顶单帽、两双袜子、一双胶鞋、一双布鞋、两条毛巾等。发到雷锋时，他说：“司务长，我领一套就够了，剩下的另一套都交给国家，以减少国家的开支，支援国家建设。”到了第二年5月8日，又发服装时，雷锋还是像上一年那样只领一套服装，其他的依旧上交国家。司务长杨丰普说：“雷锋你还是改领两套吧，这样你不是有换洗的衣服吗?”雷锋却说:“穿破的衣服再修补一下,也比我过去披的破烂衣服要好上千倍啊!”

雷锋艰苦朴素、勤俭节约不是为了自己,而是为了让他人更幸福,让国家更富强。

3. 雷锋永葆先锋亮色

1960年8月,抚顺地区接连几天,雷电滚滚,暴雨倾盆,浑河水位暴涨,上寺水库告急。洪水淹没了庄稼,淹没了公路,淹没了洼地房屋,人民生命财产安全面临严重威胁。部队日夜奋战的建筑工程暂时停工,运输连几十辆汽车已集结待命。“紧急动员起来,保卫煤都,保卫人民生命财产的安全!”运输连接到开赴上寺水库抗洪抢险的命令。连长李超群集合队伍传达命令、分配任务时,宣布雷锋留在营区值班。

雷锋立刻说道:“连长!这种时候我怎么能留在营区?”李超群指着雷锋缠着绷带的手说:“你手上有伤,怎么去抗洪抢险?”原来雷锋在几天前救火时负了伤。那天,雷锋正在打乒乓球,忽然发现营区外一栋木板房浓烟滚滚。他丢下球拍,就向起火地点跑去。跑到现场,雷锋抄起一个水盆就和大家一起奋力灭火。火势很大,火苗子呼呼往外蹿。雷锋丢下水盆,抓起一把大扫帚,奋不顾身地爬上房顶,与烈火展开搏斗。他的鞋子烧着了,衣服撕破了,手也烧伤了,直到消防车赶来才把火扑灭。这两天,伤还没痊愈,又犯了肠炎。连伤带病,把雷锋折腾得瘦了一圈。

听到连长的话,雷锋一下子把手上的绷带扯了下来,对连长说:“这点伤算什么呀!”“灾情就是命令,这个时候谁能在家里待得住!”在雷锋的坚决请求下,李超群终于批准他和部队一起奔赴上寺水库。水库周围已汇起一支抗洪大军,成千上万的人与洪水展开了殊死搏斗。当晚,电闪雷鸣,大雨滂沱,水库水位仍在上涨,已超出了最大容量,堤坝随时有垮塌的危险。市防汛指挥部当机立断,决定连夜开掘溢洪道,宁可淹掉部分庄稼,也要保住煤都抚顺!

运输连接受了开掘溢洪道的任务，连夜奋战。雷锋完全忘了自己的伤病，和战友们一起，在溢洪道里蹚着过膝深的泥水，顶风冒雨挥舞铁锹。突然，“哗”的一声响，坝上一大片黏土被暴雨冲下来，砸了雷锋一身，手中的铁锹也被打掉了。因天黑雨大，铁锹没有找到，他就用手挖泥，弄得他浑身全是泥水。一鼓作气干了很长时间，雷锋才觉得手指阵阵作痛，烧伤的手指又被磨破了，钻心地疼。

李超群发现雷锋手中没有工具，身体又有伤病，于是对雷锋高声喊道：“你马上到广播站去，把咱们连的好人好事宣传宣传。”“是!”雷锋登上大坝，向现场广播站的席棚子跑去。路上，他看见兄弟连队一个战士没穿雨衣，浑身淋得透湿，冷得打战，便脱下自己的雨衣披在那个同志身上。过了一阵儿，广播喇叭里响起了雷锋的声音：“同志们，听我言，英雄好汉出在抗洪最前线……”雷锋的声音，在狂风暴雨中铿锵有力，传遍了上寺水库，激励着奋战中的抗洪大军。

雷锋走出广播站，只穿一身单军装，瓢泼大雨淋得他直发抖。他跑到工具棚找到器材员领了一把新铁锹，又回到溢洪道继续干起来。当部队换班休息的时候，雷锋蹒跚走上大坝，感到有些撑不住了。卫生员扶着雷锋来到附近一户老乡家里，帮他包扎了手上的伤口，给他服了药，并让他躺下休息。

忽然，窗外又响起了换班的哨音，他再也躺不住了，趁卫生员一时没留神，抓起一件雨衣又顶风冒雨奔向了溢洪道……

经过7天7夜连续奋战，运输连圆满完成了任务，水库保住了，煤都保住了。雷锋的事迹在全团流传开来。为此，团党委研究决定给入伍不到一年的雷锋记三等功。

4. 雷锋永葆奉献底色

“人的生命是有限的，可是为人民服务是无限的。我要把有限的生命，投入到无限的为人民服务之中去。”这句人们耳熟能详的至理名言，就出自雷锋于1961年10月20日在抚顺写下的日记。全心全意为人民服务，是雷锋22年短暂人生的真实写照。雷锋在1961年10月3日的日记中还写道："我活着，只有一个目的，就是做一个对人民有用的人。当祖国和人民处在最危急的关头，我就要挺身而出，不怕牺牲。生为人民生，死为人民死。"雷锋是这样说的，也是这样做的。

1960年夏天的一个星期天，雷锋因肚子疼去团卫生连看病，经过一个建筑工地。扩音喇叭里传出女播音员清亮的声音："大家注意了！砌砖师傅大显身手，今天的砌砖速度，打破了昨天的纪录！运砖的同志们，加油啊！"雷锋一听，把肚子疼忘得一干二净，径直奔向了工地。个把钟头后，工地的广播里传出女广播员的声音："有位解放军战士，正在工地上和我们并肩战斗。""同志们，虽然我们还不知道这位解放军战士的名字，但是我们知道他是满腔热情地在为社会主义建设事业添砖加瓦。让我们向他学习，再鼓干劲，确保今天的施工任务顺利完成！"一直干到晚上5点多钟，雷锋才拖着疲惫的身体回到连队。

第二天中午，打听到雷锋名字及部队驻地的抚顺市二建公司组织工人敲锣打鼓来到雷锋所在的连队，送来了一封足有两米多长、用大红纸写的感谢信，雷锋带病参加建筑工地义务劳动的事迹就在连队传开了。这个建筑工地，就是当年在建的抚顺市本溪路小学教学楼，现在的抚顺市望花区雷锋中学。

1960年8月的一个星期天，雷锋上街办事，看到街上红旗招展，人山人海，原来是人们正在热烈庆祝和平人民公社成立。他想，一个新成立的人民公社，一定会有很多困难，作为一名人民子弟兵，应以实际行动去支援。他到抚顺和平储蓄所，从他在地方工作和入伍后攒下的津贴费总共203元的"家底"中取出200元，来到抚顺市望花区和平人民公社办公室，从衬衣的口袋里掏出那200元钱，双手捧着说："这是我对新成立的和平人民公社的一点心意，请收下吧。"办公室的一位工作人员激动地说："解放军同志，你关心人民公社的心意我们收下，这钱我们不能收，你还是留着自己用，或者寄回家吧。”一听工作人员提到“家”，雷锋心里一阵酸楚，沉默片刻后说：“我没有自己的家，现在部队驻在望花区，望花区就是我的家，人民就是我的父母。这钱是人民给我的，我把它还给人民……”最后，公社的同志答应收下一半，让雷锋留下一半。再就是，捐款人必须签字立据，留下真实姓名和地址，否则决不能收。雷锋看看没的商量，只好照办。

这一年11月11日，中共抚顺市和平人民公社委员会向雷锋所在的中国人民解放军七三四三部队发来感谢信，部队首长这才知道了雷锋捐款的举动。感谢信中写道：“你部十五小队雷锋同志，怀着兴奋的心情，带着不知积蓄了多久的二百元人民币来到我社筹建办公室，为表示对党的人民公社化运动的拥护和对人民公社的无比热爱，要将自己积蓄的钱全部献给人民公社。他这种精神，使我们深为感动。”

1960年8月，辽阳遭受百年不遇的特大洪水袭击，灾情严重。8月28日，辽阳市委办公室接到雷锋从部队寄来的一封信和一张绿色汇款单。雷锋在信里写道：“我是从辽阳参军入伍的，辽阳是我的第二故乡。辽阳遭受水灾，作为一名人民解放军战士，我要挺身而出，以实际行动来支援灾区人民，希望辽阳市委收下这100元捐款。”辽阳市委领导看过汇款单和信件，很受感动，但同时认为，部队战士每个月的津贴只有几元钱，要攒100元钱至少得一两年，他们实在不忍心收下雷锋寄来的钱。经研究决定：对雷锋关心家乡灾情表示感谢，心意收下，款项退回，给所在部队及其本人写一封感谢信。信中写道：“我们对雷锋寄来的款项不准备收留，并代表灾区人民向雷锋同志再一次地表示感谢……我们一定教育灾区人民，学习雷锋的阶级友爱和共产主义品格，鼓足更大的干劲，更加奋发图强，为彻底医治洪水创伤，重建辽阳幸福的新农村而努力。”

1961年9月，雷锋接到河南省巩县驻驾庄公社干沟子民办小学一位老师的来信。信中说，因近两年遭到严重自然灾害，干沟小学遇到一些困难。干沟小学师生从报纸上读到了雷锋的先进事迹，他们抱着试试看的心理向雷锋伸出了求援之手。雷锋将自己积攒1年零9个月的全部津贴费100元寄给了干沟小学。钱寄出去后，他在日记中写道："我为人民尽力了，心里也快活了。"在当时100元钱不是一个小数目，对于干沟小学真是雪中送炭。雷锋一直牵挂着干沟小学，1962年初，又一次致信干沟小学，询问了学校的办学情况，还需要什么帮助。所有这些，都成了干沟小学师生温暖至深的记忆。目前干沟小学已更名为"雷锋小学"。

雷锋担任班长时，非常关心爱护同志们，把全班凝结成一个团结友爱的战斗集体。雷锋与和他一起入伍的战友乔安山结成了"一帮一"对子，从手把手教写字开始帮助乔安山补习文化课，鼓励他好好学习。当雷锋得知乔安山要请假回家看望生病的母亲，想给母亲买点东西吃因钱不够而为难时，立刻拿出了自己的10元津贴费，还买了1斤饼干，一齐交给了乔安山，并真诚地对他说："这是给你母亲的，你不收也得收！你的母亲就像我的母亲一样，你有困难，也等于是我的困难。带回家去，问候母亲，祝老人家早日康复。"

运输连经常会接到临时任务，有的战士出车走得急，换下的脏衣服、臭袜子来不及洗，雷锋就抽空给洗干净。为了让出车的和值夜班的战友们回到宿舍有个整洁的环境，平日里雷锋总是积极打扫卫生、整理内务，把宿舍收拾得干干净净。一次，战友韩玉臣在搬电瓶发动车时，棉裤被不小心洒出来的电瓶水烧蚀出一个大洞。雷锋看见了，就拆下自己棉帽的衬里当补丁布，连夜给缝好了。

雷锋就是这样永不停息地为人民做好事，难怪人们一见到为人民做好事的同志，就自然而然地想起了雷锋……毛主席说："一个人做点好事并不难，难的是一辈子做好事，不做坏事，一贯地有益于广大群众，一贯地有益于青年，一贯地有益于革命，艰苦奋斗几十年如一日，这才是最难最难的啊！"

★ 雷锋给孩子们讲革命故事

5. 雷锋永葆军人本色

雷锋在部队的大熔炉里迅速成长，多次立功受奖。入伍半年多就荣立一次三等功，后来又先后荣立一次二等功、一次三等功，被部队评为“节约标兵”，授予“模范共青团员”称号，还被抚顺市两所小学聘为校外辅导员。

从1960年10月10日起，雷锋应邀担任了抚顺市望花区建设街小学（现雷锋小学）校外辅导员。10月10日这一天，是抚顺市望花区建设街小学师生最难忘却的日子，该校在抚顺矿务局机修厂俱乐部召开了聘请校外辅导员大会。雷锋和他的战友于泉阳、刘春元、苏永国等身穿整洁的军装，英气勃勃地走入会场，会场响起雷鸣般的掌声。在这次大会上，雷锋作了“忆苦思甜”的报告，所有的老师和孩子都被他的家史、苦难史感动得热泪盈眶。雷锋在同学们中间开展了“三件宝”（“储蓄箱”“节约箱”“针线包”）活动，培养同学们勤俭节约、艰苦朴素的品质；另外，还办了一个小图书馆，丰富孩子们的课外生活。

1961年4月，雷锋又应邀兼任了望花区本溪路小学（现雷锋中学）校外大队辅导员及该校五〇四中队校外辅导员。自那时起，他便成了孩子们的良师益友。雷锋平时工作、学习很紧张，但他经常利用中午休息或风雨天不能出车的时间，请假到学校去，和教师、孩子们谈心。他善于用毛主席的教导启发教育孩子们，耐心帮助他们不断进步。

1962年5月28日，共青团抚顺市委颁发给雷锋一张奖状，上面写着：奖给少先队优秀辅导员雷锋同志——保持光荣，继续前进。

雷锋入伍仅10个月就加入了中国共产党，当兵第二年就被提拔为班长，还当选了抚顺市第四届人大代表。

1961年春天，抚顺市展开了选举第四届人民代表大会代表的工作。雷锋所在团政治处接到抚顺市人民委员会的通知，分给团一个代表名额。团领导决定，提议以望花区人民群众的名义推荐雷锋为全团唯一的代表候选人。在全团施工动员大会上，1000多名官兵一致举手通过推选雷锋作为人民代表的提议。

7月30日午后，雷锋身着褪色却整洁的军装、佩戴一枚毛泽东像章和两枚奖章，准时到抚顺宾馆报到。作为光荣的人民代表，雷锋在大会上发了言，还和文教战线的代表一起提交了一份“重视农村孩子辍学现象的建议”的提案。在4天的会议上，雷锋积极参与讨论，时刻牢记初心和使命。

1962年8月15日上午，雷锋与战友乔安山开着13号嘎斯汽车从铁岭下石碑山村返回抚顺营区。雷锋向连长虞仁昌报告工作后，就准备和乔安山一起把车开到九连炊事班门前的自来水管边，把车上的泥土用水冲刷一遍。乔安山把车打了一个90度的弯后驶入了一条窄窄的人行道，右边是九连连部的房子，左边是杨树，紧挨着杨树是一排1.5米高、小碗口粗的柞木桩子，中间拉着铁丝，是给战士们晾衣服、晒被子用的。乔安山怕撞着房子，把头伸出车窗喊雷锋帮他看着，雷锋打着手势指挥乔安山缓慢行驶，不料左后轮将一根柞木桩子撞倒，紧绷的铁丝产生的巨大张力，迅速将木杆回弹，重重地砸在雷锋的太阳穴处，雷锋当时就倒在了地上……雷锋立刻被送到了抚顺望花区西部职工医院，终因颅骨骨折，内部出血，抢救无效，永远离开了我们。

抚顺是雷锋留下日记最多的城市。雷锋在1958年至1962年这5年间的日记有330余篇，而在抚顺写下的日记有150篇，其中1960年23篇、1961年69篇、1962年58篇。

在抚顺，雷锋把崇高的理想信念和道德品质追求融入日常的工作生活，自觉践行共产主义崇高理想信念与追求。雷锋用忠诚和奉献守望着初心，用青春与热血践行着使命，在平凡的岗位上谱写了不平凡的人生，为我们树立了道德标杆，最终形成了崇高的雷锋精神，雷锋精神是在抚顺这片沃土走向成熟的。雷锋精神已融入这座城市的发展和振兴，成为与每一个人情感相连、命运相系的精神归宿。

辽宁，是农民雷锋成长为工人雷锋、共产主义战士雷锋的地方，也是雷锋精神走遍全国、走向世界的地方。在辽宁工作生活的近4年时间里，雷锋思想上发生了深刻的变化，由初来鞍钢时朴素的报恩情结向工人阶级先锋队的使命与担当意识逐步转变，造就了服务人民、助人为乐的高尚情操，使雷锋成为全心全意为人民服务的光辉典范。

第三章　生　根

精神的力量是无穷的，榜样的力量也是无穷的。

60年来，“学雷锋、树新风，心向党、做先锋”，已成为中华儿女的自觉追求和行动。“雷锋”二字，已成为人们心目中积极进取、刻苦学习、热心公益、助人为乐、勤俭节约、严于律己、扶贫济困、见义勇为、善待他人、奉献社会的代名词。在雷锋精神的感召下，一代又一代中国人奋发向上、忘我奉献，涌现出一大批学雷锋的先进典型、道德模范、感动中国人物等，产生了广泛而深远的社会影响。

雷锋，不是一个只属于他自己的符号，已成为无数个好人、模范、英雄、榜样共有的名字。雷锋的思想、品德、作风和奉献精神，代表了新中国成立后昂扬向上的时代风貌和精神状态，彰显着共产党人的先进本色和为民宗旨。雷锋所做的好事谈不上惊天动地，但是一件件汇集起来，却铸就了伟大的功业。他是实践社会主义、共产主义思想道德的楷模，是全国人民学习的光辉榜样。离开雷锋的日子里，“雷锋”却从未离开。

一、雷锋精神在辽宁绽放光芒

1958年11月15日，雷锋踏上辽宁这片黑土地的那一刻起，雷锋就和辽宁结缘生根。辽宁成为了雷锋的第二故乡，雷锋把辽宁当成自己的家，在辽宁积极奉献着自己的青春和热血。

“人的生命是有限的，可是，为人民服务是无限的，我要把有限的生命，投入到无限的为人民服务之中去……”这是雷锋在日记里对人生的思考，深深影响了一代又一代中国人。

已公开发表的145篇《雷锋日记》中，有121篇写于辽宁，大部分内容是雷锋在辽宁工作生活的感悟与思考。从鞍山到辽阳，从营口到抚顺，从抚顺到沈阳，从沈阳到铁岭……雷锋在辽宁的足迹，如今仍然闪耀着光芒。

在辽宁的1370天里，雷锋的人生观、价值观不断成熟，雷锋精神不断孕育凝结。1963年3月5日，《人民日报》发表毛泽东主席的题词“向雷锋同志学习”。自此，全国掀起了学习雷锋先进事迹的热潮。

学习雷锋好榜样，千万雷锋在成长。辽宁率先点燃了学习雷锋火种，引领着全国学习雷锋活动持续深入。60年来，作为雷锋精神的发祥地，辽宁人民把对雷锋的深情眷恋，转化成为学习雷锋的行为自觉。一代又一代模范人物不断涌现，越来越多的辽宁人汇聚在雷锋精神的旗帜下，学雷锋活动常态化、具体化成为辽宁人的共识。

雷锋精神，人人可学；奉献爱心，处处可为。积小善为大善，善莫大焉。全国第一个学雷锋小组、全国第一座雷锋纪念馆、全国第一所以雷锋名字命名的学校、全国第一家雷锋储蓄所……这些足迹仿佛是雷锋精神的种子，在辽沈大地生根发芽、开花结果。

微光汇聚星河，爱心凝聚力量。沈阳的“志愿服务六个一”、大连的“‘五位一体’社区志愿服务模式”、鞍山的“‘邻里守望’志愿服务队”、本溪的“书香本溪爱心漂流”……辽宁省学雷锋志愿服务组织和广大学雷锋志愿者，以实际行动续写新时代雷锋故事。“当代雷锋”郭明义影响带动了全国200多万人加入郭明义爱心团队，广泛掀起了“跟着郭明义学雷锋”的热潮。

2021年，辽宁省沈阳市消防救援支队启工消防救援站被中宣部命名为“第六批全国学雷锋活动示范点”。启工消防救援站用雷锋精神锻造消防救援尖兵，建站58年来成功扑救火灾4万余起，参与“5·12”汶川特大地震抢险救援等2.2万余起，从死亡线上抢救了万余人生命，挽回经济损失19亿余元。启工消防救援站党支部书记、政治指导员张岩说：“哪里需要我们，我们就要到哪里，要在本职工作中践行雷锋精神。”

“机器由于有许许多多的螺丝钉的联接和固定，才成了一个坚实的整体，才能够运转自如，发挥它巨大的工作能力。螺丝钉虽小，其作用是不可估量的。我愿永远做一个螺丝钉。”几十年来，雷锋的“螺丝钉精神”一直是工业大省辽宁最有感召力的精神力量。

2022年11月12日，习近平总书记给中国航空工业集团沈飞“罗阳青年突击队”队员们回信：“争做有理想、敢担当、能吃苦、肯奋斗的新时代好青年，为全面建设社会主义现代化国家、全面推进中华民族伟大复兴作出新贡献。”

沈飞“罗阳青年突击队”首任队长方文墨把雷锋当榜样，把“螺丝钉精神”当航标，把家里的阳台改造成工作室苦练技术，一年换了200多把锉刀。经过10年不懈努力，方文墨不仅夺得了全国青年职业技能大赛钳工冠军，还创造了一个以自己名字命名的精度——“文墨精度”。如今，作为中国航空工业集团首席技能专家，方文墨带领“文墨班”攻关课题150余项，协调工艺问题40余个，破解了一批航空产品高精度加工难题。罗阳、方文墨只是大国重器上的一颗螺丝钉，不过也正是有了他们的存在，科技进步道路才能越走越宽广。

从压缩机设计“门外汉”到打破国外垄断“第一人”，沈阳鼓风机集团股份有限公司副总工程师姜妍用近20年时间潜心钻研、聚力攻关，终于啃下硬骨头，成功主导设计我国第一台百万吨乙烯压缩机，使我国成为世界上第四个具有百万吨级乙烯“三机”设计制造能力的国家，又在短短几年时间里，带领设计团队实现了乙烯压缩机120万吨、140万吨、150万吨的“新三级跳”。

姜妍说，“雷锋的‘螺丝钉精神’就是要心沉下来、静下来，这样我们才能把设计不断地进行到底，才能够坚守岗位去完成一个又一个创新。这正是雷锋精神的体现。”

在雷锋工作过的鞍钢，冷轧厂首席技师、全国岗位学雷锋标兵李超长期从事生产一线的设备改造、设备保障及研发工作。他通过发明创新先后解决企业生产难题260多项，获得国家科技进步奖二等奖1项，国际、国家发明展览会金奖3项，创造经济效益1.5亿元，被授予“当代发明家”称号。紧张的工作之余，李超经常跟同事们到鞍钢雷锋纪念馆去看看。李超说：“我和工友们对学习雷锋精神的理解也在不断地丰富，‘螺丝钉精神’既要有‘老黄牛精神’，现在还要融入创新、绿色、高质量发展的元素。”

60年后的今天，雷锋已成为亿万中国人的精神灯塔，雷锋精神已成为中国共产党人精神谱系的一部分。

从助人为乐、无私奉献到刻苦钻研、勤学苦练，辽宁不断上演着新时代的雷锋故事，雷锋精神的内涵也在不断丰富和拓展，汇聚成助力新时代辽宁全面振兴、全方位振兴发展的磅礴力量。

精神永恒，薪火相传。讲述雷锋故事、续写雷锋日记等活动正在辽宁沈阳、抚顺等地持续开展，数十万的学生把雷锋当榜样，正整齐地朗诵着雷锋日记：“如果你是一滴水，你是否滋润了一寸土地？如果你是一线阳光，你是否照亮了一分黑暗？如果你是一颗粮食，你是否哺育了有用的生命？如果你是一颗最小的螺丝钉，你是否永远坚守在你生活的岗位上……”

“雷锋”永远在你我身边！

二、鞍山：传承雷锋精神，激发干事创业澎湃动力

在鞍钢股份有限公司炼焦总厂原机械化煤场，那两台曾见证了雷锋驾驶推土机往来煤海间推煤铲煤的百岁门吊仍昂首矗立着。

作为雷锋在辽宁的“第一站”，鞍山市充分发挥“一座钢城，两代雷

锋”资源优势，以开展丰富的学雷锋活动为载体，组织党员干部群众立足岗位学雷锋、志愿服务学雷锋，大力传承、弘扬雷锋精神蕴含的崇高理想和坚定信念、奉献精神、敬业精神、创新精神、创业精神，既学习雷锋的精神，也学习雷锋的做法，全力将蕴藏在干部、基层、企业、群众中的活力激发出来，在各自的岗位上奉献自己的青春和热血，让干部敢为、基层敢闯、企业敢干、群众敢首创，为钢都锚定高质量、跑出加速度，奋力夺取全面振兴新突破三年行动首战告捷凝聚力量。

鞍山全城人民60年如一日在学雷锋，在扎实做好本职工作、取得新成绩中，生动诠释着雷锋干一行爱一行、专一行精一行的敬业精神。近年来，鞍山市大力倡导担当作为、敬业奉献，推行“五个基本”工作方法，完成了一批看似不可能完成的任务，解决了一系列难以解决的问题。

鞍山市发展和改革委员会工业科，在西鞍山铁矿、陈台沟项目建设中发扬连续作战精神，攻坚克难，通过“手递手”审批，实现项目当年签约、当年开工，刷新了国内铁矿石采选项目办理速度纪录；铁东区湖南街道东塔社区积极调动党政、群团、社会组织，全员参与社区基层治理，打造预防化解矛盾纠纷的“前沿阵地”，成为全市市域治理现代化基层治理体系建设首个“样板间”；鞍山华信重工机械有限公司总工程师马庆生，32年如一日，始终坚守在科研生产第一线，带领团队在航空航天、石化等领域深钻细研、精益求精，取得了卓有成效的成果。

鞍山市路径明确，充分发挥“一座钢城，两代雷锋”资源优势，以开展丰富的学雷锋活动为载体，组织党员干部群众立足岗位学雷锋、志愿服务学雷锋，大力传承、弘扬雷锋精神，激发全社会的干事创业活力，努力打造新时代学雷锋高地，让雷锋精神的旗帜在钢都大地永远高高飘扬。

鞍山市将全面落实优化选人用人机制“1+4”系列文件，亮出干部“上”与“下”的标尺，严格落实“三个区分开来”，为担当者担当、为负责者负责、为干事者撑腰，做细做实澄清正名工作，激励干部敢为；坚持强基导向，支持和鼓励基层解放思想、前瞻行动，放开手脚大胆改革创新，努力在先行先试中实现突破突围，增强服务群众效能，激励基层敢闯；做细做实各项纾困解难举措，加大服务保障力度，赋予市场主体更多阳光雨露，点燃国企敢干、民企敢闯、外企敢投的火热激情，激励企业敢干；走好新时期的群众路线，主动问政于民、问需于民、问计于民，把群众的好建议、金点子变成推动振兴发展的硬措施、实招数，激励群众敢首创。

在窗口单位开展“立足岗位学雷锋”活动和优质服务窗口、示范岗位创建活动；推动全市医疗、水务、燃气、公交等服务机构在镇（街道）、村（社区）设立便民服务点，把服务送到最基层；全市16家医疗机构与街道社区进行对接，与相关村对接，组织优秀医疗专家进社区、进农村、进困难户家中，开展义诊、健康咨询、健康讲座等送健康活动……

近年来，鞍山市积极推动岗位学雷锋活动常态化，特别是号召广大党员干部充分发挥示范引领作用，向雷锋同志学习，向身边先进同志学习，让雷锋精神成为人民心中的精神符号、精神坐标，让雷锋精神代代相传、发扬光大，不断汇聚推动高质量发展的强大动力。

鞍山市制订印发了《关于深入开展新时代学雷锋活动的实施意见》《领导干部学雷锋学郭明义活动方案》《党支部学雷锋学郭明义活动方案》《市直机关“立足岗位学雷锋 担当作为促振兴”活动方案》等系列文件，在完善顶层设计的基础上，积极依托党组织优势，拓宽渠道、创新载体，组织开展形式多样的学雷锋活动。

鞍山市要求各级领导干部要在对党忠诚、实干担当、为民服务、廉洁自律上走在前列、当好表率，充分发挥“关键少数”示范引领作用，形成“上级做给下级看、上级带着下级干”的头雁效应，带动广大党员干部群众见贤思齐，在各自岗位上做一颗永不生锈的螺丝钉。同时，组织全市近8000个党支部广泛开展学雷锋活动，主动联系困难户，帮助解决实际问题，打通联系服务群众的“最后一公里”，并在广大党员中开展“立足岗位学雷锋，担当作为促振兴”活动，开展“弘扬雷锋精神，机关干部走在前作表率”主题党日等活动。

2023年，鞍山市还从学雷锋纪念日期间集中开展学雷锋活动和开展贯穿全年的学雷锋工作两个方面发力，进一步发挥党员干部的学雷锋示范引领作用，持续在钢都掀起学雷锋热潮。

学雷锋纪念日期间，鞍山市举办了“纪念毛泽东等老一辈革命家为雷锋同志题词六十周年”文艺会演，承办2023年辽宁省学雷锋活动启动仪式，召开“弘扬雷锋精神，争做当代雷锋”座谈会，举办“工人雷锋”绘画展，编撰出版连环画《工人雷锋》等。

在贯穿全年的学雷锋重点工作中，鞍山市主要从机关干部、公共服务领域和群团组织等方面进行部署。全市组织广大机关干部积极参加“清洁鞍山日”“交通文明体验岗”和无偿献血等学雷锋志愿服务活动，组织医疗单位开展“服务百姓健康行·进社区”学雷锋志愿服务活动，开展义诊、健康咨询、讲座等活动。

同时，鞍山市还组织文艺“轻骑兵”编写弘扬雷锋精神的快板、小品等，深入机关、企业、农村、社区、学校演出。群团组织发挥自身优势，开展学雷锋活动。在全市职工中开展以弘扬雷锋精神为主题的合唱比赛，关爱困难职工、农民工、女职工生活，解决他们的生活困难。做大做强“邻里守望，姐妹相助”“家庭教育百场公益讲座”等学雷锋巾帼志愿服务项目。开展“爱心助学阳光成长，雷锋精神代代相传”助学活动，看望留守儿童、家庭困难学生，关注青少年心理健康。

鞍山市始终把志愿服务作为践行雷锋精神的有效载体，以选树先进典型为抓手，持续开展学习雷锋志愿服务活动，不断掀起新时代学习雷锋的热潮，形成全市向上向善的浓厚氛围。

截至目前，鞍山市注册志愿者超过50万人，注册志愿服务团队5000余支，累计推荐7个先进典型获得全国学雷锋志愿服务“四个100”荣誉称号，73个先进典型获得全省学雷锋志愿服务“四最”荣誉称号。鞍山共有37人荣获了“中国好人”称号。

与此同时，鞍山市正在完善全市志愿服务工作协调小组会议制度，每半年召开一次志愿服务工作协调小组会议，各成员单位共同推进全市志愿服务工作。同时，部署2023年“情暖钢都，志愿有我”主题志愿服务活动，推动全市学雷锋志愿服务工作持续深入开展，更好地发挥志愿服务在服务百姓民生、服务全市经济社会发展中的重要作用。

此外，鞍山市还将围绕关爱“一老一小”主题，组织开展志愿服务项目征集和发布活动，引导广大志愿服务组织聚力打造“接地气、有生气”的特色志愿服务项目，持续提升志愿服务活动质量和水平，并开展“文明鞍山，志愿同行”主题沙龙系列活动，发挥典型项目、优秀团队和志愿者的引领示范作用，推动提升志愿服务活动项目化水平。同时，组织鞍山市首届文创产品大赛，通过党政机关引导、文创企业发力，积极探索文创产品市场化新途径，全力推进志愿服务文化创新发展等。

三、辽阳：践行雷锋精神，奋力实现振兴新突破

1959年8月20日至1960年1月8日，雷锋在辽阳市弓长岭区工作、学习、生活了142天，写下了20余篇闪耀着共产主义思想火花、充满着理性思考的日记，用汗水和爱心积聚了前进的力量，标志着雷锋精神在辽阳孕育并初步形成。

在辽阳既有雷锋工友，又有雷锋战友，还有雷锋专题收藏家。2002年，辽阳市成立了由雷锋班第二任班长庞春学任团长的辽阳雷锋战友报告团，走遍全国各地宣讲雷锋故事，传播雷锋精神，共作报告5000余场，受众近百万人次，为弘扬雷锋精神作出贡献。

辽阳雷锋纪念馆成立20年来，积极发挥雷锋工友战友及红色收藏家、雷锋史料研究专家独特作用，在他们的大力支持帮助下，收集到大量雷锋的手迹、遗物、照片等。这些物品都具有极高的文物价值，丰富了对雷锋工人时期史料的深入挖掘和研究，填补了雷锋工人时期风貌的空白。

近年来，辽阳全力打造“工人雷锋”独特品牌，推进学雷锋活动常态化；建成全国唯一的“工人雷锋”纪念馆，出版发行《工人雷锋》《雷锋在弓长岭》《雷锋人生三部曲（中）——工人岁月》等图书，拍摄电影《雷锋在1959》在全国发行放映，荣获全国精神文明建设“五个一工程”奖。

辽阳创新传播方式，让雷锋精神活起来、火起来、传起来，建设雷锋街、雷锋桥、雷锋山、雷锋公园、雷锋塑像和雷锋经典日记碑廊，让雷锋的名字深深铭刻。

目前，全市已建成新时代文明实践中心（所、站）770个，组建1+8+N文明实践志愿服务队伍2200支，打造了一批新时代文明实践特色志愿服务项目品牌，27万学雷锋志愿者广泛参与到文明创建、扶危济困、敬老助残、便民服务等活动中来。

辽阳市委领导说：“雷锋在辽阳工作、生活了142天，并从这里走向军营。60年来，雷锋精神滋养着我们、激励着我们，已经成为这座城市的精神之本、文化之根和发展之魂。”

2023年是全面贯彻落实党的二十大精神的开局之年，是实施全面振兴新突破三年行动的首战之年。辽阳市上下正深入学习贯彻习近平总书记重要指示精神，积极响应习近平总书记和党中央号召，赓续红色血脉，弘扬雷锋精神，奋力打好打赢新时代“辽沈战役”的“辽阳之战”，不断续写新时代的雷锋故事。

弘扬雷锋“忠于革命忠于党”的赤胆忠心，学习雷锋爱党爱国爱社会主义的崇高理想和坚定信念，更加坚定拥护“两个确立”、坚决做到“两个维护”，以实际行动和成效诠释对党忠诚。

弘扬雷锋“永远做革命的螺丝钉”的敬业态度，拿出志气、骨气、底气，将弘扬雷锋精神与实施全面振兴新突破三年行动结合起来，沿着雷锋在辽阳的足迹，更加突出“工人雷锋”这一特色品牌，推动全市党员干部群众立足岗位、履职尽责，大胆探索、敢为人先，干一行爱一行、专一行精一行，努力做一颗永不生锈的螺丝钉，不断续写新时代雷锋精神新篇章，以新气象、新担当、新作为实现辽阳全面振兴新突破，为辽阳振兴发展增光添彩。

辽阳把开展学雷锋活动与优化营商环境结合起来，在“窗口”单位、执法单位开展各具特色的学雷锋主题活动，尽心尽力为企业和项目提供“雷锋式”一对一服务，把麻烦留给自己，把方便留给市场主体和群众，加快推动政务服务提质增效，以雷锋精神滋养初心、涵养正气。

辽阳弘扬雷锋“把别人的困难当作自己的困难”的助人精神，把创建“文明城”与打造“雷锋城”结合起来，扎实践行社会主义核心价值观，积极选树宣传“时代楷模”，大力弘扬志愿者精神，让“我为人人、人人为我”在辽阳蔚然成风。

四、营口：守正创新，续写新时代雷锋故事

在营口，每一位走出营口火车站的旅客，第一眼看到的就是伫立在广场中央的雷锋雕像。雕像上“雷锋在营口”五个大字告诉每个人：雷锋来过这里。1960年1月，雷锋来到驻地在营口的沈阳军区工程兵工兵第十团，成为一名解放军战士。之后的岁月，雷锋精神便同这座城市绑定，浸润于城市精神之中。

雷锋精神与城市文明牵手。经过一个多甲子的积淀，雷锋精神已经成为营口这座城市充满温情的文化符号。2008年3月4日，营口市文明办组织国家、省级文明单位代表和少先队员代表远赴抚顺，从雷锋存折里取出“一元基金火种”，存入营口工商银行站前储蓄所，建立起“营口雷锋爱心储蓄基金”。公共汽车、出租车团队组建了雷锋志愿团队。亮眼的“雷锋号”公交车、出租车如同流动的文明风景线，又像一粒粒文明的种子播撒营口大地。汇聚起了更多的人参与到学雷锋活动当中来。劝导“文明祭祀”，力行“礼洁乡村，筑梦振兴”，引导“文明出行”……“礼德营口

星光行动”认领微心愿，帮助困难群众圆梦，让举手之劳可以帮助困难群众坚定生活信心，这是雷锋精神在新时代的新实践，是学雷锋活动常态化、长效化的新探索，是全民践行引领社会风尚的最好体现。60多年来，营口市学雷锋活动经久不衰，成立包括20多名雷锋生前战友的雷锋精神促进会和宣讲团，出版《雷锋在营口》《雷锋在营口的故事》等书籍，录制评书《雷锋》，面向全国发行《雷锋在营口》邮政贺卡……2018年9月，营口启动“雷锋文化营口有礼”主题活动，将雷锋精神与中华优秀传统文化、红色文化和社会主义核心价值观共同熔铸为营口城市精神的丰富底色，以礼德与践行，凝聚发展共识；以大爱与仁义，培育时代新人。在营口“学雷锋”转化为“文明有礼”的城市道德生态，“出了雷锋学雷锋，学了雷锋出雷锋”已成为营口人的文化自信和自觉。

纪念是为了更好地传承。从2003年开始，雷锋战友以及多位市政协委员，多次提出在营口建设雷锋纪念馆的提案。2015年8月25日，中共营口市委正式决定，将原俄国领事馆旧址作为营口雷锋文化展览馆（后更名为营口雷锋文化博物馆）馆址。2016年8月31日，市政府召开市长办公会议，决定从新建的市图书大厦中规划2300平方米的面积作为雷锋文化展览馆馆舍。2019年3月5日，经过多年精心筹划，雷锋文化博物馆与市民见面。馆舍建筑面积为3800平方米，馆藏现有展品3200余件。展览馆布展形式非常丰富，在采用传统的文物展柜和图片的形式之外，还制作了逼真的硅胶塑像进行历史场景的复原。通过丰富翔实的资料、形式多样的手段、新颖独特的视角全面再现了雷锋平凡而伟大的一生，充分展示了雷锋文化的无穷魅力。展馆基本陈列《雷锋文化——永恒的风尚》共分为“光辉人生”“独特文化”“军地情深”“永世传承”四个部分。不同于其他的雷锋主题馆，营口雷锋文化展览馆不仅展现了雷锋的生平和先进事迹，还展示了独特的雷锋文化现象、雷锋团与营口政府和人民的鱼水深情、营口市50多年学雷锋活动的主要成果。该馆是营口市一张重要的文化名片，承载着爱国主义教育基地、营口市党员教育基地、廉政教育基地、青少年教育基地的功能，成为全国由政府投资建设的6个雷锋主题馆中重要的部分。

开放至今，营口市雷锋文化博物馆共计接待省内外团队1200多个，接待全国各地观众121万余人次。展馆被评为省级爱国主义教育示范基地、省级“共青团志愿服务基地”、省级“少先队校外活动实践基地”。来访群众中，年龄最大的观众97岁，最小的5个月。七八十岁的观众由于跟雷锋年龄相仿，又经历过上世纪六七十年代全国学雷锋高潮，他们对雷锋有着特殊的感情，每个场景、每张图片、每件展品、每段视频……都看得非常仔细。小观众也比较多，有的是老人带着孙辈，有的是年轻家长带着孩子——雷锋，这名在营口工作过、生活过的战士，已经成为营口人心灵家园中最亲近的人。

榜样引领，礼遇先进。回望半个多世纪的学雷锋历程，从力所能及做好事到为民解难办实事，学雷锋活动从单一走向多元，在实践和精神层面影响和激励了一代又一代人。面对新时代赋予雷锋精神的新内涵新要求，营口市不断涌现出形式多样的学雷锋服务品牌，丰富和发展了雷锋精神，用生动实践续写新时代雷锋故事。

2023年1月18日，2022年第四季度“中国好人榜”揭晓，宣传环保15年、带动万人参加公益活动的营口志愿者关刘光荣登榜。2023年，关刘44岁，是营口市志愿服务联合会理事。15年来，她利用业余时间参加志愿服务活动，开设助老爱心食堂，还时常带着志愿者清理公园、清洁海滩、上山捡垃圾，堪称营口市志愿者中的杰出代表。

2月21日，在营口市鲅鱼圈区红旗镇红星社区助老爱心食堂，关刘正在给十余位75岁以上的老人免费发放爱心午餐。酱脊骨、白菜粉条炖豆腐、炒花生米、拌小菜，这样的爱心午餐既营养又实惠，老人们赞不绝口。

“我们想通过自己的一份爱心，让这些老年人感受到家的温暖和社会的关爱。”这家助老爱心食堂是自己于2021年7月份发起设立的一个公益项目，为周边75岁以上孤寡、残疾、空巢等生活不便的老人提供免费午餐。据她统计，爱心食堂成立以来，已累计为5000余人次老人提供免费午餐，关刘为此负担了4万多元的费用。

“像关刘这样甘于奉献、舍己为人的好人好事，我们营口几乎每天都在发生。”营口市志愿服务联合会会长吴云峰介绍。在营口市政务服务中心，有一支名叫“政值，芳华”的志愿者服务队，驻厅单位130余名志愿者忙碌在30个志愿服务点位，为前来办理业务的市民提供咨询引导、协助填表、复印打印等一对一帮办代办服务。目前，该中心已累计提供志愿服务1万余个小时。作为营口市政务服务中心一名志愿者，张蓝兮说，她所在的岗位志愿服务很琐碎，有的市民问复印在哪儿、卫生间在哪儿、各种服务在哪儿……她都会为市民耐心解答。她希望进入大厅的市民第一时间便有种家的感觉，能够顺顺利利地完成他们要办理的业务。营口市政务服务中心充分利用志愿者服务站，为市民免费提供轮椅推送、紧急药品等服务内容。中心还通过营口市红十字会的帮助指导，成立了红十字志愿服务小队，2022年共开展两次AED救助培训活动，培训了76名志愿者，增加了志愿者安全救助意识与防范风险能力。2022年，营口市政务服务中心“政值，芳华”志愿项目，获得省级志愿服务项目称号。2023年，营口市政务服务中心将延续往年的志愿服务，邀请社会志愿服务组织参与政务服务中心的咨询引导、维护秩序、助残服务等服务活动，丰富“政值，芳华”和雷锋服务品牌等活动项目。

尽管雷锋在营口的时间短暂，但他在这座城市留下的人生足迹，记录了具有特殊意义的诸多“第一次”，度过了一段不平凡的军旅生涯。营口是雷锋的第二故乡，是雷锋精神孕育、发展、走向成熟的重要一站。时至今日，雷锋精神在滨城大地上薪火相传，一个个学雷锋品牌的打造，一批批学雷锋阵地的建设，形成了一浪高一浪的滚滚热潮，增强了社会主义核心价值观的感召力、亲和力和说服力，推动雷锋精神薪火相传，与时代脉搏共振，与城市共同成长。

五、沈阳：弘扬雷锋精神，汇聚振兴力量

雷锋当兵的日子里，工作、出差、开会、作报告，他出现在沈阳的时间超过330天。沈阳是雷锋短暂生命中的重要一站。60年来，雷锋精神早已浸入了沈阳这座城市的肌体，成为沈阳人共同的气质，成为沈阳城市精神，给予沈阳人奔跑的信心、决心与力量。

"我就是长着一个心眼，我一心向着党，向着社会主义，向着共产主义。"这是雷锋的崇高理想和坚定信念的鲜明表达。

一个人一旦拥有了崇高理想和坚定信念，便拥有了强大的精神力量。一座城市、一个国家有了共同的奋斗目标，将释放无穷能量。而新时代学习雷锋，就是要自觉地把个人的追求和奋斗同党的事业、国家的命运、民族的前途联系起来。

新时代，新征程。为进一步激励引导广大党员干部群众做中华民族传统美德的传承者、社会主义道德规范的实践者、良好社会风尚的创造者，推动全民道德素质和社会文明程度达到新高度，沈阳市以"弘扬雷锋精神，塑造英雄城市"为主题，着力打造新时代学雷锋高地，为推动沈阳在新时代东北振兴、辽宁振兴的"辽沈战役"中挑大梁担大任、当先锋作表率凝聚精神力量。

沈阳市开展"弘扬雷锋精神、彰显时代价值"系列活动，把弘扬雷锋精神与加强和改进思想政治工作结合起来，与广泛践行社会主义核心价值观结合起来，让学雷锋成为人们在社会公德、职业道德、家庭美德和个人品德等方面的情感认同和行为习惯，让学雷锋活动成为人们领悟崇高精神、提升价值追求的生动过程，让学雷锋成为沈阳人的一种政治自觉、思想自觉、行动自觉和精神追求。

沈阳市结合党史学习教育常态化长效化，把雷锋精神研究阐释项目纳入市哲学社会科学规划课题立项选题；持续深化群众性学雷锋教育实践活

动，策划推出“雷锋沈阳足迹——雷锋地图2.0版”，线上线下号召广大市民共同追寻雷锋在沈阳的足迹，沉浸式、全景式、多角度宣传弘扬雷锋精神；推动各级学雷锋活动示范点与新时代文明实践中心（所、站）建设，依托自身资源大力宣传弘扬新时代雷锋精神，打造社会主义核心价值观教育实践基地。

雷锋平凡而伟大。雷锋用一件件平凡的小事成就了不平凡的人生，彰显出服务人民、助人为乐的崇高品质。

每个时代都有每个时代的“雷锋”。沈阳市坚持把雷锋精神融入新时代发展各方面，通过身边人讲身边事增强学雷锋活动的感召力和影响力，在全社会形成“人人学雷锋、人人做雷锋”的生动局面，让雷锋精神在新时代绽放新的光芒。

沈阳市组织全市各级各类志愿服务组织开展“学雷锋，爱沈阳”等“一月一主题”志愿服务活动；通过举办沈阳市新时代文明实践志愿服务项目大赛，培育挖掘一大批深接地气、广聚人气、富有实效的志愿服务项目；定期举办志愿服务培训班，不断提高广大志愿者的服务意识、服务能力和服务水平。同时，通过“追寻雷锋沈阳足迹·雷锋精神火炬传递”“争做新时代小雷锋”等活动，倡导广大市民践行雷锋精神。

为发扬无私奉献的雷锋精神，沈阳市还开展岗位学雷锋典型评选活动，评选表彰一批学雷锋活动示范点和岗位学雷锋标兵。组织开展沈阳市“最美志愿者、最佳志愿服务组织、最佳志愿服务项目、最美志愿服务社区”宣传推选活动，号召广大干部群众积极参与志愿服务，在争创全国文明典范城市等工作中当先锋、作表率、出亮点。

他甘当螺丝钉，在平凡的岗位上做出了不平凡的事；他通过学习钻研，不断地丰富和提升自己；他省吃俭用，点滴积累，支援国家建设……这是雷锋干一行爱一行的敬业精神、锐意进取的创新精神、艰苦奋斗的创业精神。

争做新时代雷锋传人，就是要把崇高的理想信念和道德品质追求转化为具体行动，就是要把雷锋精神转化为振兴力量。

在总结和继承长期以来学雷锋活动好做法好经验的基础上，沈阳市不断赋予学雷锋活动新的时代内涵。开展“弘扬雷锋精神、争当振兴先锋”系列活动，大力宣传弘扬雷锋精神蕴含的崇高理想、坚定信念和奉献精神、敬业精神、创新精神、创业精神，结合“振兴新突破，我要当先锋”专项行动，通过学习研讨、典型引领等形式，号召广大党员干部群众扛牢使命担当，践行突破之责，争当振兴先锋。

学雷锋，当先锋。在全省实施全面振兴新突破三年行动的首战之年，沈阳市聚焦“十二个新突破”，设置“12+1”条赛道，制订可量化、可评估、可考核的行动计划，清单化管理、项目化落实、工程化推进。越来越多的“雷锋”从各行各业涌现，以“拼”的干劲、“抢”的状态、“争”的劲头、“实”的作风，扎实推进各项工作落地见效。

雷锋精神，如涓涓细流，汇成江河，已凝聚成为推动新时代沈阳全面振兴全方位振兴实现新突破的强大精神力量。

六、铁岭：汲取奋进力量，加快振兴突破

雷锋生命中最后的170天是在铁岭度过的。在铁岭这片红色沃土，雷锋从未远去，更多人紧随时代发展的步伐，将雷锋精神融入更广阔的领域，让雷锋精神历久弥新。

全国第一座建在村庄的雷锋纪念馆。下石碑山村位于铁岭县东部，全村只有300多户、700多人，在这里，雷锋度过了他生命中最后的170天。1962年8月15日早晨，雷锋从下石碑山村返回抚顺。当天上午，雷锋在抚顺指挥战友开车时，头部受伤，不幸牺牲。全国第一座，也是唯一一座建在村庄的雷锋纪念馆就位于这里。雷锋把人生最后的时光留在了下石碑山村，也将一颗红色的“种子”种在了这个小山村。行走在下石碑山村，雷锋塑像、雷锋广场、雷锋图片、雷锋纪念馆……“雷锋元素”成为下石碑

山村最明显的标志。这个纪念馆占地10000平方米，展厅设计以雷锋在铁岭生活工作的真实史料为基础，以39篇日记和18个故事为线索，穿插战友讲述、村民回忆，集中展示雷锋的成长历程、感人事迹和雷锋精神的形成过程，以及铁岭县深入开展学雷锋活动的主要成果。“成长的历程”“光辉的足迹”“永恒的精神”“红色的传承”四大展陈板块交相辉映，丰富的图片和文字资料、新颖独特的展示设计、富于现代感的互动体验，真实还原了雷锋在铁岭工作、学习、生活的经历，生动诠释了雷锋精神的精髓和内涵。

为营造雷锋精神无处不在的社会环境，铁岭市提出了“先看见、后成为”阵地建设理念，着力开展雷锋精神进机关、进校园、进企业、进社区等活动，让雷锋元素随处可见。

目前，铁岭市已经有3所以“雷锋”命名的学校，其中有市一级的铁岭市雷锋小学，也有县一级的铁岭县雷锋小学、铁岭县雷锋树小学。“学习雷锋好榜样，忠于革命忠于党……”每到课间，这首脍炙人口的歌曲都会在校园中传唱。

雷锋纪念馆所在的铁岭县，还开展了雷锋精神“六进”活动，即进机关、进村屯（社区）、进行业、进企业、进校园、进家庭，目前已经覆盖城乡各领域各层面，形成全面开花、全员参与的良好态势。在机关，以榜样为标杆，积极开展“雷锋式代办”服务，打通服务群众“最后一公里”；在村屯，以“雷锋超市”为载体联系和服务困难群众，不仅定期把社会捐助的物品发给有需要的群众，而且时常面向村民开展义诊、义务理发、义演等志愿服务活动；在社区，居民把自己的微心愿挂在“爱心树”上，就会有党员志愿者点亮爱心，主动认领。

以环境影响人、塑造人，随着各项学雷锋活动的广泛开展，如今在铁岭市，雷锋元素遍布城乡，雷锋精神无处不在。

情暖铁岭志愿有我。新时代背景下，传承弘扬雷锋精神需要与时俱进，要紧扣时代脉搏，融入创新思维、丰富活动载体。铁岭市在加强志愿服务保障和支持的同时，将学雷锋与志愿服务有机融合，不断发展壮大学雷锋志愿服务队伍。在铁岭市，“炕头学堂”“云菜场”“‘志’随‘愿’行”等新时代文明实践活动随处可见，“学雷锋做好人”“学雷锋见行动”“学雷锋先进典型表彰”等活动蓬勃开展。

依托行业系统志愿服务站点，发挥公共文化设施等人流密集地志愿服务站点作用，结合行业特色，为群众提供邻里互助、政策咨询、便民服务、助残助困等志愿服务。依托新时代文明实践三级阵地，以“新时代文明实践中心+志愿服务促进中心”模式，构建“8+N”志愿服务工作新体系，组建志愿服务队伍1700余支，全市志愿者注册人数达40.96万人。

以党员为核心的志愿者队伍成了急难险重情况下的突击队。在铁岭，各单位都建立了由分管领导为队长、优秀年轻同志为执行队长的志愿服务组织，他们在抗击疫情、社区包保、服务群众中打头阵，充分发挥了先锋模范作用。

以社会团体、专业型组织为核心的志愿者队伍越来越规范。目前，铁岭许多文化团体、行业协会、志愿者组织等正加速步入规范化轨道，服务变得更加专业化、精准化、常态化，已经成为服务社会、服务群众的一支重要力量。

建在群众身边的互助型志愿者队伍作用越来越突出。在社区中，依托“社区+红色物业+居民”组成的志愿者服务队伍，主要关爱“一老一小”特殊人群；在农村，志愿者队伍通过邻里互助模式，主要以环境整治、农忙时节互帮互助以及对独居老人、留守儿童的关心关爱为主。

在这里，群众在哪里，文明实践活动就延伸到哪里。铁岭依托遍布城乡的新时代文明实践中心（所、站），结合实践阵地的资源特点和优势，组织开展了系列主题鲜明、形式多样的学雷锋志愿服务活动，在共建共治共享中激活志愿服务源头活水。遍布城乡的新时代文明实践中心，已逐渐成为人们学习理论政策的学校、丰富文化生活的舞台、倡导移风易俗的平台。目前，各县（市）区均已成立新时代文明实践中心，向下延伸建立

57个文明实践基地、文明实践点324个，把阵地拓展延伸至“最后一公里”。

“活雷锋”温暖一座城。

行走在铁岭城乡，总会与“雷锋”不期而遇：雷锋小学、雷锋超市、雷锋车队……也总会与雷锋精神激励下的身影相逢，雷锋精神犹如隐匿在这座城市里面的内生动力，渗透到城市的每一寸肌理之中，塑造了城市独特的精神风骨，也见证它在这片土地上的延续与传承。

“好人”林凤艳在调兵山是出了名的。她是调兵山市爱心协会会长，在做公益的这20年间，她的足迹遍布调兵山市的城区、乡村，从各大养老院、福利院到老党员、抗美援朝老兵、脱贫户，小到送去一份米面油，大到替人垫付住院费，从默默立下“学雷锋、做好事”的目标，到为有需求的人提供力所能及的帮助，她俨然成为一面乐于助人的旗帜。

在距离调兵山不远的铁岭县蔡牛镇，这里有家全市首个“雷锋超市”。和其他超市大为不同的是所售卖的商品不仅全部五折，还设有捐赠物品领取区、爱心休闲区和捐赠物品整理区。

镇政府通过民政部门，将群众需求收集上来，然后“择优进货”。超市内还设置“微心愿树”线下点单功能，实现精准导购。村民在这儿既能买到低价日用品，还可免费选取爱心人士捐赠的衣服鞋帽等物品。眼下，铁岭县在每个乡镇和街道都建立了“雷锋超市”，全县学雷锋志愿者纷纷为生活困难群众免费提供捐赠的衣物和生活用品。“雷锋超市”运行以来，受益群众逾1.8万人次。

倏忽一甲子，雷锋离开后的日子里，学雷锋、做雷锋已成为铁岭市人民的价值取向和自觉行动，随处可见的接过他手中的“枪”的“雷锋”，以他为榜样让学雷锋志愿活动成为经久不衰的社会风尚，也潜移默化地浸润着城市的内在灵魂。

七、抚顺：播下一粒种，花开六十年

1960年4月，雷锋随部队来到抚顺。自此，一个穿着军装、热情开朗的小伙子便出现在抚顺的大街小巷。节假日车站人流量大，雷锋就去扶老携幼，帮忙打扫卫生；孩子们上学贪玩爱闹，雷锋便担任了两所小学的校外辅导员，启发小朋友们好好学习、天天向上；工地建设需要人手，雷锋就利用休息时间去帮忙搬运沙土……涓滴细流，汇为江河。雷锋的平凡善举被抚顺人看在眼里，也记在心头。从此这片土地便与“雷锋”二字紧密相连。抚顺，成为雷锋精神的发祥地、学雷锋活动的策源地。60多年来，抚顺人民“一杆大旗扛到底”，用坚守和传承，实现了学雷锋活动的常态化。抚顺与雷锋，血脉相融，生生不息。雷锋之于抚顺，是永远的榜样，是不竭的力量。

不断赋予雷锋精神时代内涵。抚顺学雷锋活动每推进一步，理论研究就紧跟进一步。实践，认识；再实践，再认识。正是循着这条颠扑不破的马克思主义认识论路线，抚顺以矢志不渝的坚守和追求，确保了学雷锋活动持续60年经久不衰，始终焕发着旺盛的生命力。1988年，抚顺市望花区成立了全国最早的学雷锋研究会；1990年，抚顺市成立学雷锋研究会，创办《雷锋论坛》杂志。2004年，抚顺市成立了雷锋精神研究所，出版了《雷锋精神研究》期刊。在不同时期开展有针对性的理论研究，引导学雷锋活动科学发展。

思想是行动的先导。近年来，抚顺市每年举办与时代命题相契合的学雷锋活动，先后完成了《以雷锋精神为内核构建城市精神的路径研究》等省级课题，发表了《新时代学雷锋应该把握十个问题》等一批理论文章，编写了《把雷锋精神代代传承下去》等书籍，承办了“全国学雷锋和志愿服务座谈会”和“雷锋精神论坛”，创作了一批以弘扬雷锋精神为主题的歌曲、短视频、微电影。

2019年9月28日，雷锋学院在抚顺建成开班，学院以弘扬雷锋精神、为新时代明德育人为办学宗旨，全面打造全国党性教育基地、社会主义核心价值观教育实践基地、学雷锋研学实践基地，截至目前，累计培训省内外学员13万余人次。

2021年3月5日，抚顺市雷锋纪念馆完成展陈升级工作，正式开馆。馆长告诉记者，这次展陈升级旨在进一步深化完善和提质升级展陈内容，充分运用新技术将多媒体手段融入展陈当中，增强了组合场景的表现力，提升了观众的互动性和参与性。目前，该馆已累计接待党性教育培训班次1300多个、国内外游客200余万人次。

创新载体营造浓郁持久的学雷锋氛围。迈入新世纪，群众自发的学雷锋活动如火如荼，评选学雷锋典型的呼声也越来越高。2006年，抚顺市"百姓雷锋"评选活动应运而生，使抚顺市学雷锋活动达到一个新高度。雷锋来自百姓，百姓可成雷锋。抚顺"百姓雷锋"层见叠出，翻看他们的事迹，一件件凡人善举宛若闪闪明星，闪耀出雷锋精神的熠熠光辉。抚顺

★ 抚顺市第十六届"百姓雷锋"获得者合影

市东洲区龙腾社区居民王国亮的妻子尤英肢体三级残疾，尤英的弟弟尤利智力一级残疾。王国亮主动把尤利接到家中，细心照料26年，即便尤利心衰住院，王国亮也耗尽家财全力救治；新宾满族自治县响水河子村村民徐根绪义务清扫烈士陵园25年，每天徒步两个小时山路风雨无阻；抚顺市望花区五老社区居民亓桂香在得知邻居瘫痪在床、儿子智障、女儿尚未成年时，主动担任“家庭保姆”十余年，直至邻居去世……

一个雷锋带动一群“雷锋”，一群“雷锋”带动一城“雷锋”。如今，“百姓雷锋”已走过了16个年头，推选产生了165位“百姓雷锋”年度人物、50个“百姓雷锋”优秀团队，带动形成学雷锋先进集体500余个，树立县区级学雷锋典型近2000人。正如在“百姓雷锋”颁奖主题曲《百姓雷锋》中唱的那样：“都是些忙忙碌碌的老百姓，都在做平平常常的小事情……却为民族留下了闪光的姓名。”

一个典型就是一个标杆。多年来，抚顺市坚持用典型引领学雷锋活动走深走实，努力将新时代学雷锋活动落实到各个领域、各个层面，通过常态化评选“百姓雷锋”“最美人物”“身边好人”“雷锋号”先进集体等各级各类学雷锋先进典型，持续构建起以“百姓雷锋”为塔尖、“最美人物”为塔身、“身边好人”为塔基的金字塔形典型库，先后培育出全国、省、市的学雷锋先进集体900多个、先进个人1000余人。

在抚顺人民心目中，这些学雷锋先进典型犹如点点星辰，光彩夺目——

他们当中有的是新时代产业工人的典型代表：“大国工匠”刁克剑研发成功了新型多功能巡检仪等系列智能化设备，其中有14项研究成果达到世界或国内先进水平，6项技术填补了国内空白；钳工郭建勇，以1/4发丝的研磨精度，开创进口压缩机自检技术先河；维修工胡庆龙，精于解决数控设备疑难杂症，被誉为“设备神医”。

他们当中有的是见义勇为的英雄：被乡亲们亲切地称为“吊车侠”的兰郡泽，不顾热浪和爆炸危险，一次次升降铁臂吊篮，救出14名被烈火围困的群众；教师张雅丽发现班里的学生小海没有到校，通过微信、电话联系到小海家邻居，成功挽救了因一氧化碳中毒昏迷在家中的小海一家五口。

他们当中有的是助人为乐的学雷锋团队：有着400多名队员的抚顺雷锋车队，每年中高考，主动接送参考学生；每当遇到雨雪天，自发接送离家较远的环卫工人；每当血站发出请求，他们都会立即冲上去；每当得知生活困难学生的消息，距离再远，他们都会捐款捐物。抚顺市公安局望花分局雷锋派出所设置爱心捐助箱，向困难群众捐助日用品；建立团聚簿，帮助寻找迷失老人；设立爱心驿站，为环卫工人免费提供早餐。

这些人就是新时代的雷锋传人，“凡星”满天，光耀大地。

学雷锋志愿服务活跃城乡。抚顺市雷锋社区曾叫“风华社区”，是雷锋生前所在部队营房驻地。1962年8月15日，正是在这里，雷锋因公殉职。在雷锋社区，有一个党员家庭代办站，代办员刘全国是这个代办站的志愿者。在刘全国25个厚厚的记录本上面写满了为居民代办的6000余件民生实事，从2013年7月28日一直记录到2020年12月26日（他去世的前一天）。代缴费用、修理水管、住院陪护……两千多个日夜，每次志愿服务的事虽小，却实实在在地帮助了每一位社区居民，成为雷锋社区居民心中的“活雷锋”。在刘全国的感召下，这个拥有4567名居民的社区，志愿者人数竟有1017人。雷锋社区党员家庭代办站也从原来的16个变成现在的24个，覆盖了社区内所有居民楼。代办员们一人一楼一门洞，24小时受理各种日常事务，一个电话随叫随到。截至2021年，党员家庭代办站为居民代办各类事务2万余件，实现“零积压、零差错”，得到了居民们的一致赞扬。

现在，“雷锋城”里志愿服务遍地开花。抚顺市志愿服务范围面向专业细分，涵盖便民服务、环境保护、文明交通、文明旅游、扶贫济困、应急救援、支教助学等十几个领域。截至目前，全市实名登记注册的学雷锋志愿者达25.3万名，志愿队伍达1681支，常年开展近百项志愿服务项目。

近年来，抚顺市大力推动学雷锋志愿服务事业健康发展，不断完善组织架构，先后建成新时代文明实践中心7个、实践所70个、实践站870个、实践基地（点）58个，形成了市、县（区）、乡镇（街道）、村（社区）四级志愿服务体系。精心设计“讲、评、帮、乐、庆、宣”活动，志愿服务涵盖便民服务、环境保护、文明交通、文明旅游、扶贫济困、应急救援、支教助学、美丽乡村建设等十几个领域，开展文明实践志愿服务活动数万场。

2020年，抚顺市创新制订了《学雷锋志愿服务工作方案》，发布9项学雷锋志愿服务重点项目，项目化推进志愿服务工作。同时，积极推进学雷锋志愿服务与文明实践中心（所、站）无缝对接，全市各乡镇（街道）、村（社区）都成立了文明实践志愿服务队，实现志愿服务全覆盖。通过开展“文明抚顺·爱暖全城”、植树造林、爱国卫生月、保护母亲河等主题活动，“一座雷锋城·四溢文明风”的志愿服务品牌深入人心。

2022年3月起，抚顺市围绕城乡群众的生活需求，遍布城乡的文明实践志愿服务队积极帮助群众实现“微心愿”。截至目前，共征集“微心愿”3624个，被认领3392个，圆梦达成3265个，参与活动的志愿者达10271名。

一个人的力量是有限的，但成千上万的人凝聚在一起时，就是一股不可阻挡的力量。聚焦当下，着眼未来。一个人定义一座城，一座城孕育一种魂。雷锋精神仿佛一粒种子，撒播在这座城市的泥土中，生根发芽，花开烂漫，历久弥新。

第四章 传 承

岁月不居，时光流逝。“雷锋”已不再是一个人的名字，而成为整个时代精神的代名词：雷锋精神系于雷锋，更是一代代传承者薪火相传的精神谱系。植根于中华优秀传统文化的土壤，雷锋精神具有跨越时空的无限魅力。1963年3月5日，毛泽东主席“向雷锋同志学习”的题词发表，全国各条战线、各个行业迅速掀起学习雷锋先进事迹的热潮。此后，每年的3月5日成为学雷锋纪念日；雷锋日记、雷锋事迹、雷锋形象，伴随着几代中国人生活和成长。

雷锋，已是行为坐标。因为对真善美的尊崇从没改变，雷锋精神好似燃烧的火炬，点亮凡人善举，温暖社会角落。习近平总书记指出：“雷锋精神是永恒的。”永恒意味着传承，在传承中不断显现雷锋精神的丰富内涵，雷锋精神在传承中永恒，成为中华民族闪亮的精神坐标和中国共产党人精神谱系中熠熠生辉的组成部分。

一、“活”起来——雷锋展馆遍地开花

雷锋是中国人民解放军战士、共产主义战士，雷锋精神象征着为共产主义而奋斗的无私奉献。雷锋纪念馆是传承雷锋精神的圣地，是为纪念雷锋建立的陈设实物、图片等的建筑物，极尽可能地用声、光、电、图、实物等手段再现、还原真实事件，在共情中感受雷锋忠于党和人民、舍己为

公、大公无私的奉献精神，立足本职、在平凡的工作中创造出不平凡业绩的“钉子精神”，苦干实干、不计报酬、争作贡献的艰苦奋斗精神，映现出全心全意为人民服务精神的内涵。

雷锋纪念馆承载着纪念雷锋、传播雷锋精神的神圣使命，诠释着雷锋精神的本质。据不完全统计，雷锋牺牲60年间，遍布全国各地各种类型、不同规模的雷锋事迹展览馆（室）就有上百座。雷锋在辽宁工作生活近4年，沈阳、鞍山、抚顺、营口、辽阳、铁岭6座城市都留下了他的足迹。抚顺市雷锋纪念馆、铁岭雷锋纪念馆、辽阳雷锋纪念馆、鞍钢雷锋纪念馆、营口市雷锋文化博物馆和北部战区雷锋纪念馆已成为弘扬雷锋精神的重要红色文化教育基地。

1．抚顺市雷锋纪念馆

抚顺是雷锋精神的发祥地，建设最早、规模最大、最有名的雷锋纪念馆是抚顺市雷锋纪念馆。1963年3月5日，毛泽东主席“向雷锋同志学习”题词发表后，在全国掀起了向雷锋学习的热潮。3月11日，中共抚顺市委就作出《关于响应党中央和毛主席的号召，进一步在全市深入开展学习雷锋运动的决定》，在雷锋生前部队驻地附近建立雷锋纪念馆。1964年4月

★ 抚顺市雷锋纪念馆

3日清明节前夕，雷锋棺椁从葛布烈士陵园迁移到望花公园东北角。1964年8月15日，雷锋因公殉职两周年纪念日，望花公园举行“雷锋纪念馆”奠基典礼。1965年8月15日，抚顺市雷锋纪念馆落成，至今经历了四次修建、改建，每一次修建、改建都呼应了时代要求，纪念馆获得提升、改观。2000年，抚顺市雷锋纪念馆开始历史上最大规模的改扩建工程。与以往修建、改建的局部调整不同，这次是全局性的、整体性的全面再造，纪念馆品级全面提升，将纪念馆毗邻的占地39690平方米的望花公园扩入雷锋纪念馆，纪念馆园区面积由原来的56700平方米扩大到99900平方米，功能由原来的展览区和凭吊区增加到六个功能分区，形成了抚顺市雷锋纪念馆特有的基本格局。

2012年2月至4月间，根据中共中央办公厅《关于深入开展学雷锋活动的意见》，抚顺市雷锋纪念馆于2014年5月开始了史上第四次改扩建。改扩建以改陈布展为主要内容，基本陈列主题确定为“永恒的丰碑——雷锋生平事迹暨全国学雷锋成果展”，新增照片161张，实物112件，艺术品29件，这是全面贯彻中央关于学雷锋活动常态化和建设社会主义核心价值观具体实践。

抚顺市雷锋纪念馆位于辽宁省抚顺市望花区和平路东段61号，由雷锋纪念碑、雷锋墓、雷锋塑像和雷锋事迹陈列馆4组纪念性建筑物组成。雷锋纪念碑竖立在纪念馆的主轴线上，由花岗岩构筑，主体高13.4米，正面镌刻着毛泽东手书“向雷锋同志学习”7个大字，碑体下部嵌刻一组以雷锋模范事迹为主题内容的汉白玉浮雕。雷锋墓由苍松翠柏环绕，墓后有一座灰褐色花岗岩卧碑，正面刻有“雷锋同志之墓”的金色大字，背面刻着介绍雷锋生平事迹的碑文。墓前广场上耸立着高5米的雷锋全身塑像。

雷锋事迹陈列馆是一幢框架结构的2层建筑，建筑面积4750平方米，馆正门上方有江泽民同志来馆视察时题写的“雷锋纪念馆”馆名。园区有凭吊区、展览区、碑苑区、雕塑区、青少年教育活动区和综合服务区六大功能区。园区内表现雷锋不同事迹的主题雕塑与篆刻于22块自然山石之上、荟萃内地及香港、台湾地区书法家亲手撰写的雷锋诗文、歌颂雷锋的诗词组成的“雷锋颂”碑苑及“雷锋之路”上的22块雷锋日记碑、雷锋纪念碑、雷锋塑像、雷锋墓、雷锋事迹陈列馆、休闲广场、游戏喷泉、《永恒》组雕等11处景观亮点紧密结合，构成了独特的“雷锋文化”。

抚顺市雷锋纪念馆雷锋光辉事迹陈列展览由三部分组成：“平凡而伟大的一生”“永恒的精神”“踏着雷锋的足迹前进”。陈展内容紧扣展览主题，翔实介绍了雷锋生平及其成长过程，注重对雷锋优秀品格的揭示和学雷锋活动的历史轨迹和未来走向。其中“踏着雷锋的足迹前进”侧重于全中国军民学雷锋活动及学雷锋典型展示。雷锋光辉事迹陈列展览的陈展面积为2283平方米，共展出文物600多件。陈列艺术设计的独特之处是采用了极简主义手法，言简意赅地突出主题，利用现代化的声、光、电、仿真蜡像等展示手段与雷锋纪念馆特有的馆域文化特征相结合，突出鲜明的人物个性和特征，大量的个性空间巧妙衔接了雷锋纪念馆爱国主义教育和青少年教育基地的双重作用，针对青少年的心理特点设计了微缩景观雷锋童年的茅草屋，多媒体影片《雷锋的一天》，场景复原空间《爱岗敬业的推土机手》《雷锋在车中学毛选》等。

抚顺市雷锋纪念馆自建馆以来，向社会各界广泛征集与雷锋有关的资料，馆内工作人员也多次到雷锋生前工作和学习过的地方进行采访、调研、征集文物，丰富馆藏。藏品类别有雷锋专门资料、学雷锋资料、声像资料、与雷锋有关及学雷锋书籍、歌颂雷锋诗文、领导及各界重要观众题词、留言、照片等。《中国博物馆志》显示，馆内藏品资料26000多件，重要藏品有雷锋驾驶的斯大林80型号推土机、雷锋驾驶过的汽车、雷锋读过的《毛泽东选集》（1—4卷）、雷锋的日记、雷锋用过的冲锋枪、雷锋给战友、青少年的赠言等。抚顺市雷锋纪念馆配备了专业队伍对藏品进行管理和保护，针对馆陈展品采用全封闭式管理，保持温度、湿度相对衡定，对纸质藏品进行防霉、防虫保护，防止损伤和一些物理因素破坏。

抚顺市雷锋纪念馆有专业、稳定的研究队伍，编辑出版了《雷锋日记》《歌唱雷锋》《接过雷锋的枪》《雷锋纪念馆简介》《雷锋》《雷锋日记诗文新编》《雷锋画册》《雷锋文集》《雷锋年谱》《忆雷锋》等书籍和音像制品，并精选出一套雷锋生前工作和学习的照片满足观众的需要。抚顺市雷锋纪念馆在出入口及重要景点处均设有游览全景示意图及景物介绍牌、标志牌，在主要游览线路分岔路口，设置提供浏览的引导标志（包括箭头和指示牌）整个设计与制作都由专业部完成。园区内的主要景观，如涌泉湖、游戏喷泉等观众集中的场所设置了观景亭、廊和不同材料及造型的休息座椅8组，方便观众休息。

在区内游人较多的道路两侧，分类设置了造型美观的垃圾箱30个，园区内建有公共厕所4处、厕位29个，设有残疾人厕位8个，设施完善，能够满足旺季日均接待游客3000人的需要。园区内建成生态停车场和花岗岩石路面停车场3处共5000平方米，能停泊大小车辆100余台。园区内设有游客中心，游客中心内备有馆区简介、影视设施、休息设施等供观众使用。园区、馆区内建立了盲道及无障碍设施，实行无障碍化通行，以满足残疾观众的需要。为方便残疾人、老年人、儿童参观游览，专门设置了特殊人群服务工具，购置了轮椅、拐杖、雨伞、童车等，满足残疾、特殊人群的参观需要。抚顺市雷锋纪念馆的工作人员均统一着装，佩戴工作标志。馆区内设有专职讲解员8名，能用普通话、英语进行讲解，讲解词生动准确形象，并制定了园区导游词和展馆讲解词，针对不同层次、不同需求的观众均有相应的讲解词。

展馆内设有服务中心，出售纪念品，主要品种有雷锋书籍、明信片、纪念封、图片、手表、纪念册、音像制品等近百种，内容丰富、制作精美。1979年，抚顺市雷锋纪念馆被列为辽宁省重点文物保护单位。2002年，抚顺市雷锋纪念馆被命名为全国AAA级旅游风景区。2017年12月，抚顺市雷锋纪念馆入选教育部第一批全国中小学生研学实践教育基地、营地名单。2021年8月，抚顺市雷锋纪念馆展览接待部被命名为“第二十届全国青年文明号”。

2. 铁岭雷锋纪念馆

铁岭雷锋纪念馆坐落于享有“全国第一农村雷锋社区”盛誉的铁岭县横道河子镇下石碑山村。这里是雷锋生前最后170天工作的地方，已成为省级爱国主义教育基地，占地10000平方米，馆陈面积1000平方米，以雷锋工作和生活的史料为基础，真实还原了雷锋在铁岭工作、学习、生活的经历。“成长的历程”“光辉的足迹”“永恒的精神”“红色的传承”四大展陈板块交相辉映，丰富的图片和文字资料、新颖独特的展示设计、富于现代感的互动体验，生动诠释了雷锋精神的精髓和时代内涵。

3. 辽阳雷锋纪念馆

辽阳雷锋纪念馆位于弓长岭区汤河镇三官庙村，2003年建成，2012年2月26日扩建并正式开馆。弓长岭区新的雷锋纪念馆的面积为4780平方米，展陈面积是2100平方米，同时还设有中心厅、永远的雷锋基本陈列厅、雷锋剧场等等。它主要反映雷锋的生平事迹，通过雕塑、场景、声音和大型的声光电设备、电视视频、电子翻书等手段让雷锋故事和雷锋事迹栩栩如生。馆内珍藏雷锋在工厂里工作时的照片、雷锋手记、赠送给工友的棉衣、工具箱以及赠给义父的香绣荷包等1400多件雷锋的珍贵的文物和照片。雷锋纪念馆内设有雷锋塑像、国家领导人给雷锋的题词，并有珍贵图片60余张、实物30余件。通过历史图片、文物，生动再现

★ 辽阳雷锋纪念馆内的雷锋塑像

了雷锋在辽阳弓长岭工作生活期间一些鲜为人知的事迹。

4. 鞍钢雷锋纪念馆

鞍钢雷锋纪念馆是全国唯一一座企业雷锋纪念馆，1971年初建于化工总厂北配煤车间，1993年移建于中央马路东侧（鞍钢股份炼焦总厂厂区内）。鞍钢纪念馆1995年被鞍山市委确定为爱国主义教育基地，2017年被辽宁省委宣传部确定为辽宁省第三批爱国主义教育示范基地，并承载着爱国主义教育、党员教育、新职工入职教育第一课的功能。此次改扩建后的鞍钢雷锋纪念馆占地约1600平方米，分为广场区、展览区和影视区三个展区。广场区摆放的是雷锋曾经驾驶过的斯大林80型号推土机。展览区设告别故乡奔赴鞍钢、努力钻研勤学苦练、爱岗敬业忘我工作、勤俭节约艰苦奋斗、助人为乐无私奉献、坚定信仰对党忠诚、雷锋精神代代相传七个主题展厅。该馆共展出图片155幅，展品80件，其中有35件展品首次亮相，包括小说《钢铁是怎样炼成的》、棉帽等6件由雷锋的老乡、工友易秀珍捐赠的雷锋曾用过的物品，19件中国人民革命军事博物馆借展的手稿复制件，10件雷锋同时期生产生活用品等。展馆共分为光辉人生、独特文化、军地情深、永世传承四部分。通过丰富翔实的资料、形式多样的手段、新颖独特的视角全面再现了雷锋平凡而伟大的一生和雷锋精神形成的具体过程，充分展示了雷锋文化的无穷魅力以及鞍山市60年来学雷锋活动的主要成果。

5. 营口雷锋文化博物馆

营口雷锋文化博物馆有一座高2.8米的雷锋塑像。这座塑像将雷锋参军第一天，从营口老火车站下车后，拎着他唯一的家当——小皮箱意气风发走向军营的场景真实再现。雷锋被称为“毛主席的好战士”，所以，塑像主题定为“好战士雷锋在营口起步”。展览馆布展形式非常丰富。在传统的文物展柜+图片的形式之外，还制作了逼真的硅胶塑像进行历史场景复原。雷锋文化博物馆展览的尾声部分，是一间造型别具一格的房间。

“致敬改革开放，致敬改革先锋，致敬我们共同奋斗的四十年”是这个展厅的主题，为祖国强大尽己所能，奋力传承着雷锋的奉献精神。

6. 北部战区雷锋纪念馆

北部战区雷锋纪念馆（原沈阳军区雷锋纪念馆）坐落在抚顺市雷锋生前所在团（现为雷锋旅）营区内，于1992年9月建成开馆，2003年经维修改建后重新开馆，建筑面积1670平方米。纪念馆形状像一颗硕大的螺丝钉深植大地，象征着雷锋的“钉子”精神和“螺丝钉”精神 。展馆内共展出图片348幅，实物展品384件。主要展品有雷锋日记、雷锋作报告的录音磁带、雷锋生前用过的冲锋枪和驾驶过的汽车。北部战区雷锋纪念馆共分为序厅、展厅和报告厅三大部分，主要反映雷锋生平事迹以及沈阳军区部队开展学雷锋活动的主要成果。序厅摆放着用灰色花岗岩雕刻的雷锋半身像，塑像后面是一面长12米、高3.6米的大型浮雕，上有“向雷锋同志学习”题词和苍松翠柏、白山黑水的图案，左右两侧墙上刻着《学习雷锋好榜样》《唱支山歌给党听》曲谱。顶端闪亮着22颗五角星形状的装饰灯，代表雷锋走过的22年的短暂生命旅程。在第三展室，以立体全景式的表现形式再现雷锋雨中送大娘的事迹。纪念馆最后一个展厅，停放着雷锋生前驾驶过的汽车，车上立有一尊雷锋蜡像。

2007年4月，北部战区雷锋纪念馆被辽宁省人民政府命名为“辽宁省国防教育基地”；2021年3月，被辽宁省文物局确定为辽宁省第一批不可移动革命文物。

二、“传”起来——雷锋精神发扬光大

1. 辽宁雷锋干部学院：打造雷锋精神的前沿阵地

辽宁雷锋干部学院以弘扬雷锋精神、为新时代明德育人为办学宗旨，

是全国干部党性教育基地、社会主义核心价值观教育实践基地、学雷锋研学实践教育基地。2022年，在中组部办学质量评估中，雷锋学院顺利进入全国72家党性干部教育学院目录。学院以学习宣传贯彻习近平新时代中国特色社会主义思想为主线，以建设全国一流具有特色的地方党性教育基地和打造雷锋精神的培训中心、研究中心、宣传中心为目标，按照规范化、特色化、内涵式高质量发展的总体要求，深入挖掘雷锋精神实质内涵和文化资源，全力打造精品培训项目和特色课程。以弘扬伟大建党精神、赓续雷锋精神红色血脉、为新时代明德育人为基本特色，根据受训单位需求，推出理想信念教育“红色套餐”。培训学员面向广泛，包括党政机关、事业单位、国有企业党员干部和各类人民团体、民主党派、社会组织等来自全国各地各领域的人员。教学培训在传递党的声音、阐释党的理论、弘扬雷锋精神、增强党性修养、提升工作能力等方面切实发挥育人功能，取得了重要成效。

（1）以雷锋精神为特色，建设品牌化干部学院

山水龙脉地，锦绣雷锋城。辽宁雷锋干部学院坐落于辽宁省抚顺市。抚顺位于长白山余脉，历史悠久，山清水秀，聚居多个少数民族，是中国最后一个封建王朝——清朝的肇兴之地。这里流淌着义勇军抗日的红色基因，是历史上的中国煤都、著名的老工业基地、辽宁省的水源地。学院交通条件便利、教学资源丰富，距沈阳市区15公里、沈阳桃仙机场45公里，距抚顺市雷锋纪念馆6公里，占地面积12.3万平方米，建筑面积2.5万平方米。同时，学院拥有10辆新能源大客车，可以在一个小时内到达市内多个现场教学实践基地，充分满足广大学员外出学习的需求。教室、会议室、多功能厅、餐厅、宿舍、剧场、健身场所、书吧、超市等功能齐全，每日可接待500至700名学员。

辽宁省抚顺市拥有全国最集中、最丰富的雷锋文化资源，是雷锋精神的发祥地、全国学雷锋活动的策源地、全国学雷锋纪念地。辽宁雷锋干部学院依托丰富的雷锋文化资源，以习近平新时代中国特色社会主义思想为首课、主课和必修课，以雷锋精神课程为特色党性教育课程。学院聘请研究雷锋精神的理论专家以及践行雷锋精神的典型人物作为雷锋精神课程教师，他们既是学雷锋、做雷锋的主力军，也是传承雷锋精神的中坚力量。聘请当代雷锋郭明义为学院学雷锋活动特约指导；求是杂志社原总编辑陶骅为特约专家，《雷锋》杂志总编辑陶克等27人为客座教授；聘请雷锋生前战友乔安山、雷锋生前辅导过的学生陈雅娟等16人为特约访谈嘉宾。目前，学院重点开发雷锋精神课程30余节，其中专题课《把雷锋精神代代传承下去》成功入选2021年中组部选定的全国党性教育精品课。

学院重点通过雷锋入列式、唱雷锋歌曲、读雷锋日记、雷锋班授旗、参观全省雷锋足迹现场教学点、访谈雷锋事迹亲历者等形式，引导学员坚定理想信念，弘扬奉献精神、敬业精神、创新精神、创业精神，做雷锋精神的传承者、践行者。重点提升“看一次展览、读一篇日记、唱一首歌曲、听一次亲历者讲述、重温一次入党誓词、搞一次社会调查、过一次组织生活、帮群众解决一个难题”的“八个一”宣传教育水平。做到了主题活动有仪式感，讲解展览有触动感，宣讲教育有振奋感，学习心得有获得感。同时，以菜单式、定制化服务满足不同社会群体的教育需求，学院推出“沿着习近平总书记的足迹——辽宁实践篇”“寻访辽宁‘六地’红色足迹”“雷锋在辽宁”“雷锋+志愿服务”“雷锋+社区治理”“雷锋+政德建设”等多种课程体系。培训单位可以根据需求，选择适合自己的课程体系。

（2）以教学创新为动力，构建多样化教学方式

学院整合利用全国最集中、最丰富的辽宁雷锋文化资源，坚持对外整合资源，对内创新挖潜，着力探索创新教学模式，注重教育“配方”，以理论教学+情景教学+现场教学+体验教学等培训模式，使学员在学中干与干中学深度融合中有效掌握实际工作方法和技巧，充分体现多元化和广泛性，努力让雷锋精神人人可学。采取菜单式选课、模块式组课的课程开发模式，能较好地满足各个层次、各种类型的培训需求。通过雷锋入列式、齐唱歌曲《学习雷锋好榜样》、雷锋班授旗，灵活运用课堂讲授、典型示范、研讨交流、现场教学等各个环节，引导学员坚定理想信念，做雷锋精神的传承者、践行者。打造“新时代最可爱的人——致敬‘战疫雷锋’”情景故事课、大型情景党史课“没有共产党就没有新中国”、故事党课“共产党员的样子”、音乐党课“奋斗当歌”。这四堂课主要通过看短片、听音乐、讲故事、读书信、现场演出等多种艺术呈现形式，把伟大抗疫精神、党的百年历史以更为灵活、新颖、生动，更有代入感的形式讲给大家听，让党课“活”起来。同时，学院着眼时代需要，立足新时代数字教育特点，打造推出了精品线上教育平台——“云课堂”，让参训学员在单位、在学校、在家庭随时随地可以参与到网络教学培训中，成为一种真正突破时空限制的全方位互动性学习平台。

（3）以用好辽宁红色资源为宗旨，建设主题鲜明的现场教学点

辽宁雷锋干部学院深入贯彻习近平总书记“用好红色资源、赓续红色血脉”的重要指示精神，以辽宁“抗日战争起始地、解放战争转折地、抗美援朝出征地、雷锋精神发祥地、新中国国歌素材地、共和国工业奠基地”的“六地”文化资源为重点，把全省重点爱国主义教育基地通盘纳入现场教学课程体系。注重把握雷锋精神以及雷锋文化资源的内涵性，突出“一点一主题、一地一特色”；注重把握红色资源的外延性和关联性，构建起优势互补、自成体系的现场教学基地和教学线路，推进现场教学接地气、入人心。目前已打造现场教学基地50余个。围绕雷锋精神发祥地，借助鞍山、铁岭、营口、辽阳和北部战区雷锋文化资源，打造“在辽宁寻访雷锋足迹”主题教学线路，拥有抚顺雷锋纪念馆、雷锋旅、瓢儿屯火车站、营口市雷锋文化展览馆等近10个现场教学点。围绕抗日战争起始地、解放战争转折地、新中国国歌素材地，打造全国仅有的“五点一线”抗战题材爱国教育教学线路：“九·一八”历史博物馆—抚顺平顶山惨案纪念馆—国歌母本诞生地清原县中寨子村孙家大院—三块石抗联活动遗址—抚顺战犯管理所。围绕抗美援朝出征地，打造“抗美援朝”主题线路，拥有河口断桥、中国人民志愿军指挥所旧址、抗美援朝纪念馆等现场教学点。围绕共和国工业奠基地，打造工业文化主题线路，拥有中国工业博物馆、抚顺煤矿博物馆、西露天矿、采沉记忆实景公园等现场教学点，可以感受辽宁工业发展的脉搏。通过走革命遗址遗迹线路，观看情景剧，听现场提升课，真正让党史、新中国史、改革开放史、社会主义发展史入脑入心。

（4）以成果转化为目的，推动高水平理论研究

围绕习近平总书记关于雷锋精神的重要讲话和重要论述，全面开展理论研究。完成中宣部理论课题《雷锋精神研究》、辽宁省重点课题《以雷锋精神为内核构建城市精神的路径研究》《雷锋精神与志愿者服务研究》和抚顺市社科联课题项目《雷锋精神在社区建设发展中作用探析》等十余项课题研究。2021年9月28日，在《辽宁日报》理论版发表《在新时代的伟大实践中传承雷锋精神》。《弘扬伟大建党精神，赓续雷锋精神血脉》一文，在省“学党史，悟思想，办实事，开新局”主题互动征文活动中获一等奖。此外，相继在人民网、中国文明网、《辽宁日报》、“学习强国”等平台发表理论文章四十余篇。在推动理论研究的同时，注重研究成果向教学的转化，特别是在社区学院的打造上，积极推动雷锋精神与基层治理的有机融合，积极探索创新基层治理途径。通过培训交流，和平街道、光明社区等多家单位将“雷锋+”延入社区文明实践，延入志愿者服务，完成“理论”向“实效”的提升。学院构建“关系网”、扩大“朋友圈”，不断提高社会影响力。注重与兄弟院校的合作共建，积极开展与政府机关、高校、企事业单位的沟通交流，与辽宁省妇联、东北大学等60余家单位建立合作关系。成功举办“雷锋精神与政德建设”“弘扬雷锋精神，助力企业发展”座谈会等多场大型活动，取得了良好社会反响。不断加强新闻宣传，依托微信公众号、网站、抖音短视频等新媒体平台广泛开展社会宣传，扩大社会影响。

（5）以学雷锋活动为载体，不断为振兴发展新突破蓄势赋能

出版“雷锋精神”教材，推出学院首部自主编写教材《新时代雷锋精神简明教程》，形成理论与实践相结合的教材专著，诠释好习近平新时代中国特色社会主义思想和雷锋精神在辽宁的生动实践。举办“致敬雷锋”专场音乐会，与沈阳音乐学院共同策划，以音乐形式纪念毛泽东等老一辈革命家为雷锋同志题词60周年。由雕塑家吴为山创作的雕塑《雷锋》落户雷锋学院，这是对雷锋同志的深切缅怀和生动再现，对于在新时代传承好雷锋精神、讲好雷锋故事具有重要意义。打造情境党课《心愿》，让学员以新时代“观众”的视角进入雷锋的生活和精神世界，让党课“活”起来。推进打造“行进中的雷锋学院”，组织宣讲团，深入机关、企事业单位、工厂、车间、部队、学校等地，将雷锋精神亮点课程带到基层。同时还将开展征文、研讨会、音乐剧、祭扫等活动，弘扬新时代雷锋精神。

（6）以专兼结合为核心，打造专业化师资队伍

学院不断推进政治合格、素质优良、结构合理、专兼结合的师资队伍建设。目前，学院有25名专职教师，通过制订成长计划、课程打磨、脱产培训、理论研究等方式，不断提升教师专业化水平，研究方向涵盖党史党建、马克思主义基本原理、思想政治教育、雷锋精神等方面。在聘请全国重大典型、知名专家、雷锋故事亲历者的同时，依托丰富的辽宁高校科研力量收纳全省知名专家学者，打造学院的兼职教师队伍，聘请田鹏颖、储霞等152位兼职教师，不断充实学院师资力量，以满足不同培训主题及培训班次的个性化需求。同时，学院拥有稳定的专、兼职讲解员队伍，有专职讲解员20人，收纳全省现场教学点专业讲解员46人，作为学院兼职讲解员。优化教师队伍结构，老中青结合，充分发挥各年龄段教师的优势，提升教师队伍活力。优化培训内容，按照政治理论、党规党纪、意识形态、经济发展、党群服务、实用技能、社会管理等建立专业师资库，努力做到各领域教师配备充足。优化考评内容，制定《教学质量评价制度》，建立教学质量督导评价工作机制，加强对教师队伍的精准管理，确保为党员干部群众教育提供优质教学。通过集体备课、加强培训、挂职锻炼等措施，培养骨干教师。建立健全激励机制，强化考核评价，帮助解决教师生活工作困难，充分调动教职员工的积极性、主动性。选聘政治素质较好、业务能力较强、熟悉干教工作的同志到相关岗位，着力提升管理水平。

（7）以优质服务为根本，营造特色化办学环境

学院教学设施完备，各种教室、会议室、多功能厅、剧场、书吧、云课堂直播室等功能齐全，每日可接待500—700人同时在学院接受培训。打造“雷锋式”服务，努力让全体学员学得安心、住得舒心、吃得放心。同时，学院重视校园文化建设，拥有抚顺印象展馆、党的十八大以来全国学雷锋活动成果专题展厅、雷锋精神主题浮雕墙、雷锋文化主题走廊，设计“两轴一园”园区文化，将雷锋元素与园区环境深度融合，在走廊墙壁上集中展示雷锋文化、辽宁省特色地域文化、抚顺历史街区文化以及培训班动态、学员风采，扩大了学院的社会影响力，打造了向上向好、向善向美、奋斗奋进的人文环境，为广大学员提供氛围浓厚、温馨舒适的学习环境。学院建设布局合理、设施完备、功能齐全，按照星级标准提供住宿服务，饮食上综合考虑学员习惯、营养搭配、节气变化等因素，做好教师接送、外出学习等用车保障，让学员感受到来学院培训，既接受教育、洗涤心灵、陶冶情操，又亲近自然、舒缓压力、放飞心情，得到了学员的一致好评。

2. 辽宁石油化工大学：以雷锋精神赋能立德树人

60年前，毛泽东同志题词“向雷锋同志学习”，从此雷锋的名字响彻神州大地、传遍大江南北，雷锋精神广为传扬、深入人心。党的十八大以来，习近平总书记对弘扬雷锋精神作出一系列重要论述。在毛泽东等老一辈革命家题词60周年之际，习近平总书记又专门对深入开展学雷锋活动作出重要指示，强调要“让学雷锋活动融入日常、化作经常，让雷锋精神在新时代绽放更加璀璨的光芒”，为新时代更好地弘扬雷锋精神指明了方向。

学校地处雷锋的第二故乡抚顺，这里是雷锋精神的发祥地。60年来，学校高擎雷锋精神的旗帜，坚持以雷锋品质为底色，赓续雷锋精神血脉，持续优化思政育人体系，构建雷锋特色德育模式，以雷锋精神赋能立德树人，着力培养担当民族复兴大任的时代新人。

（1）办好“雷锋课堂”，发挥思政育人作用

学校按照中共中央、国务院《关于进一步加强和改进大学生思想政治教育的意见》要求，紧紧抓住思想政治教育这个“压舱石”，以雷锋精神为核心，以思想政治理论课为主阵地，深入推进学校思想政治教育的标准化、规范化。2006年，学校就组织编写了国内第一本雷锋精神的本科生教材《雷锋精神教程》；2007年，“雷锋精神概论”课由选修课调整为必修课；2019年，学校又编写了《新时代雷锋精神简明教程》。学校还邀请专家学者，全国劳动模范，雷锋生前工友、战友、辅导过的学生，原“雷锋团”官兵以及抚顺市历届“百姓雷锋”代表走进课堂，面对面解答学生的思想困惑，推进雷锋精神进教材、进课堂、进头脑。2010年“雷锋精神概论”课程被评为“辽宁省精品课程”，2020年获批国家级一流本科课程。雷锋精神进教材让雷锋故事“火”起来，雷锋精神进课堂让思政教学“活”起来，雷锋精神进头脑让信仰之帆“扬”起来，这门课成为学生真正感兴趣、真心喜爱、终身受益的课程。

（2）厚植“雷锋校园”，发挥文化育人作用

学校将雷锋校园的打造和文明校园、平安校园的创建结合起来，充分利用校园文化阵地，在展示橱窗里张贴标语、挂图及艺术作品等，广泛宣传雷锋精神，营造浓厚的雷锋文化育人氛围，将雷锋文化渗透到校园的各个角落，覆盖广大学生的日常生活，擦亮社会主义大学校园鲜亮底色，使大学生在“雷锋校园”的文化浸润中学知识、育品德。学校着力以雷锋精神为主线，打造展馆文化、塑造校园文化、营造社区文化，增强文化育人的感染力。建于2016年的“雷锋精神育人展馆”，建筑面积600余平方米，累计投资150多万元，学生通过线上和线下的方式累计参观超过了20余万人次，被中共辽宁省委宣传部命名为辽宁省爱国主义教育示范基地。学校在校园标志地建成“雷锋擦车照”原址、雷锋半身塑像和“五个一”纪念塔。在学生生活社区，设计了雷锋巨幅头像、雷锋日记、“向雷锋同志学习”题词等典型雷锋标志。学校2021年被授予“辽宁省教育系统雷锋式学校”。

（3）丰富“雷锋实践”，发挥实践育人作用

学校依托抚顺丰厚的雷锋文化资源优势，组织师生开展“雷锋精神我传承”“重走雷锋路”“续写新时代雷锋日记”等传承活动，在生动的社会实践中锤炼红色品格，激发师生奋进力量。把志愿服务作为学雷锋活动常态化的有效形式，让雷锋精神入脑更入心。2021、2022、2023连续三年举办雷锋精神主题全省开学第一课，2015年在全国高校率先创办“学雷锋志愿者培训学院”，培训志愿者5万多人。创建“学雷锋示范班”和“大学生学雷锋志愿服务总队”，累计注册学雷锋志愿者1.6万多人，志愿服务时长超过12万小时，152名骨干队员、31个项目获得省级以上表彰，被中宣部等授予中国青年志愿服务项目金奖。

（4）加强“雷锋研究”，发挥学术育人作用

为深入挖掘雷锋精神的育人功能，学校积极构建雷锋精神理论高地。凝练出适合学校育人特色的新时代雷锋的“五个一”精神，即学习雷锋“一团火”的忠诚为党精神、学习雷锋“一块砖”的爱岗敬业精神、学习雷锋“一颗钉”的刻苦钻研精神、学习雷锋“一滴水”的团结友善精神、学习雷锋“一片叶”的无私奉献精神；2008年，学校依托抚顺雷锋资源优势，创建辽宁省雷锋研究会，学会致力于打造辽宁雷锋研究的学术高地、雷锋精神明德育人的理论阵地，出版了一系列契合时代主题的学术著作，为用雷锋精神育人注入精神动力；2019年，将原雷锋学研究中心提升为新时代雷锋精神研究中心，同年获批辽宁省新时代雷锋精神研究重点基地，也是辽宁省经济社会发展重点研究基地；学校成功获批辽宁省高校雷锋精神种子培育工作室、辽宁省高校雷锋精神网络育人名师室等6个省级育人平台，做到全方位、全过程、全覆盖弘扬雷锋精神，真正把学雷锋活动融入日常、化作经常；学校在《人民日报》理论版、《光明日报》等国家和省级以上新闻媒体发表一批高质量、有影响力的雷锋精神研究学术论文；连续举办13届具有全国影响力的“雷锋精神论坛”，线上线下参与其中的学生数量超过了10万人次；累计出版专著20余部、发表论文100多篇、获批科研项目50多项，其中涵盖国家社科基金、教育部马克思主义学院优秀教学团队项目。

（5）拓展“雷锋平台”，发挥网络育人作用

学校将雷锋精神与现代科技、互联网媒体深度融合，打造“红色媒体”平台，实现红色教育线上线下全覆盖。2005年创建雷锋精神在线网站，累计录入文字量达2.3亿，网站点击率超过800万人次，该网站是全国高校首家学雷锋网站，被辽宁省高校工委、辽宁省教育厅评为“主题教育示范网站”“大学生思想政治教育的红色品牌网站”；2014年创建“中华雷锋号”微信公众号，阅读量超过250万人次，《光明日报》先后两次进行了报道，“小微刊”成为思想政治教育的“大阵地”；在抖音、快手、微信视频号等自媒体平台开设《仲国讲雷锋》栏目，点击量累计超过600万次；制作的《致敬雷锋》120集雷锋微故事在东北新闻网、北斗融媒体、“学习强国”等平台推出，点击量近350万次，好评如潮；制作了一系列与弘扬新时代雷锋精神主题相契合的MV，感人至深、催人奋进，如MV《凡星》在“学习强国”、央视频、央视网、中国教育报视频号、中国大学生在线等线上推出，点击量在500万次以上。同时加强了微课慕课、优秀课件、资源共享课、雷锋视频公开课建设，通过新媒体和信息网络将雷锋精神融入教学过程，不断扩大雷锋精神的传播力、感染力、影响力，提升“红色媒体”的育人实效。

建校以来，学校为国家培育出13万余名毕业生，他们自觉以雷锋为榜样，做雷锋精神的种子，为国家经济社会的发展“奉献燃烧的爱”，涌现出“雷锋式”好教师、“辽宁省师德楷模”路永洁，“雷锋式”全国最美高校辅导员孔祥慧等为代表的一大批教书育人、为人师表的先进典型。学校将雷锋精神贯穿办学治校、教书育人的全过程，让弘扬雷锋精神、学习雷锋活动始终成为全校师生最嘹亮的主旋律、最昂扬的精气神，为全面建设社会主义现代化国家、全面推进中华民族伟大复兴凝聚强大力量。

3. 鞍山钢铁集团有限公司：建设世界一流企业，雷锋精神在鞍钢孕育成长

鞍钢是“共和国钢铁工业的长子”“新中国钢铁工业的摇篮”，是“鞍钢宪法”的诞生地，是英模辈出的沃土，是雷锋唯一工作过的工业企业。雷锋在鞍钢工作学习生活的423天，为雷锋精神孕育成长奠定了坚实基础，发挥了关键作用。60多年来，鞍钢党委始终坚持以高度的政治自觉和强烈的政治担当，大力弘扬和传承雷锋精神，为鞍钢建设、改革、高质量发展和加快建设世界一流企业注入了强大精神力量。

雷锋精神激励和引领鞍钢在社会主义建设、改革开放和高质量发展中不断取得新业绩、创造新辉煌。

1963年3月5日，毛泽东等老一辈革命家为雷锋题词，号召“向雷锋同志学习”。60年来，鞍钢持之以恒、与时俱进学雷锋，雷锋精神在鞍钢薪火相传、历久弥新，形成独具特色的光荣传统、红色文化，为鞍钢建设、改革、发展注入不竭动力。

在社会主义建设时期，鞍钢积极响应党中央号召，广泛深入开展学雷锋活动，极大地调动了干部职工的生产积极性，提出了实现“三个世界第一流”、争创达到世界水平的“四朵大红花”的奋斗目标，取得了显著成效。雷锋精神，成为“创新、求实、拼争、奉献”鞍钢精神的鲜明底色。

在改革开放时期，鞍钢成立了第一支学雷锋小分队，命名了“雷锋班”，建成了雷锋纪念馆，化工总厂学雷锋小分队连续30年开展便民服务活动。立足岗位、面向厂区、走向社会、与时俱进学雷锋，在鞍钢蔚然成风。弘扬雷锋锐意进取、自强不息的创新精神，鞍钢直面市场经济大潮冲击，大刀阔斧实施技术改造，建立完善现代企业制度，完成了由计划经济向市场经济转轨，实现了“旧貌变新颜”。

进入中国特色社会主义新时代，鞍钢举办“鞍钢雷锋文化论坛”，组建了郭明义爱心工作室，“当代雷锋”郭明义爱岗敬业、助人为乐、无私奉献的精神从鞍钢走向全国。他发起成立的爱心团队遍布全国各地，已有240万名志愿者。2014年3月4日，习近平总书记给“郭明义爱心团队”回信，对他们服务社会、助人为乐、爱岗敬业给予充分肯定，勉励他们以实际行动书写新时代的雷锋故事。在雷锋精神的引领感召下，从郭明义、李超到丁爱谱、罗佳全，鞍钢先后涌现出各级劳动模范、道德模范、精神文明标兵1万多人，带动激励广大干部职工改革创新、降本增效。2017年，鞍钢一举走出困境，全面打赢了扭亏脱困攻坚战。

在鞍钢高质量发展时期，鞍钢弘扬伟大建党精神，传承红色基因，持续深化“跟着郭明义学雷锋”活动，将学雷锋志愿服务拓展覆盖到精准扶贫、疫情防控等领域。同时，强化宣传教育，加强典型引领，构建学雷锋活动常态化长效化机制，激励鼓舞广大职工与时俱进、改革创新、争创一流，不断取得新业绩、新跨越、新发展。2020年，鞍钢“两项改革”实现历史性突破，一举解决多年想要解决而未能解决的难题；2021年，鞍本重组顺利完成，鞍钢营业收入、经营利润分别首次突破3000亿元、300亿元大关；2022年，首次实现央企党建、经营“双A”目标；国企改革三年行动获评A级，央企排名第9位；《财富》世界500强排名217位，创历史最好排名；国内最大单体地下铁矿山西鞍山铁矿开工建设；鞍钢连续三年跑赢大盘，驶入了高质量发展快车道。

习近平总书记指出：“我国工人阶级应该为全社会学雷锋、树新风作出榜样，让学习雷锋精神在祖国大地蔚然成风。”作为一个企业，培养两代雷锋、最具红色传统底蕴的鞍钢，要与时俱进、务实创新，书写更加精彩生动的新时代雷锋故事，走在全国学雷锋活动的前列。

新时代新鞍钢要加快建设世界一流企业，牢记“国之大者”，铭记长子担当，锚定建设世界一流企业目标，加快实施新一轮深化改革行动，全力提升科技创新能力，推动“7531”战略目标落实落地，全力打造世界一流的创新力、竞争力、治理力、影响力、引领力。

新时代新鞍钢要着力打造特色学雷锋文化，传承红色基因，赓续红色血脉，推动学雷锋活动常态化、长效化，聚焦降本增效、绿色鞍钢、乡村振兴、社会公益，开展常态化志愿服务，创新宣传教育载体模式，打造具有鞍钢特色的活动品牌，不断增强学雷锋活动的吸引力、感召力和凝聚力。

新时代新鞍钢要大力培育“雷锋式”、高素质、一流职工队伍，把弘扬雷锋精神与提升职工素养相结合，教育引导广大职工“干一行爱一行、专一行精一行”，立足本职岗位，争创一流业绩。深入挖掘宣传职工群众中涌现出的感人事迹，积极发现和培育典型，把榜样的精神力量转化为践行雷锋精神的自觉行动，把雷锋精神代代传承下去！

4. 抚顺市雷锋中学：用雷锋精神培育“雷锋式”时代新人

2021年9月，雷锋精神被纳入中国共产党人精神谱系，这是对雷锋精神的高度肯定。半个多世纪以来，从“向雷锋同志学习”到“雷锋精神是永恒的”，雷锋带来的暖流，汇成了一条波澜壮阔的大河。“雷锋”已远远超出了个人称谓，“雷锋”已成为一种精神、一种现象、一种文化。雷锋精神的发展史，其实就是新中国精神大厦的建设史、共和国道德领域的成长史，抚顺市雷锋中学有幸在建校之初就和雷锋结下了不解之缘。

抚顺市雷锋中学始建于1960年，原名本溪路小学，1960年6月12日，雷锋带病推砖的故事就发生在这所学校。1961年，雷锋被聘请担任该学校的校外辅导员，1976年，学校被市政府命名为抚顺市雷锋中学。雷锋牺牲后，全国第一个学雷锋小组也是在该校率先成立的。2015年3月，抚顺市雷锋中学被抚顺市教育局命名为雷锋精神种子示范校，这不仅是对雷锋中学用雷锋精神建校育人的充分肯定，更是一种激励。多年来，雷锋中学一直围绕着“培养什么人、怎样培养人、为谁培养人”这三个问题，用雷锋精神培育“雷锋式”时代新人做出了自己的实践探索。

多年来，抚顺市雷锋中学积极发挥雷锋文化育人的功能，构建了比较完备的学校雷锋文化体系，不仅凸显其培根塑魂的宗旨，也全面提升了学校雷锋文化的建设水平。

雷锋中学的“学校精神”是从雷锋的奉献精神、钉子精神和艰苦奋斗精神凝练出来的，分三个层面、共24个字：在领导班子层面，倡导“笃学、尚行、励志、创新”，引领班子成员树立正确的教育观，大力推进质量强校工程；在教师层面，倡导“博学、仁爱、敬业、奉献”，引领教师树立正确的育人观，担负起立德树人的根本任务；在学生层面，倡导“勤学、自立、求知、求真”，引领学生向雷锋叔叔学习，做好学生、好少年。

雷锋中学的校训：敢于有梦、勇于追梦、勤于圆梦。这是习近平总书记在2013年5月4日参加中国航天科技集团公司中国空间技术研究院“实现中国梦、青春勇担当”主题团日活动时鼓励青年团员的一句话。结合校训，辽宁省雷锋研究会会长张仲国为学校量身打造了“梦想三部曲”：雷锋中学校歌之“有梦”——《梦想起航》、雷锋中学少年雷锋团团歌之“追梦”——《雷锋引航》、雷锋中学毕业歌之“圆梦”——《扬帆远航》。这三首歌犹如学校的精神图腾，是雷锋中学历史和文化的再现，是学校精神风貌、办学理念和人文精神的具体呈现，更是学校校园雷锋文化精髓的集中体现。“梦想三部曲”承载着雷锋中学厚重的文化内涵，三首歌激励着全体师生积极向上、顽强拼搏、锲而不舍、敢于创新、勇往直前。

雷锋中学的围墙上镌刻着雷锋的经典日记和几代领导人的题词，让“少年雷锋团”的团员在上学放学的路上就能看到雷锋的经典语言；走进校园，一眼就能看见纯铜的雷锋半身塑像，雷锋面带微笑向同学们致意，仿佛在激励大家：我是一名“少年雷锋团”的团员，要不忘老辅导员的教诲；学校在教学楼内不同楼层分别设计了“像雷锋那样做人”“像雷锋那样学习”“像雷锋那样快乐”“像雷锋那样生活”“像雷锋那样钻研”“像雷锋那样奉献”等六个主题，每一主题除了有雷锋的经典日记，还有学校发展史、国家领导人视察学校的图片、不同主题典型人物简介、“雷锋式”

教师、“雷锋式”学生、“雷锋式”家长事迹以及学校师生学雷锋的掠影等，每个楼层都从不同侧面、不同角度展示了学校学雷锋的历程；独具特色的1000平方米的梦航图书馆让孩子们流连忘返，特色鲜明的500平方米的校园雷锋文化展馆让孩子们心灵净化；校刊《梦航》、雷锋中学微信公众号多层次立体化的宣传，使文化育人在视听文化激荡中不断得到提升。

雷锋中学不断创新，用雷锋精神兴校育人、立德树人，学校编写了《雷锋十二月》校本教材，让雷锋精神传承的活动月月有主题。学校创设了“雷锋种子大讲堂”，每年的新生第一课，邀请校外辅导员张仲国老师为学生授课，他讲授的《雷锋知识ABC》使新生们做到了知雷锋，为他们爱雷锋、学雷锋、做雷锋打下了坚实的基础；雷锋辅导过的学生邹静坤、刘静、王宗慧等校外辅导员也经常到学校为学生授课。同时通过雷锋日记诵读、续写雷锋日记、走进“雷锋旅”、参观雷锋纪念馆等实践活动让雷锋精神植根于学生的心灵深处，引领学生健康成长，用雷锋品质铸牢学生的思想之魂。

雷锋中学成立近十年的“少年雷锋团”，如今是学校育人的知名品牌，同时也被评为抚顺市“百姓雷锋团队”。由原“雷锋团”第11任团长孙承彦领衔的6位团长政委，通过一系列的培训培养了一批批有灵魂、有本事、有血性、有品德的“少年雷锋团”团员。学校与“雷锋团”、消防大队、派出所等多家“雷字号”单位共建，通过军训、参观等形式培养学生的国防意识，增强学生的国防观念，提升了学生保卫国家安全的意志、技能和体魄。

雷锋中学扎实推进学雷锋“3·5”教育工程。“3”是指雷锋的“三个好”：承载雷锋的好思想，践行雷锋的好作风，铸就雷锋的好品德。“5”是指学雷锋“五字箴言”——“想、仿、比、学、做”，也就是在师生中贯彻五种做人做事的理念：一事之前想雷锋，一事之中仿雷锋，一事之后比雷锋，一年四季学雷锋，一生一世做雷锋。“3·5”教育内涵清晰而明确，时刻提醒“少年雷锋团”的师生要像雷锋那样做人做事。

雷锋中学每年通过开展“六大节”活动，创新活动形式，做到每年都有主题，每节都有亮点。3月份学雷锋节，让师生不断走近雷锋、感知雷锋、践行雷锋，给雷锋一个永恒的家；4月份读书节，让师生徜徉书海，尽享拥有5万册书籍的梦航图书馆带来的充实与快乐，使阅读成为一种习惯；5月份班主任节，让学生体验做一日班主任的辛劳，把最真的祝福献给班主任，让班主任感到骄傲、自豪、幸福与快乐，让感恩常伴身边；9月份体育节，师生家长共同参与，竞赛与游戏并行，让健康永伴成长；11月份科技节，培养学生的创新精神和实践能力，启迪他们的智慧，丰富他们的生活；12月份艺术节，艺术节是在该校“六大节”中最受“少年雷锋团”团员欢迎和喜爱的节日之一，每年的艺术节闭幕式，学校都定在12月18日雷锋诞辰日这一天举行，以这样一种充满艺术气息的方式，通过全员参与的热烈而隆重、激情而多姿的活动，缅怀雷锋这位敬爱的辅导员。

雷锋中学依托强大的辅导员队伍，先后在2013年和2016年分别创建了“少年雷锋团”和“少年科技团”，实现协同育人。这两个团协和同行、协同创新、协作共育，对雷锋中学来说恰似车之两轮并驾齐驱、鸟之两翼比翼双飞。

2013年3月成立的“少年雷锋团”，标志着雷锋中学的德育工作从此与部队的军事化管理相结合，它不仅拓宽了学校德育教育的空间，更为学校的对外交流赢得了良好的口碑。学习习近平总书记关于新时期军人的“四有”标准，学校明确提出了“少年雷锋团”的培养目标，即：以雷锋精神为主线，培养学生有灵魂；以创新能力为抓手，培养学生有本事；以国防教育为载体，培养学生有血性；以核心价值为引领，培养学生有品德。校外辅导员先后以这四个方面为专题给学生们作报告，助力育人目标实现。龙凡将军作的《雷锋精神指引我无悔人生路》报告，孙承彦团长作的《学习雷锋 珍惜时间 抓住机遇 书写精彩人生》报告，辽宁雷锋研究会会长张仲国作的《为梦想而读书》等报告，在带给学生思想震撼的同时，也引发了团员们的思考，并校正和引导着他们的行动。

“少年雷锋团”打造两大特色品牌活动：

一是军姿好少年。每天在校门口迎接师生入校的，是学校的军姿好少年代表。学校大胆探索“军味”建设，厚植爱国情怀，结合“少年雷锋团”的实际，用“滴灌式”的方法，以站军姿为突破口对学生进行爱国主义教育。每天利用间操时间，在《当兵的人》的音乐伴奏下，全校学生站一分钟军姿，操前操后各一次。表现突出的学生被评为“军姿好少年”，学校为这些同学出展板，并开展“军姿少年讲军知”活动。每天三人一组在为学生作站军姿榜样的同时，向全校师生介绍与国防有关的知识，用军人的思想与作风引领带动学生成长。

二是校园正能量。德育处通过多种途径在校园里凝聚、传递、宣传、发现正能量。利用广播、公示板、校讯通、微信平台等方式将好人好事宣传出去。尽管都是一些再平常不过的小事，但这些小事背后却折射出学生内心发生的深刻变化。现在，有越来越多的同学加入到关心他人、热爱集体的队伍中来，雷锋中学向真、向善、向上的风气愈加浓厚，2016年“少年雷锋团”还被评为抚顺市第十届“百姓雷锋团队”。

雷锋中学通过形式新颖的实践活动让学生们充满正能量，传递正能量，让雷锋精神这面大旗高高飘扬在每一名雷中学子的心中。

（1）“4个节点”服务社会。积小善为大善，善莫大焉，学校每年在学雷锋的4个时间节点都要组织学生走出去开展活动。学雷锋4个节点是3月5日题词日、4月5日祭扫日、8月15日牺牲日、12月18日诞辰日。学校抓住这些节点开展形式多样的纪念活动。

（2）“8个社团”助人为乐。“8”指每年8个学生社团开展的8个实践活动，即每天帮助老师或同学做一件好事，每周到学雷锋展厅为雷锋叔叔打理床铺，每月续写一篇雷锋日记，每学期参观一次学雷锋展厅，每学期深入养老院或贫困家庭走访慰问，每学期新生要深入“雷锋团”开展军训活动，每学期举行一次“雷锋事迹报告会”，每学年召开一次学雷锋表彰会。

多年来，雷锋中学在各级领导的关心下，在全校师生家长的共同努力下，取得了一点成绩，学校先后被评为全国三八红旗集体、全国国防教育特色校、辽宁省文明校园、辽宁省先进党组织、辽宁省课改先进校等，获得近百项荣誉。站在两个一百年的起点上，雷锋中学任重而道远，将继续以雷锋精神浸润师生心灵，广播雷锋精神的种子，用实际行动书写新时代的雷锋故事，让雷锋精神薪火相传！

5. 抚顺市望花区雷锋小学：传承红色基因，培育新时代“雷锋式”好少年

抚顺市望花区雷锋小学始建于1957年9月，原名望花区建设街小学。1960年10月，学校聘请伟大的共产主义战士雷锋同志为少先大队校外辅导员，直至其因公殉职。1971年，抚顺市人民政府为纪念雷锋同志、表彰学校学雷锋活动取得的成绩，将学校正式命名为雷锋小学。多年来，学校历任领导班子不忘嘱托，牢记使命，始终秉承“用雷锋精神建校育人”的办学理念，将“立足岗位学雷锋，春风化雨育雷锋”的教育理念有机地融入立德树人的教育实践，努力将雷锋精神的种子植根在每个孩子的心中，在立德树人和社会主义核心价值观培养上取得了丰硕的教育成果。

（1）坚持“四走进”，努力营造浓厚的雷锋文化氛围

一是雷锋形象走进校园。为了让雷小师生每时每刻都能受到雷锋精神的涵养，从操场上的塑像到楼内的照片，从雷锋展室到厅廊文化，校园到处展现着雷锋元素和他闪光的精神。学校还用学生们喜欢的色彩和熟悉的事物将雷锋精神色彩化和形象化：用红橙黄绿蓝五种色彩和“一颗钉、一块砖、一滴水、一团火、一片叶”五种卡通形象诠释雷锋精神的内涵，让学生清晰可记、生动可感，实现了涵养化育、润物无声的育人效果。

二是雷锋事迹走进课程。学校自主编写了《成长》《童心绘雷锋》和《星耀雷小》等校本教材，努力夯实“知雷锋 爱雷锋 学雷锋 做雷锋”的

主题教育。同时，还把升旗仪式和“小雷锋志愿讲解服务”列入实践活动课程，教师、家长、校外志愿者共同参与，共谈学雷锋感悟，共抒爱国情怀。

三是雷锋榜样走进课堂。学校在通过各种途径向广大师生宣讲雷锋事迹的同时，还聘请雷锋生前的战友、“雷锋班”班长和各行业学雷锋先进典型作为学校的校外辅导员，不定期地请他们走进雷锋小学、走近学生、走入课堂，从不同的侧面，采取不同的方式，与学生交流互动，义务宣讲雷锋事迹、弘扬雷锋精神，深受孩子们喜爱。

四是雷锋精神走进心灵。多年来，雷锋精神作为学校文化的灵魂，对师生起着“春风化雨、润物无声”的浸润力量。学校结合实际确立了“像雷锋叔叔那样——心中有他人，心中有集体，心中有祖国”校训，倡导“像雷锋那样做人，像雷锋那样做事”校风、“博学、博采、求实、求真”的教风和“乐学、乐助、立德、立志”的学风。这些雷锋小学独有的精神文化就像雷小大家庭的家风一样代代相传，生生不息。

（2）实施“五融入”，不断丰富雷锋精神的时代内涵

近年来，学校紧扣学生身心特点，以“五融入”作为培养学生可持续发展的切入点，让孩子们在雷锋精神的滋养下，形成茁壮成长的必备品格和关键能力。

一是融入教育模式，选树学雷锋优秀典型。学校长年坚持“三全、两带、一主动”的教育模式，学校通过发现典型、培养典型、分层次树立典型，树立起一批批勇于担当、乐于奉献的榜样，使他们成为全校师生学习的典范和楷模。

二是融入队伍建设，形成全员化育人机制。多年来，雷锋小学领导班子始终恪守“忠诚干净担当”的工作作风，努力践行“我向雷锋学习，大家向我看齐”的誓言。在教师中广泛开展“践行价值观，岗位担当奉献”等主题实践活动，引导教师立足岗位作贡献。在学生中广泛开展“红领巾为社会主义核心价值观代言”主题实践活动，教育引导学生自觉践行社会主义核心价值观。

三是融入传统活动，推动学雷锋工作常抓常新。学校坚持开展“五四三二一”常态化学雷锋系列教育活动，并根据价值观的要求赋予学雷锋新的教育形式。“五”是“五个日子忆雷锋”，“四”是“四个第一知雷锋”，“三”是“三件宝贝学雷锋”，“二”是“两项活动爱雷锋”，“一”是“一个主题做雷锋”。丰富的活动载体激励着雷小人在实践中像雷锋叔叔那样做人、像雷锋叔叔那样做事。

四是融入品牌创建，彰显学雷锋育人特色。2006年到2015年共十届“感动雷小”品牌活动是学校发展进程中浓重的一笔，连续十届的“感动雷小”颁奖典礼，共计颁发小雷锋金质奖章25枚、银质奖章134枚、铜质奖章312枚。2016年，为了更好地将社会主义核心价值观的要求细化分解、落到实处，学校隆重启动的“星耀雷小——争做‘雷锋式’十星少年·五型教师”主题教育。通过6年多的争创活动和自下而上的层层推荐、遴选，学校共评出“雷锋式”十星少年657人次、“雷锋式”五型教师206人次、“雷锋式”星级班级49个、“雷锋式”星级团队15个。

五是融入特色实践，创新学雷锋活动形式。除了开展传统教育活动和创建学雷锋品牌，学校还适时举办了丰富多彩的特色实践活动，让学生在体验中将雷锋精神入脑入心。

成立小雷锋爱心基金会：学校对社会爱心人士的捐款、学生爱心义卖的筹款进行集中管理，成立了“小雷锋爱心基金会”，将爱心传递给更多需要帮助的人。

组建小雷锋志愿者：由近百名学生组成的学校“小雷锋志愿讲解团，”多年来一直活跃在校园、社区和市雷锋纪念馆，并于2012年被抚顺市委、市政府评为抚顺市“百姓雷锋团队”，2019年和2021年分别获得辽宁省最佳志愿服务项目和优秀学雷锋志愿服务项目。

组建少年雷锋军校：2015年10月雷锋小学小雷锋少年军校正式成立，学校聘请雷锋生前所在团官兵担任少年雷锋军校教官，适时组织学生军训、军纪军容展示，以此激发孩子们强烈的爱国思想和报国热情，懂得要从小立志，像军人那样守纪律、明道理、知荣辱、勇承担。

（3）通过“三借助” 努力扩展雷锋资源的外延

传播雷锋精神，践行社会主义核心价值观，培养学生核心素养，不仅仅是学校的职责，更应是全社会的共同担当。

一是借助名校、高校资源，拓宽学雷锋途径。近年来，学校先后与上海金苹果学校、上海浦东南路小学等全国112所学校建立了联谊关系。学校还常年与辽宁石油化工大学、沈阳建筑大学联手办学，共同弘扬雷锋精神。

二是借助网络媒体信息，丰富学雷锋内容。学校充分借助网络，重读雷锋日记，欣赏雷锋电影电视作品，了解和学习各地、各校、各行各业学雷锋的典型经验做法，开设了“校园雷锋”“身边雷锋”QQ群等网络账号，借助网络丰富多彩的传播方式，丰富学雷锋内容，增强学雷锋的互动功能。

三是借助与“雷字号”联谊，弥补学雷锋短板。2004年学校发起并组织了全国雷锋学校大联盟，先后与全国二十余所“雷字号”学校组成德育联合体，定期研讨交流学雷锋经验做法，成为弘扬雷锋精神的一面旗帜。特别值得一提的是，自1987年雷锋小学与雷锋生前所在部队“雷锋班”共同组办的首届“相会在雷锋叔叔身边”夏令营起，每隔十年相聚一次就成为抚顺雷锋小学和全国雷锋学校的共同约定。为了这份郑重而美丽的“十年之约”，学校先后于1997年、2004年和2007年连续三次组织承办了全国夏令营活动，也有效地促进了全国“雷字号”学校学雷锋活动的向前发展。2018年，在“‘一带一路’·雷锋同行”交流活动中，雷小与新疆小白杨中学、马来西亚吉隆坡崇文华小签约共建，为雷锋精神走进边疆、走出国门开拓了新路。

多年来，由于几代雷小人的执着坚守和不懈努力，学校先后荣获全国红旗大队、首届全国文明校园、全国第四届未成年人思想道德建设先进单位、全国三八红旗集体和全国教育系统先进集体等多项殊荣。最自豪的是，2018年3月3日，学校非常荣幸地收到了习近平总书记给全校少先队员的勉励语。习近平总书记希望大家以雷锋为榜样，从身边做起，从小事做起，努力学习知识，养成良好品德，长大后报效祖国和人民。这是对抚顺雷锋小学60年来矢志不渝用雷锋精神建校育人的极大鼓励和充分肯定。

2019年11月12日，时任中共中央政治局委员、中央书记处书记、中宣部部长黄坤明同志到校视察并给予了高度赞许。他说："这是我走过的学校中将思想性、教育性、艺术性融合得最好的一所学校，学雷锋文化氛围很浓，学雷锋教育特色非常突出。在这样的学校里学习生活，孩子们是非常受益的。"这既是鼓励又是鞭策，更是催发全校师生奋勇前行的不竭动力。全体雷小人一定不忘初心，为培养更多更优秀的新时代"雷锋式"好少年踔厉奋进！

6. 抚顺雷锋派出所："雷锋存单"与"码上回家身份牌"

抚顺雷锋派出所珍藏着一份"雷锋存单"，存单上有雷锋的亲笔签名，存款是捐给人民公社的100元钱。在60年前的中国，100元可不是个小数目。见证了这张"雷锋存单"来历的，是派出所的老前辈、民警梁金英。1960年和平公社成立之初，财力和物力都很困难，周围很多单位都来给和平公社捐款捐物，但像雷锋这样的个人捐款者并不多见。雷锋当时要捐200元，工作人员考虑到200元钱相当于一个人几个月的工资，而解放军战士存钱又不容易，大家劝雷锋把钱寄给家里，但雷锋说："公社就是我的家，这钱是给家的！"雷锋向在场的人诉说了自己的苦难身世，好说歹说，工作人员最后只好收下了100元。雷锋捐款的事迹令梁金英十分感动，她由此结识了雷锋。

不久，梁金英从联合厂选调到和平公安派出所工作。由于雷锋所在部队就驻在派出所的管区内，部队施工车辆经常在派出所门前经过，所里民警经常能看到雷锋，每次见面，大家都互相热情地打招呼。后来，雷锋到和平人民公社作忆苦思甜报告，相似的身世更激起了梁金英深深的共鸣：她的父亲曾从事党的地下工作，在1946年不幸被杀害，母亲强忍悲痛领着她出外要饭，备尝旧社会的苦难煎熬……所以，梁金英下决心向雷锋学习，时时处处用雷锋的言行对照自己。1963年，梁金英被评为“学雷锋先进个人”。30多年中，她先后被评为省、市、区“先进工作者”“三八红旗手”“五好民警”“文明干警”“优秀共产党员”“优秀指导员”，两次荣立三等功，并获得辽宁省政法战线“学雷锋标兵”荣誉称号。

抚顺市望花区派出所是前几年才改名为“雷锋派出所”的。这个小小的派出所，60年间，学雷锋的人与学雷锋的事，任时光变迁、社会浮沉，始终薪火不息、传承有续，改名“雷锋派出所”实至名归。关于“雷锋精神”的概念表述，官方说法是这样的：坚定的理想信念、无私的奉献精神、崇高的敬业精神、卓越的创新精神和伟大的创业精神。其中，“卓越的创新精神”一项较难理解，做好事也需要创新吗？当然需要！雷锋派出所的“码上回家身份牌”即为明证。“码上回家身份牌”，是抚顺市望花区雷锋派出所的一个创新。为了更好地帮助易走失人群，所长李曹亮带领青年民警积极研发“码上回家身份牌”，身份牌历经三次研发，最终将老人信息变成二维码，将二维码印制在门禁卡上便于携带，且美观大方。这个小身份牌外观与钥匙扣无异，一旦老人走失，不识回家路，助人为乐者只要用手机一扫身份牌上的二维码，老人的家庭住址便一目了然，即可实现“码（马）上回家”。

抚顺雷锋派出所的“码上回家”身份标识牌拥有外观专利证书，是国家知识产权局依照《中华人民共和国专利法》审查授予的，专利申请日为2019年12月11日，设计人与专利权人均为李曹亮。专利权自授权之日起生效，自申请日起算，专利权期限为十年。抚顺雷锋派出所联系商家定制了激光打印机，极大地降低了身份牌成本。雷锋派出所在服务大厅设立了申领窗口，实现了现场制作、立等可取。目前，抚顺雷锋派出所制作的二维码已经为抚顺市居民发放30000余个，为全国各地居民免费发放

20000余个。以此言之，学雷锋也要与时俱进，勇于创新。“天天向上”的雷锋精神为何永不过时，始终满园春色、生机勃勃？道理就在这里。

7．国家电网抚顺供电公司：实施“雷锋工程”，用雷锋精神育人兴企

国家电网抚顺供电公司的“雷锋工程”，是国家电网抚顺供电公司党委以服务家乡老工业基地振兴为目标，根据新形势下企业自身发展需求，借助驻地雷锋精神发祥地抚顺得天独厚的雷锋文化资源与自身学雷锋历史传统优势，找准雷锋精神与企业文化契合点，打通社会主义核心价值观在企业落地的“最后一公里”，传承红色文化基因，用雷锋精神育人兴企，构建新型企业文化的系统工程。

“雷锋工程”自2006年9月22日启动，至今历时17年，主要做了三件事。

第一，以坚定的文化自信，找准雷锋精神与企业文化的结合点，用雷锋精神将国家电网公司母体文化和抚顺公司子文化无缝连接，构建和完善出以“像雷锋那样做人、像雷锋那样做事、用雷锋精神做强企业”的“三做”理念为核心，以“八个一”主题实践为切入，以制度、组织规制为支撑，赓续红色文化血脉，运用文化软约束实现和强化党对国企全面领导的完整全面的企业文化体系。

第二，以问题为导向，结合企业发展实际需要，将雷锋精神的精髓凝练为“八个一”主题实践，切入企业各项工作，引导和激发企业全员参与企业内部治理。

“八个一”主题实践为：

“一片情”的安全生产主题实践。把雷锋关爱他人、关心集体、关注社会的浓厚人文情怀，融入国家电网公司提出的“相互关爱，共保平安”理念，引导员工树立关爱电网、关爱企业、关爱社会、关爱他人、关爱自我的安全责任意识。

"一缕风"的营销服务主题实践。把雷锋对待同志像春天般温暖、对待工作像夏天般火热、全心全意为人民服务的精神，与国家电网公司"服务党和国家工作大局，服务电力客户，服务发电企业，服务经济社会发展"四个服务宗旨有机结合，在员工中倡导"服务人民、助人为乐"的奉献精神，打造"国家电网雷锋式服务"品牌。

"一把尺"的管理主题实践。把雷锋勤勉敬业、精益求精和艰苦奋斗、勤俭节约的精神，融入国家电网公司"集团化、集约化、精益化、标准化"要求中，引导员工树立严格管理企业、依法经营企业，降本增效、增收节支、勤俭办企业的意识，形成讲效益、讲效率、讲节约的良好风尚。

"一颗钉"的学习主题实践。把雷锋干一行爱一行、专一行精一行的敬业精神和在学习上挤和钻的"钉子精神"与国家电网公司提出的"勤奋学习，开辟创新""学习型企业建设"要求结合起来，引导员工树立岗位学习意识和终身学习意识，形成立足本职岗位学业务、比技能、做贡献的风气。

"一滴水"的团队主题实践。把雷锋的"一滴水只有放进大海才能永远不干涸，一个人只有把自己和集体的事业融合在一起才有力量"的集体主义精神，融入国家电网公司"团结协作，忠诚企业"的要求，引导员工树立整体意识、团队意识、协作意识，实现员工间同心同德、部门间密切协作、个人与企业共同发展的目标，创建"雷锋班组""雷锋号先进单位"，增强了企业的凝聚力和员工的向心力。

"一头牛"的廉洁主题实践活动。把雷锋"只有勤劳、发愤图强，用自己的双手创造财富，为人类的解放事业共产主义贡献自己的一切，这才是最幸福的"勤奋工作、无私奉献精神，融入国家电网公司"干事、干净，廉洁从业"的廉洁理念和价值观，培养员工廉洁从业的价值观，营造干事、干净的企业环境和廉洁从业的文化氛围，树立了诚信守法、廉洁经营的企业社会形象。

党的十八大开启了新时代中国特色社会主义新征程，国网公司和省公司落实新要求，确立了新的发展战略，抚顺供电公司深化升华原有的“六个一”主题实践，提出“一颗心”“一股劲”两项主题实践。

“一颗心”的忠诚幸福主题实践。把雷锋热爱党、热爱国家、热爱集体的优秀品质，融入国家电网公司“旗帜领航”党建工程，推动党的建设提质登高。要求广大党员干部职工坚决捍卫“两个确立”，不忘初心、牢记使命，一心跟党走，努力践行社会主义核心价值观，为建设具有中国特色国际领先的能源互联网企业而奋斗。

“一股劲”的奋斗主题实践。把雷锋敢于向困难挑战、敢于胜利和积极进取精神，融入国家电网公司适应能源革命升级和数字革命融合趋势，加快电网全面跨越升级，服务双碳落地战略，引导职工形成干好党的事业的一股劲、电网建设一盘棋。

第三，构建完备的雷锋精神汇融企业文化制度与组织支撑。建立一整套制度规范，实现项目化、机制化、模块化、标杆化、精益化。先后制定《雷锋工程年度实施方案常态长效推进制度》《雷锋工程建设组织实施体系及职责》《雷锋式服务岗位标准（量化手册）》《雷锋号集体，雷锋奖章先进个人评选表彰制度》《雷锋共产党员服务队建设制度》，成立8个主题实践推进小组，组建“国家电网辽宁抚顺雷锋共产党员服务队”，建设“岗位学雷锋展厅”“国家电网辽宁电力岗位学雷锋示范基地”等。

国家电网抚顺供电公司实施“雷锋工程”17年，为企业发展提供了强大精神动力，出色履行政治、经济、社会三大责任，培育了一支优秀干部职工队伍。近年来，有32人次的干部职工荣获全国五一劳动奖章、地方省市和电网省公司系统劳动模范、五一劳动奖章、工匠荣誉。公司荣获全国文明单位、国网公司先进集体、全国第一批企业文化建设示范点等荣誉。“雷锋工程”优秀企业文化案例也先后获全国电力行业文化与企业文化优秀案例一等奖、国家电网公司精神文明建设创新奖一等奖、中国共产党成立90周年企业文化建设优秀案例一等奖。

“雷锋工程”实施17年以来，学雷锋已经从对员工的引领、规范，逐步转变为员工的自觉和习惯，获得了员工的认同，成为员工的行为准则，激励着员工前进。把雷锋精神融入国家电网公司统一的企业文化，推动公司高质量发展是雷锋工程实施的现实意义。国网抚顺供电公司把“雷锋精神”定义为永不停歇的工程，就是要通过长期的、规范的文化方式来教育引导干部员工，立足岗位履职尽责。

用雷锋精神带队伍，国网抚顺供电公司党委坚持开展红色传统文化教育，把讲雷锋故事、岗位学雷锋作为新入企职工第一课。公司两级党委理论学习中心组，基层党、团组织结合每年的工作重点，组织不同主题的“岗位学雷锋”教育实践活动，推动领导干部带头学雷锋，共产党员模范学雷锋，职工群众立足岗位学雷锋；将红色基因熔铸到一代代干部职工的头脑中、血液里，让每名干部职工都牢记“国企姓党”的政治本色和国家电网“人民电业为人民”的企业宗旨。

用雷锋精神助振兴，公司在助力家乡老工业基地振兴上推出一系列举措。公司从立足资源枯竭型城市长远发展的高度做电网规划，建设新型电力系统，改善抚顺电网走廊路径狭窄、灾害频繁等问题；全力推进采煤沉陷区综合治理重点工程，抚矿垃圾焚烧发电项目提前半年并网发电；服务清原生物质发电、晶能、日拓等发电项目；完成全国首次应用在炉台下的集蓄电池与受电弓双重供电机车在抚顺新钢铁正式上线，成为城市数字化、绿色化转型的样板；大力推进沈白客专电力配套工程；服务东洲高新区重点招商引资项目，同步带动了该地区石化上下游相关产业协同发展。

公司提高政治站位，确保有序用电执行顺利，密切监测供需两侧，精心保障电网安全，全力保障居民生活和企事业等重要用户用电；积极支持新冠防控，公司职工疫苗应接尽接率达到100%，仅用81小时完成市新冠防控指定医院外破事件供电抢修，同时保证全市66家重点单位用电安全。公司积极协助和支持省电力公司成立国网辽宁电力“雷锋”共产党员服务队，将国网抚电“雷锋式”服务推广到省内各城市。建设“东华园”社区用电服务共建示范样板，推动服务客户“最后一公里”落地。打造沈抚供电服务创新示范区，实施供电服务“向前一步走”。

三、“亮”起来——雷锋文创精美丰富

雷锋文创正在被越来越多的人认同，这将更加有效地弘扬民族文化。文化的传承与继承，必须顺应时代，符合新一代年轻人的心理期待。雷锋文创是建立文化传承的有效体系的重要元素。

1. 雷锋学院的“雷锋文创产品”

在雷锋学院，参观者可以看到一系列“雷锋文创产品”：邮票、茶缸、衣帽、满绣、钥匙链、煤精制品……琳琅满目，令人目不暇接。2021年，雷锋学院设计的“永不生锈螺丝钉”巧克力套盒经重新包装再度上线，一经上线，便再度成为雷锋学院文创商品中的宠儿，不仅可观，且可尝，创意很新颖，一时供不应求。“永不生锈螺丝钉”巧克力套盒的设计初衷源于雷锋“干一行、爱一行、专一行”的螺丝钉精神。雷锋学院文创模块打造的“永不生锈螺丝钉”巧克力套盒以传承雷锋精神为目的，通过巧克力的苦涩孕育出的甜蜜与香醇，讲述雷锋精神的代代相传、经久流长。此后，学院对套盒的包装进行了重新设计，新套盒时尚不失庄重，更符合文创用品的风格。下一步，学院还将推出更多带有雷锋元素的文创产品。

2. 抚顺高尔山上的“雷锋像”

抚顺高尔山是一座有故事的山，来过许多历史名人，这使得高尔山有辽代的佛塔、辽代的贵德州、明清的抚顺城等历史遗迹。按古人标准，高尔山所在地界才是老抚顺的核心区。自20世纪70年代起，高尔山又增添了新的文化元素：雷锋。先是1988年6月，抚顺人在高尔山上栽下一片松柏，由徐向前元帅题字“雷锋林”。2016年11月8日，经多方争取，抚顺煤精雕刻第六代传人杨擎宇雕刻并捐赠的雷锋像立于雷锋林。这尊铜像高

达1.9米，远远望去金光闪闪，颇为醒目，已成为高尔山一处独特的人文景观。杨擎宇生于20世纪80年代，受时代影响，心中有浓厚的英雄情结。抚顺曾是东北抗联英雄杨靖宇将军战斗过的地方，杨擎宇父亲为其起名时，以擎代靖，以表达对杨将军的敬仰之情。杨擎宇的煤雕作品获过不少大奖，他最具影响力的代表作就是雷锋像。目前雷锋学院的雷锋煤雕产品均出自杨擎宇之手。雷锋像立于高尔山后，总有人来祭悼、合影，观者络绎不绝。一位家境贫困的大娘经常来这里擦拭铜像、打扫卫生。她家居面积很小，和儿子儿媳住在一起不方便，就常到高尔山的雷锋像前坐坐，跟雷锋说说心里话。恰巧于此遇到一位企业家，这位企业家了解情况后，给大娘在自己厂子里安排个差事，从此大娘不但有地儿住，还有稳定收入，解决了她的心头之忧。杨擎宇创作的雷锋像，已走进了联合国，而且一次就被购走了130件。这再次证明，雷锋不仅是中国名人，更是世界名人！

3. 刘静画了一辈子“雷锋故事”

提起刘静，很多人比较陌生。她是雷锋辅导过的学生。在雷锋相册中，刘静给雷锋系红领巾的照片令人记忆犹新。雷锋在日记中曾提到刘静的名字。刘静记忆中的雷锋是这样的：雷锋很阳光，他是一个不笑不说话的青年。当时我们的文化生活比较匮乏，有解放军叔叔做我们的校外辅导员，同学们特别高兴。我那时候很喜欢画画，雷锋对我画画非常关心。有一天我到他的宿舍去，雷锋叔叔说：“小刘静啊，你不是很喜欢画画吗？我送给你十张画片。”他打开日记本，取出过年的时候战友们送给他的贺年卡，然后在背面写上这样一行字：送给刘静小朋友，你的大朋友雷锋。我特别高兴，雷锋叔叔还问我：“你长大了想做什么？”我说长大以后想当美术老师。雷锋叔叔说：“那好，你以后要多画画祖国的大好山河，多画画英雄人物。”之后，刘静果真依照雷锋当年对她的要求与期盼，始终以雷锋精神激励自己，不断拿起画笔画祖国的大好河山。到了晚年，刘静专门画雷锋，在抚顺市，她被誉为“中国画雷锋的第一人”。“可能是小，当时不太理解，待长大参加工作以后，我对雷锋叔叔的教诲有了深刻的理解。雷锋叔叔对我的教诲一直在我心里面，永远封存着。”一提雷锋，刘静就感动，说着说着，眼圈便红了。

四、“美”起来——雷锋作品沁人心脾

雷锋是一名普通士兵，在平凡岗位铸就了人生的辉煌。雷锋的人生信念、理想和追求，不仅表现在行为上，也印刻在他的作品中。

在毛泽东同志题词之前，雷锋已经“红”遍全国。1960年8月，雷锋所在团将他树立为“节约标兵”，团党委把以《解放后我有了家，我的母亲就是党》为题的雷锋事迹上报给军区工程兵党委。同年11月26日，沈阳军区《前进报》用两个整版的篇幅发表了《毛主席的好战士》长篇通讯，详细地记述了雷锋的成长过程和模范事迹。几天后，又以《听党的话，把青春献给祖国》为题，刊登了《雷锋同志日记摘抄》，摘发了雷锋从1959年8月30日至1960年11月15日的15篇日记，雷锋精神得到了广泛传播与传承。

随后，辽宁和沈阳军区的媒体相继报道雷锋的事迹。雷锋应邀到辽宁省内各市作报告50多场，雷锋从辽宁走向全国。雷锋做的好事数不胜数，他的作品更是深入人心。在他牺牲后，由他的事迹衍生出了许多作品，包括文学、音乐、电影等。2009年，雷锋当选“100位新中国成立以来感动中国人物”。雷锋还是10位全军挂像英模之一。

1. 关于雷锋的原创作品

据不完全统计，60年来创作并演出了有关雷锋题材的影视作品20余部、戏剧作品50余部、曲艺作品80余篇、歌曲300余首、诗歌诗词500余首。在互联网上著名的“读秀图书搜索”网站中键入关键词“雷锋”，搜索到与雷锋相关的图书达1万余种。有报道显示，有关雷锋的游戏软件不

断呈现。

（1）文学作品

雷锋的代表著作有《茵茵》《我学会开拖拉机了》《雷锋日记》。1958年3月16日，在《望城报》发表第一篇文章《我学会开拖拉机了》；1959年12月9日，弓长岭《矿报》发表雷锋《我决心应召》的申请书；1959年8月30日至1960年11月15日的15篇日记首次在原沈阳军区《前进报》发表；1960年12月，雷锋在《前进报》发表署名文章《解放后我有了家，我的母亲就是党》；1962年春节，雷锋在《前进报》发表《62年春节写给青年同志们的一封信》，而后，雷锋又在《前进报》发表了《在毛主席的哺育下成长》《我是怎样从一个苦孩子成长为毛主席的好战士的》《做毛主席的好战士》等署名文章。雷锋牺牲后，《人民日报》《中国青年报》等许多报刊摘发了雷锋的日记。

1963年4月，约4.5万字的《雷锋日记》共选辑121篇，由解放军文艺出版社出版。《雷锋日记》一版再版，1999年10月被评为“感动共和国的50本书”之一。2012年，《雷锋全集》由华文出版社出版，内容全部由雷锋手记整理而来，许多珍贵资料还是首次面世，为读者展现了一个真实、可爱、可敬、可学的好榜样雷锋，是迄今为止最完整的雷锋个人文集，记载了雷锋工作、学习、生活情况，收录了雷锋的330余篇日记、眉批、诗歌、小说、散文、讲话、书信、赠言等，近20万字。全集收录的日记有162篇，比出版的《雷锋日记》多35篇；60篇书眉笔记、多首诗歌，是20多年来，70位雷锋当年的同学、同事、战友、领导从博物馆、档案馆、纪念馆、报社等处一篇篇抄录而来；雷锋的讲话，则是从当年留下的录音带上的记录整理而成的；全部书信和赠言，全是征集自个人。雷锋字里行间蕴藏着他的思想、情感和价值观念，其独特的思想更是赋予作品价值蕴涵。这本书全方位地展示了雷锋精神的内涵，真实地表现了雷锋鲜活的人生。

（2）摄影作品

20世纪末，雷锋以淳朴微笑的“中国形象”入选“全球20世纪最有影响力的100张照片”；2012年，雷锋又以“党和国家领导人题词最多的士兵”荣获上海大世界吉尼斯纪录认证。有关雷锋的摄影作品生动地展现了雷锋形象，这是雷锋精神传承的重要元素。原沈阳军区工程兵宣传助理员张峻给雷锋拍了223张照片。张峻为一名普通战士拍摄这么多的照片，原因是雷锋生前已经是从原沈阳军区涌现出来的全军典型。1960年8月，雷锋事迹得到了原沈阳军区的关注，张峻为雷锋拍的第一张照片，是刚刚入伍8个月的雷锋胸前别着参军前获得的“鞍钢先进生产者”奖章的照片。雷锋事迹被《解放军画报》《解放军报》等军队媒体报道后，《中国青年报》等全国性大报刊登了雷锋事迹，雷锋的名字从军队传至全国。1962年春节前后，原总政下达指示，要为雷锋举办一个“学习毛主席著作标兵”展览。原沈阳军区接到命令后，决定由张峻等人组成班子为展览进行前期准备，最重要的任务是补拍照片。雷锋做好事时，没有留下照片，于是就补拍了一些照片。遗憾的是照片补拍和幻灯片制作还没完成，雷锋牺牲了，这些原本用于展览的照片用在了规模更大的追忆仪式上。这些照片成为永恒的记忆，在社会上广为流传。

★ 雷锋

2. 传承雷锋精神的文艺作品

近些年，随着雷锋生平事迹与雷锋精神内涵的不断挖掘，雷锋主题出版物越来越多。仅2012年，为缅怀雷锋牺牲50周年，出版界就推出雷锋主题图书300余种。雷锋主题出版物越来越多样化，既有汉文版，也有少数民族文字版和外文版；既有文字类，也有连环画、挂图、音像电子出版物等；还有一些出版物将雷锋精神与爱岗敬业、团队合作、人生规划等结合起来。一系列雷锋出版物互相配合、互相补充，营造出立体式的学雷锋氛围。现在，每年3月5日“学雷锋纪念日”前后，许多新华书店都会设立雷锋图书专架，《雷锋全集》《雷锋画传》等图书依然受到读者的欢迎。60年来，文艺界用文学、音乐、美术、戏剧、影视、书法等不同的文艺样式，创作出诸多有关雷锋的文艺作品，激励着无数人学习雷锋。报告文学《雷锋的故事》、长诗《雷锋之歌》、歌曲《学习雷锋好榜样》、电影《离开雷锋的日子》、话剧《雷锋》等产生了巨大影响力。对雷锋的歌颂还在继续。人们讲述雷锋故事，擦亮雷锋精神这面永不褪色的旗帜，让学雷锋成为别样的时代风景。

（1）用文学作品展示雷锋精神

60年来，涌现出大量雷锋题材的出版物，其中《雷锋的故事》《雷锋日记》《雷锋之歌》等成为脍炙人口的作品。《雷锋的故事》的作者是军旅作家陈广生，被称为熟知雷锋故事的“活字典”。1961年2月，陈广生创作出近4万字有关雷锋的报告文学《向阳坡上长劲苗》。雷锋牺牲后，《向阳坡上长劲苗》分为若干个独立的小故事，以“毛主席的好战士”为题在《抚顺日报》连载，而后，解放军文艺出版社和春风文艺出版社向陈广生约稿，他在此前报告文学的基础上写出了近10万字的《雷锋的故事》。《雷锋的故事》是第一部完整介绍雷锋生平事迹的著作，多次重印，成为学雷锋的必读书目。写雷锋、讲雷锋几乎成为陈广生创作的全部，他出版了《伟大的战士》《雷锋传》等有关雷锋的著作。1963年早春，躺在病榻上的王震将军在报纸上读到长篇通讯《毛主席的好战士——雷锋》，他被雷锋精神感动，找到诗人郭小川及贺敬之、柯岩夫妇，希望他们写写雷锋。作家柯岩在抚顺深入生活，下连队、入军营、进宿舍、到伙房，含泪聆听雷锋的战友讲述雷锋的感人事迹，流泪阅读雷锋日记，全面领略雷锋平凡而伟大的一生。回到北京，她迫不及待地向贺敬之讲述雷锋的故事，边讲边流泪。柯岩回忆道：“我一辈子经历过两次万民悲痛，一次是送周恩来总理，一次是送雷锋。雷锋在抚顺，也是万人空巷去送他，一边送一边哭——确实叫你觉得伟大是出于平凡之中的。”柯岩用朴实无华的语言一气呵成写下长诗《雷锋》，而后陆续创作出诗歌《我对雷锋叔叔说》《向雷锋叔叔致敬》。1963年8月，这三首诗由中国少年儿童出版社结集出版，这些书陪伴一个时代的青少年成长。受到雷锋精神感染的贺敬之，创作出1200多行的长诗《雷锋之歌》，1963年4月11日发表于《中国青年报》“向日葵”副刊。这首长诗融议论抒情于一体，将雷锋置于广阔的历史背景和现实生活之间，气势磅礴地阐释出雷锋精神的精髓。与此同时，《中国青年报》组织“向雷锋同志学习什么”的讨论会，并推出《怎样写自己的历史》《永远保持鲜红的颜色》等文章。1963年5月，《雷锋之歌》单行本由中国青年出版社出版。

（2）用歌曲歌唱雷锋精神

《学习雷锋好榜样》是几代人熟悉的歌曲。“学习雷锋好榜样，忠于革命忠于党，爱憎分明不忘本，立场坚定斗志强……”这首歌在齐声高唱时，总是那样铿锵激昂。1963年3月5日，《人民日报》等刊登了毛主席的题词“向雷锋同志学习”。当天，正在学习题词的战友文工团接到通知，下午两点要上街宣传题词，有人提议：“我们是文工团，下午参加活动的时候应该拿出一首歌来唱。”这个提议立即得到响应，大家情

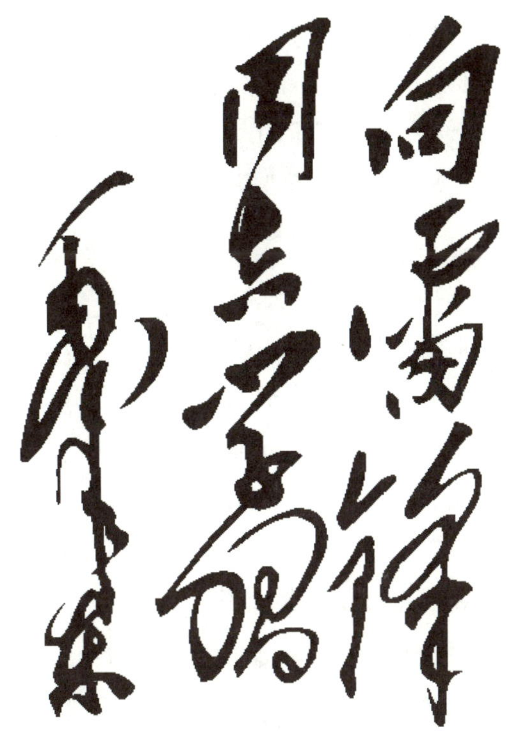

★ 毛泽东主席为雷锋题词

不自禁地将目光投向创作组的吴洪源和生茂。当时已是上午10点，时间非常紧迫，突然，吴洪源想起一句话：榜样的力量是无穷的。毛主席号召向雷锋同志学习，就是树立了一个榜样，吴洪源围绕“好榜样”三个字开始写词。快12点时，词写好了，生茂顾不上吃饭就开始谱曲，1个小时左右就把曲子谱好。文工团的战士来不及排练，将歌词抄到纸片上、手心中，路上一边记歌词一边学唱。到街上一唱，立刻引起群众强烈的共鸣。而后，《人民日报》刊发了这首歌的谱子，中央及各地广播电台播放了歌曲的录音。1964年5月，在“全军第三届文艺汇演”中，《学习雷锋好榜样》获优秀奖。1989年，在庆祝新中国成立40周年“唤起我美好回忆的那些歌”评选活动中，《学习雷锋好榜样》又被广大听众推举出来，获优秀作品奖。

1963年1月7日，雷锋生前所在的运输连二排四班被国防部命名为“雷锋班”，这是全国第一个以雷锋名字命名的集体。时至今日，“雷锋班”的老兵在将钢枪传递给新兵时都会教他们唱《接过雷锋的枪》：“接过雷锋的枪，雷锋是我们的好榜样；接过雷锋的枪，千万个雷锋在成长……”这首歌曲由朱践耳创作词曲，激励官兵践行新时代雷锋精神。“雷锋班”战士李峰威创作了《雷锋的传人是我们》，在1990年全连的一次晚会上，“雷锋班”全体战士演唱后，作为“雷锋班”班歌流传了下来。李峰威退伍后，一直致力于传承雷锋精神，被评为“首都最美志愿者”“全国抗击新冠肺炎疫情先进个人”“全国学雷锋志愿服务‘最美志愿者’”。雷锋的事迹、雷锋的品格、雷锋的精神，伴随着雷锋主题音乐作品广为传唱，激荡心弦。

（3）用影视作品再现雷锋精神

1965年，由八一电影制片厂拍摄、董兆琪执导的黑白电影《雷锋》在全国上映。影片再现雷锋具有代表性的生活片段，用朴素的白描手法，再现了雷锋从稚嫩的少年成长为平凡而伟大的解放军战士的历程，以及大公无私、艰苦朴素、全心全意为人民服务的高尚品德。剧组遴选饰演雷锋的演员，考察了上百人后，董兆琪和团队来到解放军艺术学院。董金棠经过化妆、试镜，凭借跟雷锋相似的个头、胖瘦、长相、气质，被选定饰演雷锋。董金棠等演员跟随导演来到雷锋生前所在连队体验生活，同雷锋的战友一起吃住。雷锋战友给董金棠讲雷锋的事迹，教他模仿雷锋走路的姿势和说话的语气，董金棠从军训到驾驶、从为群众做好事到担任小学的课外辅导员，将雷锋生前的生活“过”了一遍，电影上映后好评如潮。

主题曲《雷锋，我们的战友》由傅庚辰创作，耳熟能详，旋律优美。60年来，雷锋题材的影视作品不断涌现，诸如1979年李世玺版《雷锋之

★ 雷锋肖像照

歌》、1996年王思圣版《少年雷锋》、1996年吴军版《离开雷锋的日子》、2013年胡家华版《青春雷锋》、2013年钟秋版《雷锋在1959》、2013年万思维版《雷锋的微笑》……在这些作品中，《离开雷锋的日子》影响最大，影片上映后，社会掀起了关于雷锋精神和雷锋故事的讨论，成为20世纪90年代中后期永远的社会记忆。大量有关雷锋的纪录片，诸如《永远的雷锋》《世纪雷锋》《雷锋在鞍钢的423天》《雷锋班》《我们的雷锋》，通过真实的史料和扎实的采访，将大量雷锋照片、雷锋日记、雷锋原声等珍贵资料穿插其中，聚焦雷锋精神与现实，用影像方式回应一些重大的现实问题。这些影视作品用生动的形象再现了雷锋故事，传承了雷锋精神。

（4）在舞台上表现雷锋精神

1963年2月，原沈阳军区抗敌话剧团在周恩来总理的建议下，一周内率先成功将雷锋的事迹搬上话剧舞台。当年7月，话剧《雷锋》剧组两次来到中南海怀仁堂为中央领导演出，毛泽东、周恩来等中央领导完整地观看了演出，并与观众一起为演员们的精彩表演热烈鼓掌。这部话剧在京展演两个多月，演出50余场，观众达7万多人次。而后，全国各地数十个话剧院团排演了不同版本的话剧《雷锋》，近年来，多次复排话剧《雷锋》。北京一九九八国际青年艺术剧团版话剧《雷锋》沿用了原剧本的故事情节、人物形象和矛盾冲突，并在语言表达、呈现形式等方面进行了二次创作，成为一部向中国共产党成立100周年献礼的全国巡演剧目。不仅如此，话剧《雷锋》衍生出京剧、越剧、川剧、评剧、豫剧、秦腔等不同版本，这些舞台作品用不同的方式传承着雷锋精神。

五、“播”起来——雷锋品牌驰名全国

雷锋品牌具备品牌应有的所有特质：特有性、价值性、长期性和认知性，承载着文化价值、符号价值、价值理念和象征意义。雷锋品牌作为品

牌，有助于学雷锋活动正规化，产生更大的社会效益。雷锋品牌源于相当规模的人在足够长的历史时期内，不间断地坚守和传承，最终实现一种新的生成和构建，继而持久地影响后人。辽宁抚顺坚持不懈学习雷锋，历经60多年，传承几代人，使学雷锋活动逐步从以官方组织为主到更多表现为社会自觉。在抚顺，从城市到农村、从学校到军营、从工厂到街巷，于细微处洞见雷锋品牌的力量。雷锋精神凝聚社会主义核心价值观，雷锋精神早已超越国界，影响整个世界。美国《时代》周刊写道："雷锋品牌是中国人民也是全人类共同的精神财富。"雷锋品牌作为学习雷锋的具体实践，60年来从上至下和从下至上一直同步进行。

对雷锋精神的认同可以通过不同形式投射，亦即通过不同的形式表现出来，诸如雷锋头像出现在潮人T恤上，也出现在Flash、网络游戏和波普风格的衬衫上，出现在当代艺术与生活的Logo中，等等，这些都是雷锋文化的生成与建构。从另一个角度而言，雷锋真正成为被社会接受的文化偶像，与普通人的时尚紧密连接，时代感中浸润了热情、无私和奉献精神，投射出被普通人接受的人格和道德力量。

1. 20余座中小学用雷锋冠名

雷锋精神在社会中广为流传，国家领导人给雷锋的题词、雷锋肖像镶嵌在诸多文化标志物上。雷锋生前担任过校外辅导员的辽宁省抚顺市望花区建设街小学、本溪路小学，分别被命名为抚顺市雷锋小学和雷锋中学（由原小学升格为中学）。在雷锋家乡湖南省有望城县雷锋镇的雷锋小学和望城县雷锋学校。全国各地还有北京市雷锋小学、天津市雷锋小学、哈尔滨市雷锋小学、长春市雷锋小学、沈阳市雷锋学校、石家庄市雷锋小学、铁岭市雷锋小学、铁岭市雷锋树小学、山东省泰安市雷锋小学、云南省洵甸县雷锋希望小学、河南省平顶山市雷锋小学等。

2. 百余座雷锋纪念馆和雷锋社团组织

雷锋纪念馆映射出雷锋品牌的精神魅力有抚顺市雷锋纪念馆、湖南雷锋纪念馆、上海雷锋纪念馆、深圳雷锋纪念馆等百余家纪念馆。社团组织有辽宁省雷锋研究会、湖南省雷锋精神研究会、甘肃省雷锋研究会、贵州省雷锋研究会、沈阳市雷锋精神研究会、抚顺市学雷锋典型联谊会、营口市学雷锋促进会、山东省枣庄市雷锋精神研究会等。

3. 90余种版的雷锋邮票、明信片、纪念封

中国迄今已印制发行雷锋邮票达38种版，1964年、1965年、1967年、1978年、2002年、2003年，发行跨度近60年。邮电部发行的6枚，有雷锋在驾驶室里看书的头像，有毛泽东等给雷锋的题词，另外4枚是有雷锋内容的。雷锋家乡湖南省集邮公司出版了一套16枚，是雷锋不同时期、不同工作、不同姿态、不同着装和军衔的16种头像的个性化邮票。雷锋牺牲地抚顺市出版了一套共计16枚印有雷锋军旅生涯图像的个性化邮票，明信片40余种。2002年纪念雷锋牺牲40周年，辽宁省鞍山市邮局发行了“永恒的雷锋”邮资明信片一套16枚。2003年，辽宁省鞍山市邮局发行了“纪念学雷锋活动40周年”纪念邮资明信片一套5枚；辽宁省抚顺市邮局和抚顺市雷锋基金会发行了“学雷锋”邮资明信片一套10枚；全国各地印制的贴有雷锋邮票的明信片 8 枚；国家邮政局“纪念学雷锋40周年”印制了纪念邮资明信片1枚、纪念封14种。2002—2003年，经国家邮政局批准，辽宁省抚顺市邮局印制了不同图案的“雷锋塑像”纪念封4枚；1978年，抚顺市集邮公司印制了“学雷锋25周年”纪念封2枚；1998年，湖南省邮票公司印制了“纪念学雷锋35周年”镀金邮折3枚、镀银邮折3枚；2003年，中国集邮总公司和中国青年志愿者协会共同印制了“学雷锋40周年”纪念封 2 枚。

4. 50余种地名、物名、单位名、载体名

雷锋品牌效应具有巨大的辐射力，以雷锋的名字命名的街道、建筑物、单位遍布全国各地，形态万千的以雷锋事迹为题材的城市雕塑构成城市文化一道道亮丽风景。抚顺市有雷锋墓、雷锋公园、雷锋体育场、雷锋商店、雷锋亭、雷锋岗、雷锋林、雷锋大道、雷锋储蓄所、雷锋塑像、雷锋题词塔等。在雷锋的家乡有雷锋镇、雷锋体育中心、雷锋图书馆等。全国各地有雷锋卡、雷锋车、雷锋报、雷锋班、雷锋奖章、雷锋纪念章、学雷锋荣誉章、雷锋号机车、雷锋号推土机、雷锋号拖拉机、雷锋式干部、雷锋式战士、雷锋式民兵、雷锋式学生、雷锋式党员、雷锋式团员、学雷锋标兵、学雷锋积极分子、学雷锋先进个人、学雷锋先进集体、活雷锋、新世纪雷锋、新时代雷锋、学雷锋小组、学雷锋报告会、学雷锋经验交流会、学雷锋座谈会、学雷锋讲演会、学雷锋研讨会、学雷锋展览会、学雷锋活动日、学雷锋主题活动日、学雷锋主线活动日、学雷锋服务小分队、雷锋工程、雷锋德育基地、雷锋日记、雷锋诗歌、雷锋画册、雷锋连环画、雷锋言论集等。

5. 雷锋纪念品

抚顺市雷锋纪念馆开发出各种雷锋纪念品，纪念馆服务部展销的雷锋纪念品有288种，宣传品48种，书籍25种。纪念馆还发售明信片、IP卡等各种邮政纪念品，这些都为纪念馆带来了可观的经济效益。雷锋品牌具有辐射带动作用，巨大的社会影响力已成为无形资产。

雷锋品牌已成为行为取向和价值取向的符号，是传承红色基因，为实现中华民族伟大复兴的中国梦而努力奋斗的精神载体。雷锋精神的品牌效应已从历史记忆转向现实生活，雷锋精神一直沿着历史演进路径传承，雷锋品牌深深扎根在人们心中，转化为社会心理和民族性格，像镜子一样折射出每个时代的价值追求。

第五章 播 种

辽宁是雷锋精神的发祥地。当年，雷锋在这片沃土上成长、锤炼，雷锋精神从辽宁走向全国、走向世界。60年来，雷锋精神始终焕发着永恒的魅力，激励着广大辽宁人民无私奉献，做一颗永不生锈的螺丝钉。特别是党的十八大以来，习近平总书记关于弘扬雷锋精神的重要指示精神，为新时代传承雷锋精神指明了方向。辽宁贯彻落实习近平总书记关于弘扬雷锋精神的重要指示精神，充分发挥好丰富的雷锋文化资源优势，着力打造新时代学雷锋高地，让雷锋精神的旗帜永远高高飘扬。全面总结回顾辽宁60年来学雷锋活动主要成果和基本经验，既是新时代辽宁全面振兴、全方位振兴凝聚精神力量的需要，也是全面建设社会主义现代化国家、推进中国式现代化、展现辽宁使命担当的需要。

一、守正创新——推进雷锋精神研究时代化

时代是思想之母，实践是理论之源。一切伟大的历史都在继往开来中书写，一切伟大的事业都在接续奋斗中成就。60年来，雷锋精神研究在守正创新中不断丰富发展、开枝散叶，为辽宁学雷锋活动实践提供了先进科学的理论指导和智力支持。辽宁学雷锋活动之所以长盛不衰，始终走在全国前列，一个重要原因就是善于把握雷锋精神的实质，不断加强理论研究探索，在研究成果、研究机构、研究活动等方面形成了具有辽宁特色、辽

宁风格的基本经验，有效促进雷锋精神代代相传。

1．研究内容不断深入

实践基础上的理论创新是社会发展和变革的先导。每一个历史时期，对于雷锋精神研究的侧重点有所不同，研究成果也为传承弘扬雷锋精神、开展学雷锋活动提供了理论指导。

在新中国成立初期，我们改变了几千年生产资料私有制的基本形态，“消灭了在中国延续几千年的封建剥削和压迫制度，确立社会主义基本制度，推进社会主义建设”“实现了中华民族有史以来最为广泛而深刻的社会变革”。如此深刻的社会变革，必然给新中国的意识形态建设带来挑战。“1956年下半年反社会主义制度的风和反思想改造的风逐渐刮起来了。”此外，在国内外诸多因素的影响下，国民经济严重困难。如此深刻的社会变革，也必然激发社会文明的新创造、新生成。这是从未有过的一种精神风貌。党带领人民意气风发投身热火朝天的社会主义建设，焕发了强大的精神力量，书写了无数改天换地的壮丽诗篇，逐渐形成以自力更生、发愤图强为主要特征的时代精神。

在这样的时代环境下，无数忠于党和人民、拥护和热爱社会主义的先进分子成为新的社会文明的践行者，他们以鲜明的行为和价值导向引领着“一个新世界”的时代风尚。社会主义建设，在物质世界不断取得巨大成就的同时，也在精神世界寻找培育更多有力支点，“努力创造社会主义的民族的新文化”。雷锋赫然出现在人们的视野里，他赤诚地热爱党、热爱新中国、热爱人民、热爱社会主义，在日常生活和平凡岗位中如一团火一般燃烧和奉献着自己。这是社会主义中国崭新的人格榜样，是“一个新世界”、一种新文明的浓缩映照。于是，毛泽东主席挥笔给雷锋题词，为全国人民投身于建设新中国、建设社会主义确立了一种具体直观的行为和价值导向。

在这一历史时期对于雷锋精神的研究，以学习雷锋好榜样、如何学雷锋、怎样成为雷锋那样的人为主要研究方向。这些研究成果进一步激发了民众的社会主义积极性、创造性，营造了良好的社会主义风尚，指引着中国人民自力更生、发愤图强，创造了社会主义革命和建设的伟大成就，为实现中华民族伟大复兴奠定了根本政治前提和制度基础。

20世纪80年代末，中国的改革开放刚刚走过第一个十年，在社会面貌发生巨大变化的同时，一系列新的社会矛盾和问题也相伴而生。随着西方各种思想文化、价值观念和生活方式的涌入，鼓吹全盘西化的资产阶级自由化思潮开始泛滥，“过时论”“超前论”“告别崇高”等质疑、否定学雷锋活动的杂音出现，搞乱了人们的思想。因此，辽宁雷锋精神研究要排除干扰，始终保持正确的方向，就必须站在时代的高度，摸准时代的脉搏，加强学雷锋理论建设，固本培元，准确把握雷锋精神本质属性和内涵，找准雷锋精神与时代的契合点。正是在这样一个大的背景下，1989年3月3日，在全国学雷锋活动中具有特殊地位的中共抚顺市委与长沙市委共同举办“抚顺·长沙学雷锋理论研讨会”，对当时的学雷锋理论建设与实践活动产生积极作用。

在进入21世纪后，辽宁学雷锋活动从初期的宣传动员阶段——雷锋形象塑造，进入雷锋精神理论建设固本培元阶段。军地学雷锋理论研讨会围绕新时期学雷锋的必要性、紧迫性、本质与实践形式等一系列重大理论和现实问题进行了深入研讨，有力回击了错误观点，廓清了迷雾，对全国各地学雷锋的深入发展产生了积极的重要影响。

值得一提的是，抚顺开了雷锋文化研究的先河。2006年3月1日，抚顺召开全国首届“雷锋文化学术研讨会”。抚顺市雷锋精神研究所推出论文《雷锋文化是党和人民的选择和创造》，第一次提出“雷锋文化”的概念，引起理论界与众多媒体的关注。2011年6月，辽宁省委组织部、省委宣传部、省委党校、省社科院等8家机构联合举办“辽宁省纪念中国共产党成立90周年理论研讨会”，抚顺市雷锋精神研究所递交论文《雷锋文化新视野》并获一等奖。这是官方意识形态主管机构对雷锋文化研究成果的首次认同和公开褒奖。2013年，抚顺市文明委首次将“雷锋文化”的概念写进学雷锋文件。2019年，辽宁省委在推进新时代学雷锋的文件中开始使用“雷锋文化”的概念。

党的十八大以来，辽宁对于雷锋精神研究主要立足新的历史方位，以习近平新时代中国特色社会主义思想作为行动指南，充分运用与发挥辽宁是雷锋文化资源大省的优势，让雷锋精神走进新时代，推出了一系列重要研究成果。以辽宁省雷锋研究会为例，围绕新时代传承弘扬雷锋精神等重大理论课题，先后出版了《学雷锋运动的历史思考》《雷锋的足迹》《雷锋传》《雷锋精神教程》《雷锋精神概论》《雷锋精神探索与实践》《雷锋精神与先进文化》《雷锋精神与社会主义核心价值体系》《雷锋精神与公民道德建设》《学雷锋活动常态化》等几十部著作。

2. 研究机构各具特色

研究机构是开展雷锋精神研究的重要组织保障。经过多年来的不懈努力、积极探索，辽宁涌现出了以辽宁省雷锋研究会、抚顺市雷锋纪念馆、抚顺雷锋学院等具有典型性和代表性的研究机构。

辽宁率先在全国组建了雷锋精神研究机构。雷锋精神发祥地抚顺，1990年2月21日创办了全国第一个雷锋理论研究协会。2005年组建全国第一个雷锋精神研究所，创办了《雷锋精神研究》理论性杂志。

2008年，辽宁省雷锋研究会在辽宁石油化工大学挂牌成立，这是辽宁石油化工大学首倡的有法人资格的省级一级学术性社会团体。研究会由从事思想政治工作的党政机关和企事业的领导干部、雷锋生前的战友、多年潜心从事雷锋学研究的国内知名专家学者和高校、科研单位学历层次高、科研能力强的高层次人才组成，是辽宁雷锋精神研究的典型代表和重要组织。

鞍山市以郭明义精神为主要特色，成立了郭明义精神研究会和鞍钢郭明义精神研究会，成为研究雷锋精神的重要阵地。郭明义精神研究会和鞍钢郭明义精神研究会成立于2012年，并开办了郭明义精神论坛，依托党校、社科联、讲师团、思想政治工作研究会、企业文化研究会、精神文明建设研究会等理论研究机构，组织专家学者，深入挖掘郭明义精神的时代价值和深刻内涵，先后在《求是》杂志、《光明日报》等报刊推出了《让雷锋郭明义精神永驻鞍山》等一批具有实践指导意义的理论成果。

抚顺市雷锋纪念馆是全国传播雷锋事迹、弘扬雷锋精神的主阵地，是抚顺市乃至辽宁省的重要窗口单位。2018年9月28日，习近平总书记参观抚顺市雷锋纪念馆，并发表重要讲话。多年来，抚顺市雷锋纪念馆始终致力于雷锋精神的研究、展示和宣传，已经成为培育社会主义核心价值观，有力提升社会主义思想道德建设水平的重要基地。

为深入贯彻落实习近平总书记关于弘扬雷锋精神的重要指示精神，经辽宁省委批准，抚顺兴建了雷锋学院。雷锋学院建院以来，突出党的理论教育和党性教育，大力开展理想信念宗旨、党章党规党纪党史、优良传统作风等教育培训，培训人数13万余人次。同时，雷锋学院致力于雷锋精神理论研究，完成中宣部理论课题“雷锋精神研究”、辽宁省重点课题“以雷锋精神为内核构建城市精神的路径研究”和抚顺市社科联课题项目，在《光明日报》、人民网、中国文明网、“学习强国”、《辽宁日报》等平台累计发表理论文章近40篇。

3. 研究活动丰富多彩

辽宁雷锋精神研究活动以理论研讨、论坛等形式为主，活动主题则与时代背景、社会现实等紧密贴合。经过多年的发展和完善，辽宁结合时代需求，组织策划了一系列有特色、有影响、有成效的雷锋精神研究活动。

早在1989年9月，由共青团中央主办、抚顺团市委承办的“全国雷锋精神论辩大赛”，是全国范围内首次也是唯一一次围绕学雷锋若干理论与认识问题，采用正反方论辩形式进行的研讨活动。不同思想观念大碰撞、大交锋，反映了当代青年观察认识雷锋精神时代价值的新视角，澄清了学雷锋活动中一些似是而非的问题。

1990年2月7日，北京市委宣传部召开了为期3天的“雷锋精神与当代中国”理论研讨会，同年2月26日至31日，北京、大连地区军队院校协作中心在大连海军政治学院联合召开了“学雷锋理论研讨会”。而抚顺和长沙两市时隔一年再度联合，在抚顺市发起并召开了“全国部分大中城市学雷锋理论研讨会”（2月25日至27日），来自全国21个省（市）自治区40个大中城市的代表参加了会议。

据统计，抚顺市先后举办20多场跨地区的学雷锋理论研讨会，出版理论专著30多部。铁岭、营口等地也先后举行雷锋精神理论研讨会，努力破解在传承弘扬雷锋精神进程中遇到的重点、难点问题。比如，2016年2月，在毛泽东主席题词“向雷锋同志学习”纪念日到来之际，在雷锋牺牲前工作和学习的辽宁省铁岭县，来自全国各地的50位“老雷锋”参加“铸魂之路——雷锋精神座谈会”，交流对雷锋精神的理解和感悟，研讨铸魂之路。

辽宁石油化工大学策划组织的雷锋精神论坛现已成为国内较有影响力的品牌论坛。辽宁省雷锋研究会先后以“雷锋精神与和谐社会建设”“雷

★ 研究活动丰富多彩

锋精神与城市文化建设”“雷锋精神与先进文化”“雷锋精神与中国梦”“雷锋精神与社会主义核心价值观”“雷锋精神与辽宁精神”“雷锋精神与‘两学一做’”“雷锋精神与立德树人”等为主题，成功举办13届雷锋精神论坛，受到了国内外舆论的广泛关注和好评。

二、坚持不懈——推进学雷锋活动常态化

广袤的黑土地，绵延的辽河水，浩渺的黄渤海，孕育了4000多万辽宁儿女特有的精神风貌和道德品格。当年，雷锋在这片沃土上成长、锤炼，雷锋精神从辽宁走遍全国、走向世界。60余年来，辽宁人民从未停止过学雷锋的脚步，从未怀疑过自己的选择。如今，“雷锋”这个名字已深深融入辽宁大地的血脉。

1. 辽宁学雷锋活动拥有坚强的政治基础

辽宁省历来高度重视学雷锋活动，特别是党的十八大以来，辽宁省委深入学习贯彻习近平总书记关于学习雷锋的一系列重要指示精神，多次召开专题会议，出台《中共辽宁省委关于深入开展新时代学雷锋活动的意见》等多个文件方案，积极部署、创新推动，要求全省按照坚持党的领导、坚持人民至上、坚持重在实践、坚持理论引导、坚持创新发展、坚持立足岗位、坚持阵地建设、坚持典型引路、坚持文化赋能的原则，纵深推进全员学雷锋、全面学雷锋、全年学雷锋。

2. 辽宁学雷锋活动拥有丰富的资源基础

辽宁拥有全国最集中、最丰厚的雷锋文化资源。“雷锋坐标”遍布辽宁每一个角落，全省所有城市都有与雷锋相关的展馆、展室。全国第一家雷锋精神研究所、第一本传播雷锋精神的刊物等具有全国首创意义的学雷锋活动形式多达40余个。辽宁的雷锋文化资源种类丰富，涵盖了历史遗

存、展陈场馆、文物史料、研究机构、社会组织、教育基地、历史当事人等方方面面，既有实物、又有文字，既有声音、又有口述。

3．辽宁学雷锋活动拥有完善的制度基础

学雷锋活动稳定、健康、持续、高效地开展离不开机制的保障。辽宁充分利用开展学雷锋活动的独特优势和资源条件，坚持从部署、检查、评比、表彰等方面积极着手，建立形成了一套科学全面、系统完善、运行通畅的制度管理体系，有效地解决了“谁来学”“怎么学”“学什么”等重要问题。制定实施《辽宁省志愿服务条例》，明确志愿服务的权益保障、法律责任。全省已经形成了由党委部门统一领导、宣传部门牵头、有关部门各负其责、社会团体积极配合、各方面广泛参与的学雷锋活动工作机制，形成了齐抓共管、协调推进的规范化、制度化工作格局。

4．辽宁学雷锋活动拥有坚实的实践基础

辽宁传承弘扬雷锋精神始终在实践中创新、在实践中发展、在实践中前行。沈阳市制定下发《关于开展“弘扬雷锋精神共建幸福沈阳”行动的指导意见》；鞍山市充分挖掘“一座钢城、两代雷锋”的独有优势，深入推进“跟着郭明义学雷锋”品牌建设；抚顺雷锋城建设持续深入，创造了多项全国学雷锋第一；辽阳市不断提升学雷锋志愿服务工作水平；营口市开展“雷锋文化，营口有礼”主题活动，让雷锋精神成为这座城市的精神坐标和信仰。从宣传雷锋事迹到建立学雷锋小组，从立足岗位学雷锋到开展学雷锋志愿服务，从学雷锋先进典型选树到雷锋精神研究机构组建，每一次实践、每一次创新，都是辽宁立足实际情况、贴合时代背景提出的学雷锋新理念、新思路、新举措。

5．辽宁学雷锋活动拥有深厚的文化基础

内心认同才能自觉践行，春风化雨才能润物无声。雷锋精神历经岁月

打磨、风雨洗礼，已经内化为辽宁人民心中的道德之光、精神之碑。雷锋文化已经渗透到辽宁各个城市的细胞中，学雷锋已成为人们的一种存在状态，成为一种习惯。全省形成以雷锋学院、雷锋纪念馆为标志，以雷锋传人为链条、以充盈“雷锋情结”的市民社会道德心理为深厚底蕴的雷锋文化生态圈，辽宁和雷锋已经密不可分，好像一张名片的两个面。人们提起雷锋，便会想到辽宁；人们论起辽宁，不能不提到雷锋。雷锋文化已成为辽宁文化特色，给予这块热土澎湃的激情与不竭的力量。

三、深入人心——推进学雷锋志愿服务大众化

志愿服务是学雷锋的生动载体。辽宁作为雷锋精神的发祥地，独特的地域文化孕育了学雷锋的深厚土壤。以奉献精神为精髓的志愿服务在辽宁这片沃土上更有着得天独厚的先天优势，志愿者精神早已融入辽宁人的精神血脉。辽宁从城市到乡村，从线上到线下，瞄准需求，培育项目，打造品牌，强化制度保障，拓展服务领域，不断赋予学雷锋志愿服务新的时代内涵，使其焕发出旺盛的生机与活力。4000多万辽宁人以实际行动书写新时代的雷锋故事，打造出志愿服务的“辽宁版本”。

1．700余万志愿者汇聚向上向善的强大力量

雷锋精神，人人可学；奉献爱心，处处可为。今天，志愿服务与学雷锋高度融合，并作为传承雷锋精神的最重要载体在辽沈大地迅猛发展。

群众“点单”，服务“上门”。辽宁省各地区各部门开发一批灵活多样、便民利民、居民认同度高的志愿服务项目，为群众提供“菜单式”服务，满足群众多样化、个性化需求。低保户郭玉兰想有台电视机，身患肠癌的困难职工李延辉急需一台微波炉……他们的心愿在营口市老边区党员志愿者服务队“点亮微心愿”帮扶项目中得到实现。

铁岭开原市八宝镇古台子村村民安宝兰，将自己的编织手艺毫无保留

地传授给村民，让周边200余名农村剩余劳动力有了创业技能，利用玉米皮等废旧物品加工成工艺品，仅此一项就使参与者人均年增收6000多元。

丹东市宽甸满族自治县志愿者发起了“10+1+N”组团助学模式：组成10人左右的微型爱心团，每人每月捐助30元，通过银行汇款、微信转账等方式，解决1个贫困孩子的困难。2014年2月至今，组团助学已帮助140余名贫困孩子，参与者从中小学生到耄耋老者，累计超千人。

抚顺市妇联发挥妇联组织联系党委、政府部门的桥梁、纽带作用，打造具有自身特色的志愿服务项目和品牌，提升志愿服务的活跃度与可持续性。抚顺市妇联将每月5日设定为“巾帼学雷锋日”，设立巾帼学雷锋公共服务站点及家庭服务站，推动志愿服务常态化、规范化。截至目前，抚顺市共有170个巾帼学雷锋公共服务站点、1002个家庭服务站，近10万人次从中受益。

2013年起，中国邮政盘锦市分公司发起“爱心邮路”志愿服务项目，140名投递员帮扶孤寡老人，救助困难群众，用微光点亮星辰，将爱心洒满邮路。张东洋与投递道段内的刘淑芹等3位空巢老人结成“对子”。他在休息的时候就到老人家里，为他们打扫房间、买米买菜、洗衣做饭。

2021年，“爱心邮路”志愿服务项目还走进社区、校园、企业和军营，扩展服务对象，制定服务清单，公开服务承诺，提升志愿服务项目价值，让志愿服务扩大影响力，惠及更多群众。

以志愿服务助力脱贫攻坚，辽宁省青联委员、皇姑区第十六届政协委员江菲整合多方社会资源，为贫困地区学校提供大型控温净水设备，安装大型户外体育运动器材，筹建音乐教室；开展儿童减灾防灾及自我保护培训；发起民生项目，创建村民互助平台……从党员到群众，从田间到社区，从幼童到长者……志愿者及志愿服务无处不在。在本溪，有为盲人家庭提供就医、购物、陪同等无偿服务的导盲义工队；在锦州，有面向空巢老人等特殊群体实行低于成本供应午餐的暖心食堂；在阜新，党员志愿者自发缴纳“特殊党费”助力脱贫攻坚；在辽阳，志愿者唐革军为孩子们免费举办多次“学习雷锋点亮人生”主题冬令营、夏令营；在朝阳，魏国升志愿者爱心服务队连续多年开展“金秋助学”活动；在盘锦，有关爱社区困难群体的“配送服务”志愿者；在葫芦岛，有蓝天救援队志愿者在夏日的每个周末守护在海边……志愿者和志愿服务在全省社会公益事业方面发挥了重要作用。

扶危济困、抢险救灾、环境保护……时时处处可见志愿者的最美身影。据统计，辽宁全省志愿者已达700余万人。

2. 项目化、专业化打造辽宁特色志愿服务品牌

基于群众实际需求设立志愿服务项目，让辽宁省志愿服务有力又有效。近年来，辽宁省各地不断探索志愿服务理念创新、载体创新，通过项目化、专业化打造辽宁特色志愿服务品牌，有效推动了志愿服务长远发展。

在辽宁省，如何实现专业相近、兴趣相投和能力相当的广大志愿者和志愿服务活动有效对接？大连金普新区探索“互联网+志愿服务”精准对接，让服务需求和服务项目自动匹配，解决不同的志愿服务需求，给志愿服务提供多元化、专业化、精准化的对接。精准对接后，参与度明显提高，多个志愿服务同城行动参与人数均在10万人次以上。

专业特长相近的志愿者组建了爱心队伍，使志愿服务专业化水平明显提升，同时也提高了活动的针对性、实效性和整体效果。在“雷锋城”抚顺，按照服务类型划分，有理论宣讲、支教、扶贫等40多个学雷锋志愿服务组织；以城市建设和社会治理为着力点，形成了山地救援、助学、助残等十大类80多个民间学雷锋志愿服务队伍。

守护家乡的绿水青山。2015年开始，沈阳市环保志愿者协会通过“同饮家乡水，共护母亲河”“守望北沙河，美丽苏家屯”等系列活动，持续开展巡河工作，累计开展活动410场，参与活动的志愿者近2万人。协会以“知环保、爱家乡”为工作理念，定期组织志愿者到浑河岸边开展“净

滩”行动；联合多个环境检测组织及志愿者，在浑河岸边共开展50多场水质检测体验等活动。倡导低碳生活，协会还积极开展“线上+线下”各类环保公益活动1000多场。

辽宁广播电视台媒体志愿服务团是辽宁省内首个以青年媒体从业人员为主体的专业化志愿服务团队。2018年，以服务团为基础，多家辽沈新闻媒体共同倡导启动“青年之声”辽沈媒体志愿服务联盟。媒体志愿服务团整合媒体资源，推动志愿服务深入持续开展。依托频率频道、品牌栏目，先后开展了多个大型公益活动及特色志愿服务项目，如“我带盲童看电影”“辽沈媒体志愿者公益跑”“青春建功新时代、逐梦前行跟党走”等，通过文化下乡、环境保护、科技兴农、法律援助等社会服务形式，深入社区、学校、田间地头、敬老院等地，累计动员志愿者10万余人次参与志愿服务。

鞍山市呼吸联盟志愿者协会秉持“鱼在水中靠鳃呼吸，我们在生活中靠关爱呼吸”这样的行动理念，成长为一家5A级志愿者组织，凝聚8万名志愿者、3万户志愿者家庭。主要依托“乐龄志愿者”，招募助老志愿者服务乡村留守老人，动员城市退休健康低龄老年人参与社会服务；培育了苏子沟镇山花剧团、睿达社区艺术团等12支乐龄志愿者队伍，服务乡村留守老人，开展公益性演出。以受援学校和留守儿童的实际需求为导向，协会于2011年发起“蒲公英计划”，组建以大学生志愿者、专业人士为主，退休老教师、教育专家为辅的“蒲公英”支教团，定期开展课外辅导和相关活动，累计支教上万课时。

目前，“跟着郭明义学雷锋”爱心奉献集中活动，已成为新时期推动学雷锋、学郭明义活动常态化的重要载体，品牌叫响全国。全省“春暖辽宁”主题志愿服务活动温暖人心，丹东市“理论宣传志愿军”让党的创新理论深入人心，“情暖鹤乡”“暖巢计划”等100余个具有鲜明特色的志愿服务品牌成为盘锦志愿服务的一面面旗帜……一批具有辽宁特色的志愿服务项目品牌已经形成，为志愿服务赋予时代的内涵。

3. 将志愿服务融入社会治理

志愿服务是社会文明进步的重要标志，也是基层治理的重要推手，发挥着价值引领、道德塑造、矛盾化解、民生服务等治理功能。辽宁全省各级党委、政府以“为民”为宗旨，以“便民”为重点，以“机制”为保障，把志愿服务融入社会治理，真正为群众排忧解难。

新华街道丰泽社区位于沈阳市和平区西南部，由3个老旧社区合并而成，辖区内低保户、老年人众多。丰泽社区党委联合辖区内企事业单位党支部，成立了社区“大党委”，组建由社区群众、党员、院长、楼长、单元长组成的“行善立德志愿者雷锋团”，与困难群众、特殊群体包保对接，构建“党建引领、合和共治”志愿服务新模式。

丰泽社区党委制定“五门行动”工作法：“上门行动”，为居家隔离人员送去米面油等生活必需品；“串门行动”，听取居民对老旧小区改造的意见和建议；“叩门行动”，对辖区内空巢、独居老人及时提供帮助；“守门行动”，为社区居民维持治安、守护平安；“心门行动”，开展纠纷协调、心理疏导，确保邻里关系融洽。仅去年，“行善立德志愿者雷锋团”就开展志愿服务50多次。社区党委还带头开展拆违、治理“十乱”等志愿服务180多次，将过去破烂不堪的老旧小区打造成宜居家园。

社区志愿服务是社区治理中的一支重要力量，在创新社区治理格局、满足社区服务需求、增强社区自治能力、引领社区文明实践、维护社区和谐稳定等方面发挥着重要作用。

大连金普新区湾里街道城志社区依托新时代文明实践站，坚持以群众需求为服务导向，不断加强志愿服务队伍专业化建设，提高志愿服务水平。社区党委和大连大学未来教师协会结成对子，一茬又一茬大学生十二年如一日，每到周末就到社区为中小学生做课业辅导；与大连艺术学院结成对子，大学生志愿者连续8年每周三为智障残疾人提供帮扶。截至目前，社区拥有注册志愿者1750余人，每年开展活动约320次，服务社区居民

3100余人次。

“安全科普”志愿服务、“法律科普”志愿服务、“健康科普”志愿服务…… 大连市甘井子区魅力社区通过“党建引领科建”，探索社会治理新模式。社区党委以家庭、楼院、社区为阵地，为辖区居民创办科技志愿服务点，普及科学知识。“我们将2000平方米党群服务中心改造成科普宣讲区、展演区、体验区、服务区和阅览区，同时打造科普主题休闲广场、科普健康步道、科普示范楼，将科技元素、智慧生活融入居民生活。”魅力社区党委书记毕唱说，他们聚焦百姓关注热点，努力在载体上推陈出新，让科学走进大众，服务群众生活。

志愿服务让社区更美。各地健全社区志愿服务体系，促进社区志愿服务常态化、制度化、专业化，使志愿服务更好地适应新时代社会治理新要求，与人民对美好生活的向往相融合，形成“人人有责、人人尽责、人人享有”的文明治理新局面。

4. 用制度化助推志愿服务常态化

志愿服务的规模和水平体现着一个国家、一个社会文明进步的水准。实现志愿服务常态化与可持续发展，关键在于制度化。

近年来，辽宁省各地坚持“政府推动、群众主动、社会参与”原则，组建志愿者队伍，发挥专业志愿队伍的能动性，常态化为群众提供志愿服务。省文明委相继出台了关于推进志愿服务制度化常态化的实施意见及其任务分解方案，对全省志愿服务制度化建设作出全面部署。辽宁省各地也普遍出台了本地推进志愿服务制度化的意见和实施细则，省及大连、鞍山、抚顺等市均出台了志愿服务条例。

规范招募注册、加强培训管理、建立志愿服务记录制度、健全志愿服务激励机制、完善政策和法律保障……辽宁省通过一系列有力措施，拓展了志愿服务平台，将学雷锋志愿服务不断引向深入。

“郭明义爱心团队”鞍钢股份炼焦总厂分队是雷锋曾经工作过的原鞍

钢化工厂（现更名为炼焦总厂）组建的志愿服务组织。传承弘扬雷锋精神，炼焦总厂形成了学雷锋活动月系列活动制度、厂区便民一条街服务制度、团员青年社会爱心帮扶奉献制度等3个常态化活动机制。

“志愿者发生意外怎么办？”这曾是困扰志愿者组织的难题。鞍山市从2014年开始，采用平移式保险方式为参加志愿服务活动的志愿者购买保险。对优秀志愿者开展定期走访、礼遇关爱、生活帮扶和社会服务等关怀活动；为“最美志愿者”“志愿服务活动优秀组织者”进行免费体检；建立专家资源库，定期为志愿者骨干培训授课，提升志愿服务技能……辽宁省各地关于志愿服务制度化的探索，为志愿服务活动健康有序发展提供了坚实保障。

志愿服务，土沃风和。辽宁省涌现出了一批“最美志愿者”“最佳志愿服务组织”“最佳志愿服务项目”“最美志愿服务社区”先进典型，用实际行动带动和影响着更多同行者。点滴之水，汇聚成洋。志愿服务不仅是

★ 记者采访“当代雷锋”郭明义

新时代辽宁人的一种精神追求，还是更多人崇尚的一种生活方式，他们继续用实际行动书写着新时代的雷锋故事。

四、典型引路——推进雷锋精神传承示范化

时代需要航标，社会需要榜样，思想需要先导。学雷锋是学典型、做典型的过程，而为了更有力地推进这一过程，需要不断地发现新的典型、培塑新的典型。辽宁学雷锋活动持续半个多世纪依然澎湃不息，其引擎之一就是一代又一代学雷锋典型的引领和带动。从曾经到现在，从雷锋、孟泰、王崇伦，到郭明义、周恩义、罗阳，从姜妍、邹笑春、王彬，到丁慧、周恩源，一代又一代模范人物不断涌现。其持续时间之长、涉及领域之广、受关注程度之高、社会影响之大，在全国尚不多见。老典型与时俱进、历久弥新，新典型生机勃发、层出不穷，共同构成了代代相继、蔚为大观的学雷锋典型群像。

辽宁始终坚持传承弘扬雷锋精神，使雷锋精神成为辽宁人民的道德标杆和价值引领，涌现出一大批先进模范。

基层宣传干部楷模周恩义，写下了120多万字的日记和读书笔记，长年向基层广大干部群众宣讲党的理论、路线、方针、政策。参加辽宁省委宣传部成立的“中国梦、我的梦”主题宣讲报告团，深入全国部分高校和全省各市进行宣讲。

法官谭彦常说：“我们是人民法官，在法庭上，要忠实地捍卫法律的尊严；在法庭外，还要用自己的真情，感染和教育更多的人学法、懂法、守法。”在审理案件中，他始终坚持以事实为依据、以法律为准绳，不向恐吓低头。

“机器人之父”蒋新松带领我国智能机器人开发研制从无到有并跻身世界先进行列，先后获得全国科学大会成果奖、中国科学院重大成果奖、中国科学院科技进步奖一等奖等荣誉，并参加了国家高技术研究发展计划

（“863计划”）的制订。

那一个个耳熟能详的名字，激励后来者奋斗不辍。振兴发展新时代，辽宁英模被赋予了新的时代意义，一个个“道德模范”“时代楷模”“最美人物”如璀璨繁星，成为一张张鲜活的“辽宁名片”：为保护国家财产，中船重工第七六〇所黄群、宋月才、姜开斌无惧风吞浪噬，坠海牺牲；没有会不会被讹的瞻前顾后，“最美大学生”丁慧危急时刻挺身而出，跪地施救八旬老人……那一个个名字耀眼且温暖，是新时代辽宁精神的鲜明昭示。

数字无言，胜于雄辩。截至2022年，辽宁有1431人当选全国劳动模范，数量居全国前列；11人当选全国道德模范，47人获全国道德模范提名奖，151人当选省道德模范，130人获省道德模范提名奖。市级道德模范过千人，入选“中国好人”30多人，获雷锋号、雷锋奖章表彰的集体和个人超过2000个，近年来“辽宁好人”1000多名。他们体现了传承与发扬，让“英模精神”孕育成“英模文化”；他们充分彰显了4000多万辽宁人民自强不息、忠诚担当、创新实干、奋斗攀登的高尚品格，是中国力量、中国精神在辽宁大地的生动展现。

五、聚焦发展——推进雷锋精神践行融合化

雷锋，不朽的丰碑；雷锋精神，永不过时的精神坐标。在雷锋离开我们的半个多世纪里，一代又一代辽宁人“接过雷锋的枪”，积极进行顶层设计、全面动员、深入阐释，将雷锋精神融入全省发展大局，有力促进了各个时期任务的完成，大力营造全员学雷锋、全年学雷锋、全面学雷锋的浓厚社会氛围，让学雷锋天天见、天天新、天天深，为辽宁振兴发展营造良好的社会氛围，提供丰沛的精神文化滋养。

1. 雷锋精神为社会主义革命和建设构筑强大精神标杆

新中国成立之初，社会百废待兴、百业待举。在物资极度匮乏的情况下，我们完成社会主义革命和推进社会主义建设就需要依靠中国精神的强大力量。新中国成立后，在党的领导下，辽宁全省人民在雷锋精神的鼓舞和激励下，积极进行社会主义革命和建设，为党和国家各项事业发展作出了突出贡献。抗美援朝期间，辽宁人民肩负起光荣的支前任务，在人力、物力等方面进行了强有力的支援，为抗美援朝战争的胜利提供了坚实保障。辽宁被誉为“新中国工业的摇篮”“共和国长子”，为国家建设提供了大量物资和装备，输送了大批人才和技术。

20世纪60年代初，受“大跃进”运动、“反右倾”斗争错误、自然灾害等因素的影响，民众生活非常贫困，社会主义建设极其困难。此时，毛泽东主席深刻认识到，中国社会在如此的物质困顿中亟须寻求精神的超越，要以优秀人物为楷模，在革命英雄主义精神的激励下焕发出战天斗地的巨大热情。雷锋就是实现这种精神超越的典范。毛泽东希望“六亿人民尽舜尧”，都能够成为雷锋那样的人。

雷锋精神极大地激发了辽宁民众建设社会主义的积极性、创造性，营造了良好的社会主义风尚，指引着中国人民自力更生、发愤图强，创造了社会主义革命和建设的伟大成就，为实现中华民族伟大复兴奠定了根本政治前提和制度基础。

2. 雷锋精神为改革开放和社会主义现代化建设凝聚磅礴精神力量

改革开放以来，党和国家面临着继续探索中国建设社会主义的正确道路，解放和发展社会生产力，使人民摆脱贫困、尽快富裕起来的艰巨任务，这就需要全体民众像雷锋那样以高度的主人翁责任感投入到社会主义现代化建设中。

这一时期，党和国家领导人大力倡导雷锋精神，以培育“四有”新人为出发点和落脚点，强调先进性与广泛性相结合、社会学雷锋与岗位学雷锋相结合，调动全体人民参与学雷锋活动的积极性，为改革开放和社会主义现代化建设凝聚了磅礴的精神力量。

辽宁，一方面，让学雷锋活动成为广大民众积极参与社会主义精神文明建设的一种自觉实践，推动社会主义精神文明建设；另一方面，坚持用雷锋精神引领着民众兢兢业业、埋头苦干，在本职岗位上充分发挥自己的聪明才智，直接服务于以经济建设为中心的改革开放大局。辽宁人民顺应时代潮流，解放思想、实事求是，大胆地试、勇敢地改，干出了一片新天地。“神州第一路”沈大高速公路、第一家承包租赁经营责任制企业、全国首家大型股份制企业等等，见证了辽宁波澜壮阔的改革实践。今天，辽宁的改革开放与全国同频共振，步伐更加铿锵有力，开放之门越来越大，发展活力越来越强。

这一时期的雷锋精神有力推动和创造了改革开放和社会主义现代化建设的伟大成就，为实现中华民族伟大复兴提供了充满新的活力的体制保证和快速发展的物质条件。

3．雷锋精神为推动实现辽宁全面振兴、全方位振兴夯实坚固精神基石

新时代以来，世界百年未有之大变局与中华民族伟大复兴战略全局相互交织，我们面临严峻复杂的发展形势。从国内来看，“当前和今后一个时期，我国发展进入各种风险挑战不断积累甚至集中显露的时期，面临的重大斗争不会少，经济、政治、文化、社会、生态文明建设和国防军队建设、港澳台工作、外交工作、党的建设等方面都有，而且越来越复杂”；从国际来看，世界之变、时代之变、历史之变正以前所未有的方式展开，人类面临严峻挑战，世界进入新的动荡变革期，不稳定性、不确定性显著上升。

★ 在抚顺，雷锋学院如火如荼、蓬勃发展

沈阳、鞍山、抚顺、辽阳……各市因地制宜，制订学雷锋工作计划，安排主题活动，明确重点工作任务，推进新时代学雷锋活动走向深入。牢记习近平总书记嘱托，砥砺前行。打造新时代学雷锋高地，责无旁贷。与时代同行，全省上下以实际行动续写新时代“雷锋日记”。

在抚顺，雷锋学院发展得如火如荼、蓬勃昂扬。建院三年多以来，雷锋学院秉承以弘扬雷锋精神、为新时代明德育人的办学宗旨，坚持以雷锋精神办好雷锋学院，被列入中组部党性教育干部学院目录（全国共72家），成为辽宁省唯一一家独立办学的党性教育干部学院。相继成为辽宁省党员干部党性教育基地、省爱国主义教育示范基地、省国防教育示范基地、省妇联社会主义核心价值观教育实践基地、省民营经济人士理想信念教育基地、省文联文艺志愿者服务基地等，成为省内外60余家单位的教育实践基地，与小平干部学院、杨善洲干部学院等十余家教育培训机构签署《战略合作框架协议》，已经成长为在东北地区具有一定代表性的紧贴时代、充满创意、影响广泛的雷锋精神主题党性教育培训机构。

沈阳的“志愿服务六个一”、大连的“‘五位一体’社区志愿服务模式”、本溪的“书香本溪爱心漂流”等品牌项目影响深远，越来越多的志愿者从“予人玫瑰、手有余香”中感受善的力量，汇聚起强大的正能量。

营口市持续深入开展“雷锋文化，营口有礼”主题活动，与时俱进解读“雷锋文化”，把学雷锋转化为市民的一言一行，转化为“文明有礼”的城市道德生态。

2019年以来，鞍山市近8000个党支部投身“争做新时代敢担当能作为标兵”活动，广大党员干部立足岗位学雷锋，雷锋精神蔚然成风。

盘锦市组织开展“岗位学雷锋”“志愿服务站点建设”“志愿服务助力乡村振兴”等活动，引导广大志愿者从生活点滴入手，从本职岗位做起，将志愿精神转化为具体行动，为城市高质量发展添能蓄势。

辽宁高速公路运营公司组织广大员工开展“立足岗位争做郭明义式好员工”活动，注重榜样引领，努力打造“畅安舒美”的通行环境，提供真诚温馨的出行服务。

全员学雷锋、全年学雷锋、全面学雷锋，更多富有辽宁特色的学雷锋活动品牌在做大做强。大力拓展活动内容、创新活动载体、扩大活动参与面，推出“雷锋在辽宁”系列短视频，举行《雷锋日记》图书漂流活动，组织“千人快闪”传唱雷锋精神活动，开展“踏着雷锋足迹，弘扬雷锋精神”大型主题采访……全景式、多角度宣传弘扬雷锋精神，辽宁省新时代学雷锋活动呈现新图景。

同时，辽宁首次利用互联网大数据手段对一个地区的雷锋文化资源进行整体扫描，《辽宁日报》精心策划融媒体项目《雷锋地图》，陆续推出六辑长卷特刊及系列新媒体产品，同时利用可视化手段生动再现雷锋的主要工作和生活经历，并深入阐释雷锋精神的深刻内涵。目前，《雷锋地图》项目产品已被包括抚顺市雷锋纪念馆在内的国内33家雷锋主题展陈场所收藏并展示，各种类融媒体产品全网阅读量逾百万次，100多家全国重要媒体以各种形式转载报道，在全国产生影响力。

牢记嘱托，奔跑追梦；传承接力，奋力前行。一个个新时代的雷锋传人，正把自己和辽宁振兴发展大业紧紧融合在一起。人人争做“活雷锋”，时时传播正能量。雷锋精神，已融入辽宁振兴发展的血脉。

第六章　弘　扬

2023年是毛泽东等老一辈革命家为雷锋同志题词60周年。60年来，中国经历了深刻的社会变革，雷锋不仅没有随时代的发展被淡忘，还从一个典型人物衍生为一种社会文化，成为社会主义中国的道德标志、精神标杆。雷锋精神始终是一面永不褪色的旗帜，是中华民族的宝贵精神财富。2023年2月，习近平总书记对深入开展学雷锋活动作出重要指示强调，60年来，学雷锋活动在全国持续深入开展，雷锋的名字家喻户晓，雷锋的事迹深入人心，雷锋精神滋养着一代代中华儿女的心灵。实践证明，无论时代如何变迁，雷锋精神永不过时。雷锋精神是从辽宁走遍全国、走向世界的。

一、雷锋精神从辽宁走遍全国

1．学雷锋活动在全国的兴起

1960年11月，沈阳军区工程兵政治部开展了“学雷锋、赶雷锋”运动；12月1日，沈阳军区《前进报》摘发了雷锋的15篇日记，这是雷锋日记首次公开发表，为各部队开展向雷锋同志学习提供了宝贵的材料。1962年8月15日，雷锋因公殉职。1963年1月7日，国防部批准命名雷锋生前所在部队运输连四班为“雷锋班”。

雷锋精神的提出和弘扬有一个历史的过程。

1963年2月初，《人民日报》《解放军报》《中国青年报》等报道了雷锋的事迹，同时摘发了雷锋的部分日记，《解放军报》还连续发了题为《像雷锋那样做毛主席的好战士》等三篇社论。毛泽东仔细阅读后，在一次谈话时对时任国务院副总理、中国人民解放军总参谋长的罗瑞卿说：“雷锋值得学习啊！向雷锋学习，也包括我自己，我也向雷锋学习。”2月9日，总政治部向全军发出通知，号召全军开展宣传和学习雷锋同志模范事迹活动。

2月15日，团中央也做出决定在全国青年中开展学习雷锋活动。《中国青年》杂志作为团中央的机关刊物，决定出一期学雷锋专辑，把宣传雷锋、学习雷锋的活动搞得更集中、更有深度和声势。为此，他们提出了请毛主席和周总理题词的设想，并向中央和毛泽东主席写了请示。

2月22日，毛泽东主席题写了“向雷锋同志学习”的著名题词。这个题词并不是秘书林克之前准备的十几个备选题词中的一个（如“学习雷锋同志全心全意为人民服务的思想”“学习雷锋同志毫不利己、专门利人的优良品德”“学习雷锋同志鲜明的阶级立场”等）。题完词，毛泽东对林克说：“学雷锋不只是学他哪一件好事，也不是学他某一方面的优点，而是要学他的好思想、好作风、好品德。学习雷锋长期一贯地做好事，而不做坏事，学习他一切从人民的利益出发，全心全意为人民服务的精神。”毛泽东在学习雷锋什么的问题上是有自己的深入思考的，号召全国人民学习雷锋精神的实质，即全心全意为人民服务的共产主义信仰。

1963年3月2日，《中国青年》雷锋专辑刊发了由毛泽东同志题写的“向雷锋同志学习”的题词。3月5日，《人民日报》等各大报纸都转载了这一题词，此后每年的3月5日就成为“学雷锋纪念日”。毛泽东同志赋予了雷锋精神丰富的内涵，强调要“学他的好思想、好作风、好品德；学习他长期一贯地做好事，而不做坏事；学习他一切从人民的利益出发，全心全意为人民服务的精神”。这指明了学习雷锋活动的实质与学雷锋的方向。

刘少奇、周恩来、朱德、邓小平等老一辈革命家纷纷题词。周恩来同志把雷锋精神概括为“憎爱分明的阶级立场，言行一致的革命精神，公而忘私的共产主义风格，奋不顾身的无产阶级斗志”。邓小平同志题词：“谁愿当一个真正的共产主义者，就应该向雷锋同志的品德和风格学习。”

毛泽东等老一辈革命家发表“向雷锋同志学习”题词，揭开了中国学雷锋活动的序幕，开启了一场影响新中国历史走向、塑造全新国民性格的伟大实践。60年过去了，学雷锋活动始终保持蓬勃兴盛的发展态势。毛泽东等老一辈革命家为雷锋题词所包含的内容，经受住历史和实践的检验，证明是科学性的认识，至今依然闪耀着真理的光芒。题词揭示了雷锋精神实质，指明雷锋精神研究和实践的方向。

题词揭示雷锋典型人物特征。刘少奇的题词“学习雷锋同志平凡而伟大的共产主义精神”，深刻揭示了雷锋的典型特征，强调“平凡而伟大”。平凡与伟大，在雷锋身上得到了完美的结合统一。从凡人小事中探寻和强调不寻常的价值。

题词概括雷锋精神实质、内涵。无论是刘少奇还是邓小平，他们的题词都指明雷锋精神实质是共产主义精神。后来，1965年8月30日中南海画册编辑委员会发表毛泽东“学习白求恩，学习雷锋，为人民服务”的手迹，指明雷锋精神的核心是全心全意为人民服务。周恩来的题词“向雷锋同志学习，憎爱分明的阶级立场，言行一致的革命精神，公而忘私的共产主义风格，奋不顾身的无产阶级斗志”，概括出雷锋精神的基本内涵。题词对雷锋精神全面、系统、准确、精辟地概括，经受住了历史的检验。尽管随着时代内容的变化，现今对雷锋精神内涵的表述有某些变化，但其基本精神都未超出伟人的题词框架。

题词定位雷锋精神实践的时代价值。邓小平的题词“谁愿意作一个共产主义者，谁就要向雷锋的品格学习”，透彻指明：学雷锋是一个自觉成长为共产主义者的自我提升过程，是向共产主义者高标准前进的自觉的实践过程。学雷锋根本就是要解决“怎样做人，为谁活着”。周恩来的题词，把“向雷锋同志学习”的号召，化为可操作的行动原则，赋予明确内涵，指明学雷锋的目标取向。

题词奠定雷锋精神研究基本理论框架。题词提出一系列新概念、新范畴、新规范。诸如“平凡而伟大”“憎爱分明的阶级立场”“言行一致的革命精神”“公而忘私的共产主义风格”“奋不顾身的无产阶级斗志”“螺丝钉精神”“干一行、爱一行、专一行”“钉子精神”等。在道德价值观上形成“甘做人民勤务员”“助人为乐”“无私奉献”等新规范。这些新概念、新范畴、新规范，为雷锋精神研究理论形态建构了新的话语体系。

题词是雷锋精神研究和实践的行动纲领。题词开启、指导了持续至今的全国范围的学雷锋活动，在中国社会产生极为深远的影响，鼓舞人们以更加饱满的热情投入社会主义建设，激励着无数有志青年成为坚定的共产主义者。

与此同时，《学习雷锋好榜样》的歌曲传唱大江南北，《雷锋日记》《雷锋故事》人人争相传看。雷锋所在部队班被国防部命名为“雷锋班”。在党中央的号召下，广大人民群众热烈响应、广泛参与，无论是农村还是城市，部队还是地方，从党员干部到普通群众，到处呈现出学习雷锋好榜样的大好景象。

由于毛泽东等党和国家领导人的积极倡导，学雷锋活动很快从军队向全国各行各业发展，迅速兴起了全国性学雷锋热潮。各大报刊以大量篇幅报道和宣传雷锋的先进事迹。当时的解放军总政治部和共青团中央联合举办的雷锋模范事迹展览，仅三个月就有来自全国各地的80多万人参观。在雷锋生前生活和工作过的地方，抚顺、长沙的雷锋纪念馆相继建成，开展文物保护和革命教育工作。从1961年到1966年，《雷锋日记》及其衍生出版物有50余种。以雷锋为题材的文艺作品有贺敬之的《雷锋之歌》、臧克家的《想一想生命的意义》等，以话剧、电影等形式呈现雷锋的事迹的作品不断出现，歌曲《学习雷锋好榜样》《接过雷锋的枪》《我们要做雷锋式的好少年》等广为传唱。这对广大人民群众，特别是党员干部和青少年进行了生动的理想信念教育和思想道德教育，雷锋鲜活、感人的光辉形象深入人心。各条战线上涌现出大批学习雷锋的模范人物和先进集体。雷锋精神激发了广大人民群众艰苦奋斗、战胜困难的信心，社会上形成了奋发图强、积极向上的精神风貌。

2. 学雷锋活动在全国蓬勃发展

学雷锋活动成为社会主义精神文明建设的重要组成部分。粉碎“四人帮”后，为实现党风和社会风气的根本好转，1977年3月5日，《人民日报》重新发表了1963年毛泽东、周恩来、朱德同志学习雷锋的题词，还发表了华国锋、叶剑英同志的题词。《人民日报》、《红旗》杂志、《解放军报》联合发表了社论《向雷锋同志学习》。1978年12月24日，首都青少年举行“学雷锋树新风活动日”，上百万名青少年开展多种形式的活动，由此揭开了学雷锋、树新风活动的序幕。

改革开放之初，学雷锋活动成为群众性精神文明创建活动的重要内容与载体。1980年3月5日，《人民日报》转发《中国青年报》社论《新长征需要千千万万新雷锋》，认为新长征路上“更需要雷锋那样憎爱分明、言行一致、公而忘私、奋不顾身的精神，也需要有雷锋那样刻苦钻研、勤奋学习、对业务精益求精的精神”。1981年2月，全国总工会、共青团中央等九家单位联合发出《关于开展文明礼貌活动的倡议》，“学雷锋、树新风”等活动纳入“五讲四美”为主要内容的文明礼貌活动。1983年继续开展“五讲四美三热爱”活动，组织群众特别是青少年开展“雷锋就在我身边”“争做80年代的雷锋”等活动，推动了学雷锋活动的广泛深入开展。

这一时期的雷锋精神已经成为雷锋和雷锋式的先进人物崇高思想和优秀品质的结晶，已经成为热爱祖国、热爱社会主义、热爱党，坚定共产主义信念，树立全心全意为人民服务的思想，发展人与人之间团结友爱互助的社会主义新型关系的象征。广泛开展“学雷锋做好事”“学雷锋见行动”等活动，各种“学雷锋小组”“为民服务队”等相继成立，亿万民众争相学雷锋，涌现出“军营里的好战士，校园里的好学员”张华、“80年代新雷锋”张海迪等学雷锋的模范和典型。学雷锋活动和精神文明建设紧密结合，对凝聚社会价值共识、推动社会道德建设起到了积极的推动作用。

学雷锋活动成为社会主义核心价值体系建设的有效载体。1989年7月，《中共中央关于加强宣传、思想工作的通知》发布，对如何加强和改进新形势下的思想政治工作作出指示，为深入开展学雷锋活动提供了指引。1990年3月，在毛泽东主席发出“向雷锋同志学习”的号召27周年纪念日，全国各大报刊刊登了江泽民等党和国家领导人号召向雷锋学习的题词。3月3日至5日，党中央在京召开全国学雷锋先进代表座谈会。1990年10月，江泽民同志在接见“雷锋团”干部战士时指出，雷锋精神的实质，是全心全意为人民服务，为了人民的事业无私奉献。这为新形势下推动雷锋精神深深扎根群众提供了指引。

20世纪90年代，学雷锋活动重点是“在岗位上体现出奉献精神”，表现为“岗位学雷锋，行业树新风”。全国各地、各条战线、各个岗位涌现了一批雷锋式的先进典型。援藏干部孔繁森、抗洪英雄李向群、勇斗歹徒的军人徐洪刚、水电维修工徐虎、售票员李素丽等，让人们见证了雷锋就在身边。随着志愿服务概念引入中国，志愿精神与“学雷锋做好事”契合，雷锋精神以志愿服务的形式延续和弘扬。1993年，共青团组织开展了“青年志愿者学雷锋奉献日”活动。2000年，共青团中央、中国青年志愿者协会将“中国青年志愿者服务日”定在3月5日。各种形式的志愿服务发展迅速，参与到扶弱助残、文化文艺、教育科技、卫生环保、法治宣传等各领域，成为推动现代化建设的重要力量。

这一阶段，党中央把学习雷锋精神作为弘扬社会主义核心价值体系的重要内容，采取措施推动学习活动常态化，进一步夯实学雷锋活动的群众基础。学雷锋活动强化价值引领和思想共识，着眼于公民思想道德素质和社会文明程度提升。2012年3月，中共中央办公厅印发《关于深入开展学雷锋活动的意见》，把雷锋精神概括为热爱党、热爱祖国、热爱社会主义的崇高理想和坚定信念，服务人民、助人为乐的奉献精神，干一行爱一行、专一行精一行的敬业精神，锐意进取、自强不息的创新精神，艰苦奋斗、勤俭节约的创业精神。鞍钢职工郭明义是这一时期学习践行雷锋精神的优秀代表，被授予“当代雷锋”称号。社会上广泛掀起“跟着郭明义学雷锋”的热潮。

书写新时代的雷锋故事。党的十八大以来，习近平总书记对雷锋精神高度重视，多次就弘扬雷锋精神发表重要讲话、作出重要论述，强调“雷锋是时代的楷模，雷锋精神是永恒的”。新时代从构建国民崇德向善的价值体系、铸造中国精神等视角，加强了学雷锋活动的顶层设计，推动学雷锋活动常态化、志愿服务制度化建设。

党的十八大报告强调“深化群众性精神文明创建活动，广泛开展志愿服务，推动学雷锋活动、学习宣传道德模范常态化”。2014年，中央文明委发布《关于推进志愿服务制度化的意见》，要求加强志愿服务领导，建立健全志愿服务制度，积极搭建志愿服务活动平台，不断拓展志愿服务领域，扩大覆盖面，同时对志愿者进行相关知识和技能培训，提高服务意识、服务能力和服务水平。2016年，《关于公共文化设施开展学雷锋志愿服务的实施意见》发布，深入推进公共图书馆、博物馆、文化馆、美术馆、科技馆和革命纪念馆等公共文化设施学雷锋志愿服务，重点在社会教育、专业服务、辅助管理三个方面发挥作用。

大力发挥榜样的示范引领作用。从2015年开始，中宣部每年向社会公布50个全国学雷锋活动示范点和50名全国岗位学雷锋标兵，覆盖了各行各业、各个领域、各条战线。同年起，每年开展一次推选学雷锋志愿服务“100个最美志愿者、100个最佳志愿服务组织、100个最佳志愿服务项目和100个最美志愿服务社区”的“四个100”先进典型活动，作为大力弘扬志愿精神、培育中国特色志愿文化、推进学雷锋志愿服务制度化常态化的重要举措，推荐群众认可的典型，让人们真切感到典型就在身边、榜样就在眼前，进一步彰显了服务他人、奉献社会的鲜明价值导向，在全社会发挥了模范传承雷锋精神、带头践行社会主义核心价值观的示范引领作用。

学雷锋志愿服务蓬勃发展。学雷锋志愿服务是社会文明进步的重要标志，是我国经济社会步入高质量发展阶段的必然要求，是提高人们思想道德素质、提升社会治理水平的必然体现。党的十八大以来，以习近平同志为核心的党中央高度重视学雷锋志愿服务，习近平总书记亲切关心、亲自指导，在许多重要会议、重要场合对志愿服务工作作出一系列重要指示批示，把志愿服务上升到前所未有的高度，给志愿者以极大鼓舞和鞭策，为推进中国特色志愿服务事业发展提供了根本指引、注入了强大动力。各地各有关部门认真学习贯彻习近平总书记重要指示精神，着力推进志愿服务制度化常态化，推动形成全社会崇尚志愿精神、热心志愿服务的良好风尚，中国特色志愿服务开创了崭新局面，呈现出蓬勃发展的喜人态势。

全民踊跃参与、众志同心的凝聚力不断增强。志愿精神广为弘扬、深入人心，全社会参与志愿服务的热情不断高涨，越来越多的各行各业人士投身到这一高尚事业中来。截至2020年底，全国实名注册志愿者人数超过1.9亿人；各类志愿服务队伍不断壮大，数以亿计的青年志愿者用青春热血报效祖国，35万支巾帼志愿服务队和2300多万巾帼志愿者为千家万户点亮美好生活，文化、文艺、科技、医疗、环保等志愿队伍各尽所能、各展所长，汇聚起推进志愿服务事业发展的强大力量。

增进民生福祉、服务大局的能力进一步提升。广大志愿者、志愿服务组织千方百计为百姓解难、为党和政府分忧，在脱贫攻坚战场、乡村振兴现场、美丽中国建设一线挥洒汗水，在一系列国家盛典盛会、重大赛会中展现风采。志愿服务领域越来越广泛，已经渗透到经济、社会、文化、生态文明建设方方面面，在决胜全面建成小康社会进程中发挥了重要作用，成为新时代推进社会主义现代化建设、提升社会文明程度不可忽视的新兴力量。

担当急难重任、发挥特殊作用的战斗力更加强劲。每当关键时候、紧要关头，广大志愿者、志愿服务组织冲锋在前、迎难而上，为应对艰险挑战、战胜各类灾害、维护人民利益作出了特殊重要贡献。在2020年以来的新冠疫情防控斗争中，广大志愿者不惧风险、真诚奉献，积极参与防疫宣传、排查治理、综合保障、心理抚慰等服务，以生命赴使命、用挚爱护苍生，筑起抗击疫情的坚强防线，成为扶危解困、温暖心灵的最美逆行者。志愿服务在担当重任中大显身手，展示了我们党动员群众、组织群众、凝聚群众的强大力量，展现了中国人民团结一心、众志成城的精神风貌，成为启航新征程、奋进新时代的最美风景。

涵育主流价值、培育文明新风的引领力不断提升。广大志愿者自觉做文明的播种者、传道者，在服务他人、奉献社会中坚定理想信念，厚植家国情怀，涵育道德情操，影响带动更多人感悟认同主流价值、主流文化，追求实现崇高的人生目标。志愿服务传承中华传统美德，弘扬奉献、友爱、互助、进步的精神理念，培育良好家风、淳朴民风、文明社风，成为社会主义核心价值观的生动实践，充分彰显了中国价值、中国力量、中国精神。

仅以全国第八批全国学雷锋活动示范点和岗位学雷锋标兵为例。2023年是毛泽东等老一辈革命家为雷锋同志题词60周年，中宣部命名并公布了第八批全国学雷锋活动示范点和岗位学雷锋标兵。

他们来自各行各业、各个领域、各条战线，他们正在以实际行动书写着新时代的雷锋故事。

服务人民，奉献社会。“您好，欢迎乘车。”赵芳辉是河北省承德公交集团的一名公交驾驶员，她所在的7路全称为“全国巾帼文明线路7路”。这条线路担负着承德市区主要客运任务，是承德公交所有运营线路中发车最早、收车最晚的线路，驾驶员全部为女员工，是承德一条响当当的特色品牌线路。

作为一名“城市摆渡人”，赵芳辉和同事们把为群众提供无微不至的出行服务作为工作准则，总结凝练出“专心、细心、诚心、热心、爱心”的“五心”服务经验，累计安全行驶8000余万公里，运送乘客1.4亿多人次，长期保持着“安全运营零事故、优质服务零投诉”的突出业绩。

工作之外，赵芳辉和同事常年一起资助贫困家庭学生完成学业，定期到敬老院看望孤寡老人，深入社区、校园宣传安全文明乘车知识，每年平均组织各类学雷锋活动60多次，用自身的实际行动传承和弘扬着雷锋精神。

许海平是湖南省衡阳市环境卫生事务中心垃圾运输中心副主任。“他就是个闲不住的人。”周围人谈起他时总是这样评价。

2009年，新的垃圾中转站投入使用，许海平连续3个多月加班研究，做到常见故障“手到病除”。2012年7月，1号设备液压部分故障，他带领两名修理工在60多摄氏度的机房里拆装溢流阀、更换滤芯，一待就是3个小时。他还积极推行技术革新，推动部分设备零部件国产化，为单位节约经费10万余元。

每天至少两次设备巡查、排查安全隐患达100余次……十几年来，许海平所在的转运站没有一次因设备故障影响生产，他真正做到了干一行、爱一行、精一行，把最优质的服务奉献给社会。

暖心帮扶，大爱常驻。15把剃刀，是他义务理发50余年的见证；数本小册子，是他用心服务人民的成果……山西省太原选煤厂退休职工辛来保自掏腰包购买全套理发设备，带头参加社区红帽子义务理发队，每月两次定时定点为老人们服务，还将社区内行动不便的老弱病残等特殊人群全部登记在册，主动上门服务。

除了义务理发，他还经常义务为逝者服务，让他们体面地走完最后一程。40多年来，他带着二级残障的儿子一起捡拾生活区的垃圾，尽其所能为社区清洁环境作贡献。有人夸他说，像他这样的好人能活100岁。他听后笑道：“托大家的福，如果我能活到100岁，我一定给大家服务到100岁。”

在这次公布的名单中，还有这样一个群体——常州日报社《周末关爱》栏目组。

2007年春节前，常州日报社特别策划了《新年圆梦》栏目，连续10天刊出100个贫困家庭的困境和心愿，引发社会强烈反响。很快，这些心愿全部实现。

新春过后，《新年圆梦》变身《周末关爱》，每周五用两个整版的篇幅讲述常州市10户困难家庭的“微心愿”，让全社会听见他们的声音、了解他们的诉求、帮助他们的生活、解决他们的难题。

“这个恩情我们永远记得！”杨长武是勤业新村一社区居民。2014年，他的儿子患上了尿毒症，高昂的医疗费用令一家人焦心不已。《周末关爱》报道后，一周内便帮他筹措善款8万元，使手术得以顺利进行。

16年来，栏目组先后走进2500多个社区、3万多个困难家庭，帮助困难群众超10万人，累计金额1500多万元，吸引并带动了500多个单位团体和2万余名爱心个人参与到学雷锋行动中来，助力解决百姓急难愁盼的问题。

不畏艰险，保家卫国。在安徽省大别山腹地，一条难度堪比蜀道的邮路，是中国邮政集团有限公司安徽省太湖县分公司北中邮政支局投递员吴义阳走了20多年的老路。这条路直线最远不过15公里，可单趟环程却要走108公里。吴义阳要耗费7个半小时，才能将每天300余件的邮件包裹送至村民手中。

在这山高水深的土路上，他始终不畏艰险，践行着“人民邮政为人民”的服务宗旨，利用邮递车同时“兼职”宣传好党的政策声音，积极协助普及森林防火等知识，还无偿帮助十多名孤儿与贫困孩子订阅报纸杂志，为孤寡老人和留守儿童提供无私帮助。他的足迹遍布这条邮路的村村户户，被村民亲切地称为“桐山鸿雁”。

而在中哈边境的阿拉套山深处，有一群“哨所白杨”几十年如一日地坚守在这里。1962年，新疆生产建设兵团第五师八十八团卡昝河边防民兵哨所成立。60年来，他们累计巡逻100多万公里，阻止偷越边境事件近10次，阻止非法出入境人员十余人。

保护好祖国的每一寸土地，更守护好人民的每一份安宁。2022年，哨所累计帮助群众解决各类困难60余件次，为牧民运送生活物资近30次，救助困难牧民10余次。依托四代哨所阵地，开展国防教育近百场次，覆盖1000余人次。哨所卫生员每月定期为牧民开展义诊，累计问诊治疗600余人次。数字背后，是实打实的助民惠民成果；迷彩衣下，是以身护国的雄心壮志。

“如果你是一滴水，你是否滋润了一寸土地？如果你是一线阳光，你是否照亮了一分黑暗？如果你是一颗粮食，你是否哺育了有用的生命？如果你是一颗最小的螺丝钉，你是否永远坚守在你生活的岗位上……”雷锋曾在日记本上写下的这段话，展现了一个共产主义战士的远大理想，跃动着蓬勃不息的时代脉搏，激励着无数中华儿女以实际行动书写新时代的雷锋故事。

现在，全面建设社会主义现代化国家的新征程已经开启。立足新发展阶段、贯彻新发展理念、构建新发展格局，需要物质生活的富足、精神世界的充盈、环境秩序的优美、人际关系的和谐。志愿服务作为群众性道德实践活动，有利于培养人们良好行为习惯，优化生产生活方式，在更广领域、更高层次提升人的劳动社会价值，促进人的全面发展。我们要积极顺应社会主义现代化的历史潮流和时代要求，深刻把握志愿服务的地位作用、使命任务、发展趋势，坚持以人民为中心的工作导向，着力构建中国特色志愿服务体系，以更主动的作为、更有效的举措，推动学雷锋志愿服务事业实现更大发展，为团结凝聚亿万群众追求美好生活、实现奋斗目标作出新的更大贡献。

雷锋精神产生于社会主义建设的火热实践中，符合时代进步的潮流；雷锋精神与我们党全心全意为人民服务的根本宗旨相一致，体现了共产党员的特殊品格；雷锋精神继承了中华民族几千年的优良传统，体现了伟大的民族精神。纵观60年来的发展历程，学雷锋活动蓬勃开展、持续深入，雷锋精神赓续传承、历久弥新，根本就在于能够紧随时代需要、解决时代问题、促进时代发展，是引领文明道德风尚、促进社会发展进步的重要精神力量和传播崇高道德理念、提升公民道德水平的重要载体。历史告诉我们，无论时代如何变迁，雷锋精神永不过时。

二、雷锋精神从这里走向世界

1. 雷锋精神的国际特征

雷锋作为一个自然人，是中国的。不过，当雷锋成为一种文化符号的时候，成为人类共同倡导的一种价值观和良好风尚时，就不仅仅是一个人，而是一种精神载体。从这个意义上讲，“雷锋是世界的”。雷锋精神符合人类文明发展的规律与趋势，具有历史的穿透力和震撼力，理应成为新时代人类共有的价值追求和世界通用语言。我们要将包括“雷锋精神”在内的中国道路、理论、制度、文化表述“国际化”，以一套国际社会能听得懂的案例体系和故事来阐释好，增强中国故事和雷锋故事的亲和力、感染力、影响力。雷锋精神已经成为全人类努力学习和实践的精神，每一个民族和国家都在寻找和培养更多的雷锋。

将人生理想与国家发展融为一体。人生理想，是一个人的行动引领和精神支柱，标志着一个人的奋斗目标、价值追求和精神动力，是思想境界和道德情操的集中体现。马克思指出：“只有在共同体中，个人才能获得全面发展其才能的手段，也就是说，只有在共同体中才可能有个人自由。”强调共产党员必须以整个阶级的利益为重，阐释了个人与整体的辩证关系。2018年5月2日，习近平总书记在北京大学师生座谈会上讲话指出：“爱国，是人世间最深层、最持久的情感，是一个人立德之源、立功之本。爱国，不能停留在口号上，而是要把自己的理想同祖国的前途、把自己的人生同民族的命运紧密联系在一起，扎根人民，奉献国家。”党和国家为雷锋的成长创造了环境和舞台，新旧社会的强烈对比使他感受到中国共产党的伟大，他决心将自己的一生奉献给党和国家与事业。雷锋的爱不是对一人一家的小爱，而是对国家和人民的大爱，能够“为了全人类的自由、解放、幸福，哪怕高山、大海、巨川，为了党和人民的事业，就是入火海刀山，我甘心情愿，头断骨粉，身红心赤，永远不变”。雷锋在日记中用“一滴水与大海”“大河与小河”“细胞和身体”“孤舟和破冰船”“螺丝钉和机器”等非常形象的比喻，说明了个人与整体之间的关系，例如：“一滴水只有放进大海里才能永远不干；一个人只有当他把自己和集体事业融合在一起的时候才能有力量。”“一个人的作用，对于革命事业来说，就如一架机器上的一颗螺丝钉，有螺丝钉的链接和固定，机器才能成为一个坚实的整体，才能够运转自如。同样，再好的螺丝钉，再精密的齿轮，它若离开了机器这个整体，也不免要当作废料扔到仓库里去的。”

在新的时代，全世界各国人民都应该将个人的人生理想与国家的发展融于一体。就是要像雷锋一样，秉承家国情怀和赤子之心，刻苦钻研，实干担当，在为国家作出贡献的同时实现个人的人生价值。

让“利他精神”融入点滴生活。雷锋在成长的道路上得到了很多人的帮助，这让雷锋对父老乡亲有着天然的热爱，他对待乡亲犹如对待自己的亲人一样。在党的培养与教育下，雷锋在参加工作后更是把全心全意为人民服务作为自己的人生信条和准则，时刻把人民的利益放在首位。他真正做到了把有限的生命投入到了无限的为人民服务当中，创造了人生的最大价值。他在生活中毫不计较个人得失，乐于助人、甘于奉献，照顾生病的战友、主动帮助他人劳动等等行为，都是雷锋利他精神的点滴凝聚，这种毫不利己、专门利人、忘我奉献的高尚品质，体现了中华民族的传统美德。他在自己有限的生命中，把光和热都最大限度地传递给了人民。雷锋在日记中写道：“人民的困难，就是我的困难。帮助人民克服困难，贡献自己的一点力量，是我应尽的责任。我是主人，是广大劳苦大众当中的一员，我能帮助人民克服一点困难，是最幸福的。”“我觉得一个人革命者活着就应该把毕生精力和整个生命为人类解放事业——共产主义全部献出。

我活着只有一个目的，就是做一个对人民有用的人。当祖国和人民处在最危急的关头，我就挺身而出，不怕牺牲。生为人民生，死为人民死。”雷锋的这种以服务人民、把人民的利益放在首位、乐于帮助他们的优秀品质，践行了全心全意为人民服务的宗旨，在无限的为人民服务之中实现了个人的人生价值，完美地诠释了“利他精神”，是值得传承后世的永久的宝贵的精神财富。雷锋的“以人为本”的人文关怀精神，体现在他人有困难、需要帮助的时候，他总是及时伸出援助之手。雷锋用自己的实际行动帮助他人、感染他人、带动他人，这种奉献精神、服务意识贯穿他的人生大量活动，拓宽了雷锋生命价值的宽度，延展了人生价值的长度。雷锋的人生价值目标是追求幸福，而他的所作所为恰恰达到了他的预期目标，实现了个人的幸福和他人的幸福，利己又利他，实现了动机与效果的完美契合。

苏格兰历史学家托·卡莱尔有句名言：“全人类对英模的崇拜昨天有，今天有，将来也一定有。”美国亚利桑那州立大学国际战略研究院副教务长丹尼斯·西蒙教授说，雷锋精神让我们不再贪图个人财富的积累，而是告诉我们奉献和真诚的价值超越一切物质利益。

在奋斗中追求美好生活。梦想不经奋斗不会实现，蓝图不经奋斗也不会成为现实。正如马克思所讲：“历史承认那些为共同目标劳动因而自己变得高尚的人是伟大人物，经验赞美那些为大多数人带来幸福的人是最幸福的人。”回首我们党的历史，可以看到，这就是一部为着民族独立、人民解放、国家富强、人民幸福而顽强奋斗、接续奋斗的光辉历程。“中华民族伟大复兴，绝不是轻轻松松、敲锣打鼓能实现的。全党必须准备付出更为艰巨、更为艰苦的努力。只有始终保持奋斗精神，民族复兴的伟大梦想才有实现的可能。”习近平总书记指出：“新时代是奋斗者的时代。我们要坚持把人民对美好生活的向往作为我们的奋斗目标，始终为人民不懈奋斗、同人民一起奋斗，切实把奋斗精神贯彻到进行伟大斗争、建设伟大工程、推进伟大事业、实现伟大梦想全过程，形成竞相奋斗、团结奋斗的生动局面。”

奋斗者是精神最为富足的人，也是最懂得幸福、最享受幸福的人。雷锋在日常的工作和生活中一直保持着不懈奋斗的优良作风。“青春啊！永远是美好的，可是真正的青春，只属于这些永远力争上游的人，永远忘我劳动的人，永远谦虚谨慎的人。”这种精神是雷锋精神的重要组成部分，这种精神是根植于他的血液当中的。雷锋一生把奋斗当作快乐，当作幸福，“以对待工作要像夏天一样的火热”满腔热情地投入到每一项工作中。

雷锋精神是构建人类命运共同体中的精神推动力。习近平总书记高瞻远瞩，提出了“构建人类命运共同体”的科学论断，并在党的二十大报告中指出：“构建人类命运共同体是世界各国人民前途所在”“中国共产党是为中国人民谋幸福、为中华民族谋复兴的党，也是为人类谋进步、为世界谋大同的党”。雷锋精神就是我们党实现这“四谋”、构建人类命运共同体的强大精神动力。雷锋精神属于中国，也属于全人类。雷锋心里装着中国人民，也装着世界人民。他早在高小毕业典礼上，就发出做“人类英雄”的誓言。他在思考人生价值时就提出“你既然活着，你又是否为未来的人类生活付出你的劳动，使世界一天天变得更美丽”这样庄重的人生思考。他在入党当天的日记中又写下了庄严的承诺：“为了全人类的自由、解放、幸福，哪怕高山、大海、巨川！”他反复自我激励，把青春献给世界上最壮丽的事业，为人类解放而斗争，为人类最美好幸福的生活而斗争。雷锋把为中国人民事业的奋斗与为人类事业的奋斗紧紧地联系在一起。雷锋精神既体现了他个人的崇高理想信念和道德品质，又彰显了中国先进文化的巨大魅力和影响力。雷锋的人生价值观具有人类向往美好未来的共性和人类对文明发展的不懈追求。

2．雷锋精神超越国界，走出国门，走向世界

雷锋精神何以成为世界性的现象？马克思说：“人类生存于各种社会

关系之中，正是通过为他人的服务，才真正体现自身的价值。社会越向现代化发展，对人的这种要求就越强烈。”在当今物欲横流、弱肉强食的世界，雷锋精神体现了人类社会这一“强烈要求”。贯穿雷锋精神的一条红线，就是做人做事，做好人，做自己活着让别人活得更好的人；做事，做只求为他人奉献，不图回报的好事。在他那里，没有功利的驱使，没有虚伪的面具，完全由价值观使然。这种崇高的境界，铸就了他在道德领域的感召力。人类社会无论物质财富多么丰富，无论现代科技怎样发达，无论人们的生存方式怎样改变，但其中的社会道德、人格价值和社会的文明内核是不变的，做个好人都是人们向往和追求的，这是雷锋精神成为世界性文化现象并广为流传的根本原因。

六位西点军校的军人专程到抚顺参观雷锋纪念馆，他们说“雷锋精神体现军魂”，参观前特意换上军装，以示尊重和敬意。

一位在长沙任教的美国女教师参观了雷锋纪念馆后，用中文在留言簿上写下了“雷锋属于世界”的文字。

在瑞典首都斯德哥尔摩的街头，经常会出现穿着印有雷锋头像T恤衫的青年，他们会热情地帮助别人。

泰国政府曾经专门印发了《雷锋》小册子，号召国民学习“雷锋精神”，为国家、社会多做有益的事。

在雷锋的故乡长沙，活跃着300多名“洋雷锋”……

雷锋精神以正确选择道德行为，履行社会义务和责任，助人为乐，扬善抑恶，追求真善美的人格为最基本的特征，这些反映中华文化精髓的既深邃而又平淡的内涵，无疑具有世界意义。它是一种超越畛域、宗教、国家和民族的文化软力量，它所内含的大爱和真诚，像阳光一样成为人类永恒的需要。

“老外”们也学习雷锋好榜样。在意大利裔美国人马可的衣柜里，至今保留着一件印有一个鲜红色人物头像的T恤，那是2010年圣诞节回国休假时，中国同学送给他的礼物。这张肖像图是雷锋，也正是从那时起，马可对雷锋产生了兴趣。

60年来，随着雷锋事迹被传播得越来越广，学习雷锋的主体也不再仅仅是中国人。

雷锋纪念馆馆长的访美之旅。国外对雷锋和雷锋精神了解多少？2002年8月，时任抚顺雷锋纪念馆馆长的张淑芬带着类似的疑问踏上了访美之旅。后来她回忆说，这也是担任馆长的16年间，她唯一一次出国调研。张淑芬和同事一路上都比较兴奋，他们甚至在飞机上就和邻座的外国人交流："知不知道雷锋？"飞机降落后，他们就在机场附近仔细观察，看美国当地所卖的纪念品上是否会有雷锋画像。"总之，我们当时对能接触到的地方和人物都尽量去了解，看雷锋的知名度到底如何。"张淑芬告诉《国际先驱导报》。令她欣慰的是，不少美国人表示"知道雷锋"。张淑芬还把随身携带的雷锋图像资料拿给一些美国人看，他们很高兴。

在同年9月，当雷锋纪念馆馆长的美国之行被中国媒体报道后，中国驻美大使馆原秘书田志芳向雷锋纪念馆寄来了自己珍藏了16年的西点军校招生简章。在这份20世纪80年代印制的简章内页，印有雷锋画像。这是田志芳1984年至1985年间两次到美国西点军校参观时收集的。

1993年，中国记者马平应美国政府新闻总署邀请赴美考察采访。在美国国防部访问时，他曾在一位官员的办公室里看到了雷锋的画像。当时他问为什么要挂雷锋画像？这位官员表示，自己很崇尚雷锋精神，无论中国军人还是美国军人，都应该具备军人应有的牺牲奉献精神。

"洋雷锋"在华做好事。雷锋有名言"做一颗小小的螺丝钉"。如今，念得出"螺丝钉"三个字的外国人并不多，但并不妨碍他们在中国"学雷锋、做好事"。2005年2月27日，一个由30多名外国人组成的"老外学雷锋"车队，在长春市重庆路恒客隆超市门前，免费邀请近百名购物后的市民坐上了由他们驾驶的私家车回家。据报道，这些外国人听说了中国雷锋的故事后，都对雷锋很崇拜，在中国快乐地当起了"义工"。

2007年3月9日，一群金发碧眼的外国人，个个头戴一顶写着"西湖社区青年志愿者”的小红帽，在湖南长沙西湖社区义务组织当地居民为贫困地区孩子捐献物资。而且，他们还定期去长沙市盲聋哑学校和湖南省残疾人康复中心，帮助残疾人进行听力和口语的恢复训练。

2009年，10名来自美国、英国、俄罗斯、喀麦隆等国家的外国人，正式加入了抚顺市志愿者的行列，成为辽宁第一支外籍志愿者团队……

这群活跃在中国各地的外国人说，他们都以雷锋为偶像。德国人康明德还特意买了本关于雷锋的书，感动之余用德文写了一篇文章向德国儿童介绍雷锋的事迹。他表示，雷锋做了很多好事，应该让更多人知道。

外资公司推崇“雷锋精神”。雷锋精神不仅被在华外国人学习和推崇，更有外资企业集体“学雷锋”，一时传为美谈。日本独资的大连原田工业有限公司已经开展了超过20年的“学雷锋”活动。该公司的日方总经理表示，雷锋精神是世界上宝贵的财富，如果能把雷锋精神引入原田公司，无疑会改变员工的精神面貌，增强企业的凝聚力和创造力。为此，原田公司决定以建立“雷锋卡”制度的形式，奖励那些在工作中尽职尽责、助人为乐、思想道德品质优秀的员工。该公司青年女工魏莉从农村到外企工作后，勤奋努力，成为操作技术最好的女工能手之一，几年时间里她连续获得5枚“雷锋卡”，按规定，她被派往日本进修深造；公司司机周永新因救助车祸伤者而得到“雷锋卡”；还有员工因主动在走廊渗水的花盆下放一个小盘也得到了“雷锋卡”……

“在我们生活的这个时代，把雷锋作为榜样让人学习很有必要。”在长沙当义工照料孤残儿童的英国人杰夫·希尔对雷锋精神深有感触。他用雷锋的一句话总结自己的行为：“这是我应该做的。”

“感谢你们对一个中国好人如此怀念！”这是2004年4月，德国人彼特在参观了抚顺雷锋纪念馆后的留言。“一个中国好人”，这是对雷锋最准确也最简洁的描述，更是外国人了解雷锋、感知雷锋精神后的最直接表达。释放内心的善念，做一个好人，正在成为新时代中国民众的呼唤和自觉行动。雷锋精神无国界。在世界范围内，雷锋的事迹亦感动了无数来自国外的参观者，那些了解雷锋事迹的人，有的将雷锋的故事传播到世界，有的则在平时的生活中以身作则地践行着“学习雷锋”的承诺……

走进雷锋纪念馆的外国游客。外国友人对雷锋7岁便成孤儿非常同情，他们参观纪念馆时往往“特别仔细，甚至对中文书写的《雷锋日记》都要研究一阵子”，有些人还很“较真儿”地提出了一些问题，想更多地了解雷锋。“那个年轻士兵”的吸引力在哪里？穿着棉布军装、戴着“大耳朵”的棉帽子、端着机枪——这个年轻人到底是谁？英国人欧伦刚到中国时常常在艺术品上、T恤衫上见到这个形象。后来从同事口中，欧伦获知，这个青年人是中国拥有个人纪念馆最多的人，他叫“雷锋”。于是，一到抚顺，欧伦第一站就奔向了雷锋纪念馆。同样来自美国的乔书华刚到中国不满7个月就两次走进雷锋纪念馆。他说，早在美国的时候，他就已经知道雷锋，老师讲授政治和历史课程时曾经提到过这位中国英雄。在他的印象里，雷锋是个时刻都准备着帮助他人的好人。在抚顺，只要有空闲，他就会到雷锋纪念馆，认真了解雷锋的故事。

留言簿里传递的雷锋情结。如今，抚顺雷锋纪念馆的留言簿上，已经写满了各个国家游客留下的文字，展现着他们对雷锋事迹的敬慕和对雷锋精神的崇拜。“他的一生是短暂的，但他的贡献是无限的。我很高兴有机会学习到雷锋的一生，我将永远记住这次参观，并尝试宣扬雷锋思想。”美国人玛丽·罗基尔2005年9月22日留言道。英国人轶悟2004年3月16日留言说，“他的生命很短暂，但他无私为人民服务的精神给我留下了深刻的印象”。朝日新闻中国总局铃木晓参也有相似感慨，他于1999年3月23日写道：“雷锋是一位不平凡的人。”外国游客们认为，雷锋精神没有国界。澳大利亚外宾苏珊·兰厄姆1999年7月19日留言道：“世界和平需要像雷锋一样无私的人。”2004年6月23日，一位名叫布莱德·威廉姆斯的美国学生在留言簿上表示：“雷锋的一言一行都体现出为人民服务的精神。他不仅是中国人民的英雄，也是世界所有向往美好生活的人们心中的英雄。”同年9月，来纪念馆参观的欧盟代表团一位代表这样写道：

“这里所体现的毫不利己，关心他人，关心最贫困和最穷苦人的精神，对全人类都有指导意义。让我们一起共同建立一个更为公正、更为安定的世界。”

宣传雷锋精神的罗杰斯。罗杰斯是美国人，他无偿翻译了《雷锋日记》的精华部分赠送给抚顺雷锋纪念馆，并在生活中勤于助人，被周围群众称为“洋雷锋”。就这样，从认知到认同，再到实践，雷锋纪念馆启发和感染着前来参观的中外游客。罗杰斯曾任辽宁省锦州市商业银行国际部经理助理。2005年8月，他首次踏上中国土地，因“雷夫”被误读为“雷锋”，从此便和这位中国英模结缘。罗杰斯以“雷锋精神”激励自己，曾慰问儿童医院的脑瘫患儿，援救在海外遇到困难的中国留学生，力所能及地帮助他人。他曾荣获辽宁省“雷锋奖章”。工作之余，他将《雷锋日记》翻译成英文，并自费印刷若干份送给在美国的朋友。

走出去传播雷锋精神。杭州雷锋纪念馆馆长马水泉在中国驻美国大使馆原一秘田志芳的帮助下，先后三次自费到美国，两次进西点军校考察，亲自见证了西点军校招生简章上印有雷锋照片和汉语教研室曾悬挂过雷锋画像，并向西点军校赠送雷锋纪念章和雷锋书籍。他还把雷锋照片摆放在好莱坞热闹的场地，向观众讲述雷锋的故事。他还利用到德国参加世界农副产品展览会的机会，把大量雷锋照片、纪念章和书籍及各种宣传品赠送给外国友人，宣传雷锋精神。20世纪70年代，雷锋生前所在团在老挝建立了第一个海外雷锋纪念馆，全面介绍雷锋的事迹，展现雷锋精神，三年多时间接待两万多人参观。2002年，雷锋生前所在团派遣223名官兵赴非洲利比里亚参加联合国维和行动，在驻地创办了雷锋纪念馆。利比里亚外长在中国大使的陪同下参观展览。除当地群众参观，还有国际红十字会、埃塞俄比亚、爱尔兰、孟加拉国等人员参观，把雷锋精神传播在非洲大地。2020年，雷锋生前所在部队又派出100多名官兵远赴西非马里执行国际维和任务。其间，他们在异国他乡办起了雷锋精神展览馆，建立了雷锋服务队，向当地群众传播雷锋精神。据有关资料证实，《雷锋日记》和《雷锋故事》等书籍已经用英、法、日等20多种文字翻译出版，先后在70多个国家传播。

3. 让雷锋文化走向世界

雷锋，用他22个生命年轮，影响了无数中国人的心灵世界，塑造出承载着一代代人理想信念的精神丰碑。在新时代里，雷锋精神已走向世界，成了“助人为乐”的代名词，并默默地在世界的每一个角落播撒着温暖和感动。我们说雷锋精神形成于中国共产党领导的革命和建设时期，充分体现着共产党全心全意为人民服务的社会主义核心价值观。但雷锋文化又具备穿越国家和民族的能力，对这个世界来讲具有共同价值，我们要积极推进雷锋文化走向世界。

让雷锋文化走向世界，对提升雷锋文化在国际上的地位，推进雷锋精神更多、更快、更好地在全世界的传播，扩大雷锋文化在全世界范围内的认同感和影响力，增进我国与各国的文化交流，增强中国特色社会主义文化的自觉与自信，都有着现实意义和长远意义。

弘扬雷锋文化，推进价值认同。习近平总书记指出：“文明因交流而多彩，文明因互鉴而丰富。”雷锋文化不仅是中国人民宝贵的精神财富，更是人类文明中的一朵绚丽奇葩，其影响、贡献和价值是永恒的。因此，雷锋文化不仅属于中国，也属于世界；不仅属于民族，也属于全人类；不仅属于现代，也属于未来。我们应努力将包括雷锋精神在内的中国道路、理论、制度、文化表述国际化，以一套国际社会能听得懂的案例体系和故事来阐释好，增强雷锋故事的亲和力、感染力和影响力。尽管各国历史文化不同、发展水平各异、利益诉求多元，但我们需要真诚相待、坦诚相见，尊重各自的道路选择，尊重各自资源禀赋差异，求同存异、求同化异，通过梳理雷锋文化的形成脉络、丰富内涵和世界影响，用雷锋文化推进价值认同，使其成为一个人文社会科学的理论学科。

弘扬雷锋文化，激发合作共赢。习近平总书记指出：“不同文明要取长补短、共同进步，让文明交流互鉴成为推动人类社会进步的动力、维护世界和平的纽带。”新时代坚持和发展中国特色社会主义的实践要求需要雷锋文化，雷锋文化对于全面建成社会主义现代化强国和实现民族复兴伟大梦想具有重要的实践价值。同时雷锋文化以团结友爱、与人为善的核心意旨映现着世界和平与发展的时代主题，助推着和平发展、合作共赢的时代潮流。今天，在世界范围内还存在着单边主义、狭隘民族主义意识和行为与本质上是多元共生、相互依存的全球化现实的矛盾冲突，雷锋文化与中国坚持和平发展道路、推动构建人类命运共同体的国际主张内在契合，顺应时代的实践要求，为各民族、国家的共同发展提供了契合时代精神气质的规范、目标和动力。

弘扬雷锋文化，铸牢大爱情怀。习近平总书记指出：“对人类社会创造的各种文明，都应该积极吸纳其有益成分，把跨越时空、跨越国度、富有永恒魅力、具有当代价值的优秀文化精神弘扬起来。”爱是人类共同的语言，而雷锋精神的核心内容之一就是大爱。雷锋文化体现的是人之为人所应该具有的最基本、最质朴、最真实的人性之美，是人类社会不断奔向真善美境界的必然。只要人类社会崇尚真善美，就需要雷锋这样的人，就需要雷锋文化的引领。习近平总书记在亚洲文明对话大会开幕式上发表的主旨演讲中指出：“一切美好的事物都是相通的。人们对美好事物的向往，是任何力量都无法阻挡的。”雷锋文化的人性之美符合人类文明发展的规律与趋势，具有历史的穿透力和震撼力，理应成为新时代世界通用语言。

弘扬雷锋文化，共享最新成果。习近平总书记指出：“我们要积极架设不同文明互学互鉴的桥梁，形成多元互动的文明交流格局。”可以让来自世界范围内的相关国家的专家交流雷锋文化的新成果，这既是传承精神、弘扬文化，也是文化交流、文明对话；既是触动心灵相通，也是激发内心共鸣。要努力把雷锋文化交流作为“一带一路”民心相通的一个品牌。进一步发掘雷锋文化深厚的价值底蕴，发挥其人文交流潜力，通过雷锋文化的传播跨越民族、穿透心灵、沟通思想，向世界展现一个拥有上善若水品质、厚德载物胸怀、助人为乐情操的中国。使各国人民相逢相知、互信互敬，让世界各国不同肤色、不同语言、不同信仰的人们携起手来，共同传承雷锋文化，共同建设美好家园，通过雷锋文化交流促进经济合作。

雷锋精神是人类最宝贵的精神财富。雷锋精神已经成为全人类努力学习和实践的精神，每一个民族和国家都在寻找和培养更多的雷锋，我们整个人类文明的发展都将因为有更多这样的人而变得更加美好。让雷锋文化走向世界把握了人类文明交流互鉴大势，顺应了世界各国人民对美好未来的期待，我们要努力让雷锋文化成为各个国家和不同文明交流互鉴的桥梁，成为推动人类社会和平、友好、进步的动力，把雷锋文化融入各国的文化中去，让各国人民享有雷锋文化的滋养，共同缔造人类文明的美好未来。

我们坚信，随着“一带一路”的推进和中国对外交往的增加，雷锋精神一定会走向更多的国家和地区。我们要用雷锋精神讲好中国的故事，讲好新时代的新雷锋故事，进一步彰显中国精神和中国力量，为构建人类命运共同体注入更鲜明、更有凝聚力的强大活力，为人类文明建设作出更大的贡献。

第七章　升　华

文化是一种集体记忆，是一个民族得以赓续传承的基因血脉。雷锋，一个普通战士的名字，浓缩了几代中国人的共同记忆，书写了学雷锋活动60年的精神年轮。雷锋从一个人，到一个群体，再到一种蔚为大观的文化现象，已成为凝聚着人民坚定报国的志向源泉。如同一个磁场，雷锋精神把那些体现民族特质、顺应时代潮流的思想观念、行为方式、价值取向和精神风貌纳入其中，在不断丰富、不断完善甚至吐故纳新中发扬光大。正是在一代又一代"雷锋"传棒接力的道路上，不断激励和抵达了我国学雷锋活动的一个又一个时代高点。

一、穿越时空——雷锋精神发展的历史脉络

雷锋的事迹影响感动了几代中国人，成为几代人心目中永远的道德楷模。"学雷锋，做好事"成为几代中国人铭记的格言。

60多年来，雷锋精神这座精神丰碑，在中华大地上不断凝聚和释放着社会的正能量。

1．社会主义革命和建设时期雷锋精神的内涵

当年，周恩来总理为雷锋同志题词："向雷锋同志学习，憎爱分明的阶级立场，言行一致的革命精神，公而忘私的共产主义风格，奋不顾身的

无产阶级斗志。”从四个方面对雷锋精神的内涵和本质特征作出了精确的概括，为广大人民群众开展学习雷锋活动指明了方向。

学习雷锋同志憎爱分明的阶级立场。雷锋对党无比忠诚，对党的理论真学真懂真信真用，自觉把自己的一切奉献给党和人民。爱党、爱国、爱社会主义，是雷锋精神的核心和灵魂。弘扬雷锋精神，最根本的就是要学习雷锋同志坚定的无产阶级立场和坚定的共产主义信仰，坚定不移地走发展中国特色社会主义道路。

学习雷锋同志言行一致的革命精神。雷锋对待工作像“夏天一样火热”，干一行爱一行，专一行精一行，像一颗“永不生锈的螺丝钉”，哪里需要就在哪里闪闪发光。雷锋同志这种对事业无比火热、对工作极端负责、对学习孜孜以求的精神，不怕吃苦、诚实守信的品质，集中体现了先进分子的职业操守。这种认真钻研、扎实苦干、诚实守信的革命精神，为亿万人民群众作出了光辉榜样。

学习雷锋同志公而忘私的共产主义精神。雷锋克己奉公、“毫不利己、专门利人”，视国家利益和集体利益高于一切，始终保持勤俭节约、艰苦朴素的本色，始终以为人民服务为最大快乐。这种高尚品德，是雷锋精神的本质所在，也是雷锋精神中最感人的地方。在改革开放的今天，面对复杂的社会环境和多元化的价值取向，我们更需要弘扬雷锋这种高贵品质，引导人们不断校正自己的价值追求，提升思想道德境界，自觉践行社会主义荣辱观。

学习雷锋同志奋不顾身的革命斗志。雷锋用他光彩的一生，实现了他“生为人民生，死为人民死”的誓言。雷锋的一生，坚持为社会服务、为人民群众服务，在困难面前奋不顾身，时刻把人民利益放在高于一切、重于一切的位置。学习雷锋奋不顾身的革命斗志，就是要像雷锋同志那样，当祖国和人民需要的时候，为了国家、人民的利益甘愿贡献出自己的一切；像雷锋同志那样，自觉地“把有限的生命投入到无限的为人民服务之中去”。

2. 改革开放和社会主义现代化建设新时期雷锋精神的内涵

雷锋精神主要体现为：热爱党、热爱祖国、热爱社会主义的崇高理想和坚定信念；服务人民、奉献社会、扶危济困、乐于助人的无私奉献精神；干一行爱一行、专一行精一行，立足本职、恪尽职守的敬业精神；艰苦奋斗、勤俭节约的创业精神；锐意进取、自强不息的创新精神。总括起来，雷锋精神的核心就是全心全意为人民服务。这种精神体现了中华民族的传统美德，反映了社会主义道德的本质要求，彰显了共产党人的先进本色，是当代中国人民最为宝贵的精神财富。

热爱党、热爱祖国、热爱社会主义的崇高理想和坚定信念。这是雷锋精神的第一位，是对党、对国家、对社会主义的热爱。雷锋是党的忠诚战士，他时刻牢记党的宗旨，热爱党的事业，学习党的理论，坚持用先进理论武装头脑。他始终保持共产党员的政治本色，自觉把个人的命运与党和人民的事业紧密联系在一起，处处以国家、民族和集体利益为重，把个人的奋斗融入国家富强、民族振兴的历史洪流，毫无保留地为祖国和人民奉献了一切。爱党爱国的坚定信念是激励我们为中国特色社会主义事业不懈奋斗的力量源泉。当前，改革开放和社会主义现代化建设全面推进，党和国家事业发展站在了新的历史起点上，我们要大力弘扬雷锋精神，引导人们深入学习雷锋热爱党、热爱祖国、热爱社会主义的崇高理想和坚定信念，升华爱国主义情怀，追求高尚的人生价值，自觉为民族振兴、国家富强、人民幸福贡献智慧和力量。

“服务人民，助人为乐”的奉献精神。雷锋是以服务人民为最大幸福，以帮助他人为最大快乐，这是雷锋精神的一个典型标志，也是我们今天仍然要弘扬的一个崇高品德。雷锋的一生是无私奉献的一生，他以“燃烧自己、照亮他人”的实际行动，深刻地诠释了一个如何实现人生价值的重要命题。无论在任何岗位，他总是把火一样的热情倾注，对待同志像春天般温暖，总是把方便让给别人，把辛苦留给自己；无论走到哪里，他总是将春天般的温暖带向哪里，他把有限的生命投入到无限的为人民服务中去，每当人民群众遇到困难，他总是伸出援手、倾力相助；他走到哪里，好事就做到哪里，用真情和行动履行着一个公民的神圣责任，实践着一名共产党员的庄严承诺。雷锋在为他人做好事、为社会作贡献体现出社会价值的同时，也收获了乐趣、满足和幸福，从而实现了个人价值。从雷锋精神中可以深切地感受到，脱离社会的“自我实现”，不可能真正实现人生的价值。雷锋用自己的实际行动促进了良好社会风气的形成，助人为乐的宝贵品格体现着社会主义道德的要求，是推动全社会形成良好道德风尚的重要力量。当前，面对建设社会主义核心价值体系的繁重任务，我们要大力弘扬雷锋精神，大力加强社会公德、职业道德、家庭美德、个人品德建设，引导人们深入学习雷锋全心全意为人民服务的思想，自觉践行社会主义道德规范，牢固树立社会主义荣辱观，在生活中热心助人、尊老爱幼、诚实守信、见义勇为，用实际行动促进良好人际关系的形成和良好社会风气的发展。

“干一行爱一行，专一行精一行”的敬业精神。雷锋是诚实守信、爱岗敬业的标兵，雷锋生前做过多种岗位，但是干一行他热爱一行、干一行他精通一行。雷锋早年在县里当通讯员，就是模范工作者；开拖拉机，他是优秀拖拉机手；到了鞍钢当工人，他又是先进工作者；到了部队，他是先进战士；入了党，他是优秀党员；当了班长，他又是模范班长。无论是在农村、工厂和部队，无论是当通讯员、推土机手还是班长，无论是任何时候，雷锋都充满了真诚之情、上进之心、奉献之意，总是竭尽所能，为党的事业多作贡献，为人民群众多做好事，在本职工作中当好“螺丝钉”。这一点在今天这样一个时代仍然是需要的，仍然需要像雷锋那样立足本职、忠于职守、兢兢业业、精益求精，雷锋如螺丝钉般的敬业精神，值得我们学习发扬。

“锐意进取，自强不息”的创新精神。创新是一个民族进步的灵魂，是一个国家兴旺发达的不竭动力。雷锋把学习作为基本需求，把创新作为重要动力，发扬善于“挤”、善于“钻”的“钉子精神”，勤奋学习科学理论，刻苦钻研业务知识，努力用现代科学文化知识武装自己、提高自己、完善自己。他始终保持乐观向上、斗志昂扬的状态，始终保持与时俱进、勇往直前的品格，敢于直面挑战，勇于克服困难，善于开拓创新，在创造性的劳动中升华人生价值。他坚持把学习当成一种人生追求，无论任何时候，他都能把所学知识充分运用于工作，在创新中为国家人民谋福利。他总是抽出时间阅读《毛泽东选集》，并把它作为自己的思想指南。他满怀崇敬地学习方志敏、白求恩、董存瑞等英模的事迹，把他们作为自己的人生楷模和行为镜鉴。这种刻苦学习、锲而不舍、锐意进取的精神仍然在我们今天这个社会中受到大家的推崇。锐意创新的进取精神是激励我们坚持不懈走自主创新之路的不竭动力。当前，世界范围内以信息技术为先导的科技革命加速推进，创新越来越成为经济社会发展的重要引擎，越来越成为综合国力竞争的关键。我们要大力弘扬雷锋精神，引导人们深入学习雷锋锐意进取、自强不息的创新精神，敢于探索、勇于突破，在知识创新、技术创新、制度创新、管理创新和其他各方面创新中发挥聪明才智，成为知识型社会主义建设者，为提高自主创新能力、建设创新型国家作出应有贡献。

“艰苦奋斗、勤俭节约”的创业精神。雷锋有句名言：“在工作上，要向积极性最高的同志看齐；在生活上，要向水平最低的同志看齐。”雷锋的一生是艰苦奋斗的一生，雷锋对自己很节俭，省吃俭用、节衣缩食，坚决反对贪图享受、铺张浪费，他在苦难环境中磨炼意志，在艰苦条件下砥砺品行，始终保持昂扬向上、乐观进取的良好精神状态。他勤俭节约、生活朴素，对他人却很慷慨，把点点滴滴节省下来的钱用于支援国家建设，用于帮助解决他人困难。艰苦奋斗的优良作风是激励我们战胜前进道路上一切艰难险阻的精神力量。当前，我国改革发展形势总的很好，在实现中华民族伟大复兴的征程中，前进道路上还会遇到种种可以预料和难以预料的困难和风险，我们要大力弘扬雷锋精神，引导人民群众特别是青少年深入学习雷锋艰苦奋斗、勤俭节约的创业精神，立足社会主义初级阶段这个最大的实际，不为任何风险所惧，不被任何干扰所惑，攻坚克难、埋头苦干，奋力开拓中国特色社会主义更为广阔的发展前景。

3. 中国特色社会主义新时代雷锋精神的内涵

习近平总书记在参加2013年全国两会辽宁代表团审议时说，“雷锋、郭明义、罗阳身上所具有的信念的能量、大爱的胸怀、忘我的精神、进取的锐气，正是我们民族精神的最好写照，他们都是我们‘民族的脊梁’”。在新的时代，我们要结合时代发展，坚持与时俱进地大力彰显雷锋精神的核心内涵。

信念的能量。习近平总书记指出：“理想信念决定着我们的方向和立场，也决定着我们的言论和行动。”雷锋精神的灵魂，就是其崇高而坚定的理想信念，表现为雷锋对党的无比热爱和忠诚，对共产主义的无比向往和执着追求。

坚定的理想信念，是雷锋成长为伟大共产主义战士的政治基石。“永远忠于党，忠于人民，为共产主义事业奋斗终身”是雷锋一生的政治信条，也是雷锋精神的核心要素，更是雷锋精神的内在规定性。当党号召大办农业时，雷锋就主动申请从县委机关下到农业第一线，成为县里的第一名拖拉机手，做了一名普通的新式农民；当党号召加强工业建设时，他就毫不犹豫地离开家乡，来到了“中国钢铁工业的摇篮”——鞍钢，成为一名模范工人；当党号召青年应征入伍时，他又经过多次恳求参军，最终成为一名伟大的共产主义战士。雷锋虽然只是一名普通的共产党员，但他对共产主义的理想信念却坚如磐石，这是支撑雷锋为共产主义事业奋斗终身的精神源泉。他时刻牢记党的宗旨，忠诚党的事业，一心向党，一心为党，始终保持正确的政治方向和坚定的政治立场。雷锋在其短暂的22年生命历程中，虽然没有做出惊天动地的英雄伟绩，但却怀有崇高理想和坚定信念，时刻把党和国家的利益放在高于一切的位置，把自己生命的每一分光和热都奉献给了党、祖国和人民，奉献给了伟大的社会主义事业，成为践行理想信念的划时代楷模。

我们从雷锋日记中可以看到，雷锋一直坚持认真学习马克思列宁主义、毛泽东思想，并且树立起了共产主义理想。正是在坚定的共产主义信仰引领下，雷锋才能够自觉地把个人前途命运与国家、民族、社会主义的前途命运紧密联系在一起，处处严格要求自己，时刻保持共产党员的政治本色，主动申请到党和国家最需要、最艰苦的地方工作，全身心地投入社会主义建设事业的伟大实践，以超越自我的有限性获得了生命价值的无限性。

大爱的胸怀。以爱国主义为核心的民族精神，在雷锋身上有着极为生动的体现。雷锋对祖国爱得深沉，爱得久远，爱得坚定，爱得执着。著名诗人贺敬之在《雷锋之歌》中这样描述雷锋对祖国的炽热情怀："你全身的血液，你每一根神经，都沸腾着对祖国的热爱。"雷锋总是自觉地把个人的前途命运与国家、民族，与社会主义的前途命运紧紧联系在一起，处处以国家、民族和集体利益为重，表现出主人翁的博大胸怀，体现了一种伟大的爱国主义精神。

大爱是雷锋精神的原动力，是雷锋精神具有永恒生命力的精髓所在，它贯穿雷锋精神形成和发展的全过程，没有对党、对祖国和对人民的无限热爱，就没有雷锋精神的产生。雷锋爱憎分明、立场坚定，热爱党、热爱祖国、热爱社会主义，自觉把个人的一切都奉献给党和人民。雷锋的亲身经历让他深刻理解了幸福生活的来之不易，因此心怀感恩和倍加珍惜，并努力通过自己的实际行动表达了对党、国家和人民的忠诚、热爱和感激。在雷锋看来，人民的困难就是他自己的困难，帮助人民克服困难，是他应尽的责任，是他最大的幸福。他说："我觉得要使自己活着，就是为了使别人过得更美好。"关心人民的疾苦，维护人民的利益，想人民之所想，急人民之所急，忧人民之所忧，乐人民之所乐，雷锋用这种对人民高度负责的精神、忧国忧民的大爱情怀和实实在在的助人行为拓展了生活的厚度，在平凡之中孕育了不朽的光辉。

雷锋的大爱胸怀是大爱无痕、润物无声。一滴水掉到土里，这个世界就会多一寸湿润的土地；一缕阳光照进黑暗，这个世界就会多一方明亮温暖的空间；一颗小小的螺丝钉拧进机器里，这个世界就会多一架正常运转的机器。无论大事小事，无论脏活儿累活儿，无论分内分外，雷锋总是默默地、心甘情愿地去做。在机关、在农场、在工厂、在部队，只要是有需要的地方，就有雷锋留下的足迹，就在人们心中留下难以磨灭的印记。

雷锋的大爱胸怀是大爱无私、集体至上。大爱是无私的，集体利益应高于个人利益。集体主义是共产主义道德的基本准则，是共产党人处理国家、集体同个人关系时必须遵循的基本准则。雷锋精神始终闪耀着集体主义的光辉，彰显着对党、对民族和对国家高度负责的精神和大爱情怀。从雷锋的身上，我们看到了大爱无私、集体至上的光芒在闪耀。

忘我的精神。雷锋精神是“忘我”“无我”这种大公无私的共产主义价值观的生动展现，忘我的精神是雷锋精神的本质。雷锋为了共产主义事业将自己的生死置之度外，完美地诠释了“把有限的生命，投入到无限的为人民服务之中去”。雷锋虽然是一名普通的共产党员，却为中国共产党人全心全意为人民服务提供了人格的示范和榜样的力量，充分体现了共产党员大公无私的高尚情怀。中国共产党的根本宗旨就是全心全意为人民服务，全心全意为人民服务也是雷锋感人事迹的集中体现。雷锋用自己短暂的一生，用一个普通共产党员的实际行动模范地践行了党的根本宗旨。

雷锋把全心全意为人民服务作为自己的人生观，坚持“我活着是为了全心全意为人民服务”的人生信条，以使别人过得更美好为人生目的，以实现共产主义为人生理想，以对人民有用为人生价值，沿着把有限生命投入到无限为人民服务中去的人生道路，为人类的解放事业奉献自己的毕生精力和整个生命。

雷锋作为真正的共产主义者，牢固树立了全心全意为人民服务的共产主义人生观。他通过坚持不懈的理论学习和人生实践，创造性回答了人生目的、人生理想、人生价值、人生道路等人生的根本问题。共产主义人生观认为，应当把全心全意为人民服务作为人生目的的核心内容。雷锋对此有自己独到的看法，他说，有人认为"人活着就是为了吃饭"，我觉得这种说法不对，我们吃饭是为了活着，可活着不是为了吃饭，"我觉得使自己活着，就是为了使别人过得更美好"。雷锋一生坚持倾己全力建设和保卫社会主义事业，竭尽所能为广大人民群众服务，从未懈怠，也从未动摇。

以"忘我"的境界为人民的利益无私奉献是贯穿雷锋全部先进事迹的一条主线。他为国家和人民作出的每一分贡献都离不开他为民奉献的信念、意志和行动。因此，忘我的奉献精神是雷锋精神的本质。雷锋在他短暂的22年生命里，始终坚持在平凡的工作岗位上兢兢业业地工作，全心全意为人民服务。他无时无刻不在为党、为国家、为人民和为社会主义事业奉献自己的光和热，如同春风化雨、润物无声，把自己的一切直至生命都献给了人类最伟大的事业——共产主义事业。可以说，雷锋是当之无愧的民族脊梁。

进取的锐气。在雷锋身上始终澎湃着创新的激情与活力，始终保持积极向上的人生态度、勇往直前的奋进意志。在成绩和荣誉面前谦虚谦逊、不骄不躁，在困难和挑战面前愈挫愈勇、开拓进取，以富于创新的精神和富于创造的劳动，升华自己的人生价值，实现自己的理想抱负。雷锋锐意进取、勇于创新的集中体现，就是我们常常提到的"钉子精神"。在学习上，雷锋永不停步、永不满足，不断充实自己、提高自己、完善自己。他善于抓住一切可以利用的时间抓紧学习，特别是无时无刻不在刻苦学习毛泽东思想和毛主席著作，他时刻放在枕边、读得最多的就是《毛泽东选集》。他不但认真阅读，而且注重理解，一边读书，一边画学习重点，写阅读心得。董必武曾经评价道："有众读毛选，雷锋特认真。不惟明字句，而且得精神。"毛主席在读过雷锋日记后，也连连称赞雷锋同志懂哲学。

在工作上，雷锋敢闯敢干、从不懈怠，对待工作"像夏天一样火热"。

他一生在多个行业、多种岗位工作过，始终坚持干一行爱一行、专一行精一行，始终保持着“做人民的小学生”的谦虚进取之心，在工作上向积极性最高的同志看齐，处处不忘学习新本领，不断钻研农业生产、驾驶、投弹等工作中的技术问题，并进行技术创新。

雷锋尽管工作繁忙，但凭借肯吃苦、能钻研的精神，他不但本职工作表现突出，多次受到表彰，还在工作之余通过学习提升了自己的思想认识水平，掌握了很多技能。正是凭着钉子一样的挤劲和钻劲，雷锋在鞍钢工人岗位上取得了出色的成绩，多次获得“生产标兵”“红旗手”“先进生产者”等荣誉称号，还出席了鞍钢青年社会主义建设积极分子大会。雷锋在部队2年8个月，曾被评为“节约标兵”“模范共青团员”“学习毛主席著作积极分子”，荣立二等功1次、三等功2次，还当选了抚顺市第四届人大代表。雷锋后被评为100位新中国成立以来感动中国人物和新中国“最美奋斗者”。雷锋的“钉子”精神也和他的名字一样永世流传，成为激励一代又一代人自强不息、锐意进取的力量源泉。

二、璀璨坐标——中国共产党人精神谱系的组成部分

1．雷锋精神是共产党人精神谱系中的重要坐标

中国共产党人的精神谱系，是一个同根同源的整体，具有鲜明的政治品格、民族特征和时代特征，为民族复兴大业提供了强大的精神动力。雷锋精神作为共产党人精神谱系的重要组成部分，形成于社会主义革命和建设时期，体现了共产党人对党的理想信念和根本宗旨的忠诚践履，是时代精神与民族精神的生动体现，是共产党人精神谱系中的重要坐标。

雷锋精神彰显党的根本宗旨。习近平总书记在谈到党的伟大建党精神时指出：“这些宝贵精神财富跨越时空、历久弥新，集中体现了党的坚定信念、根本宗旨、优良作风。”雷锋精神彰显了共产党人坚定不移的理想

信念和为民服务的根本宗旨，具有鲜明的政治品格。

蕴含崇高信仰，对党无限忠诚。信仰坚定，对党忠诚，是中国共产党人首要的政治品质。雷锋在日记中写道：“我就是长着一个心眼，一心向着党，向着社会主义，向着共产主义。”他说：“党和人民给了我一切，我要把一切献给人民，献给党。”从公务员到拖拉机手，从工人到军人，雷锋选择职业时总是以“到祖国最需要的地方去”作为标准，真正做到了感党恩、听党话、跟党走。坚定的共产主义理想信念，是雷锋精神的灵魂。

践行党的宗旨，坚守为民初心。践行初心，服务人民，是中国共产党人鲜明的崇高情怀。雷锋在日记中写道：“人的生命是有限的，可是，为人民服务是无限的，我要把有限的生命投入到无限的为人民服务之中去。”著名的《雷锋“七问”》阐释了雷锋的价值观，即“人生的价值在于奉献”。雷锋立志“做一个对人民有用的人”“出差一千里，好事做了一火车”。雷锋精神的实质与核心，就是全心全意为人民服务。

雷锋精神是青少年健康成长的精神滋养，其重要价值在于帮助青少年“扣好第一粒扣子”，牢固树立共产主义理想信念和全心全意为人民服务的宗旨意识，指导青年将个人理想和祖国需要相结合，到祖国最需要的地方创造人生价值。

雷锋精神彰显时代担当。雷锋精神，体现为舍生忘死地奉献。奉献是自愿而又真诚的付出，是纯洁而又高尚的情怀。谁都明白，人的生命只有一次，无论对谁都非常宝贵。面对肆虐的新冠疫情，无数医务人员挺身而出、不惧生死，许多志愿者、劳动者不怕危险、乐施援手。他们的英勇行为彰显的是一种舍我其谁的使命担当，反映的是一种无私奉献的价值追求，这与平凡而又伟大的雷锋精神高度一致。如果每名党员干部在紧要关头，都能始终把党和人民的利益放在第一位，敢于叫响“我先上”，发挥模范带头作用，那么就没有完成不了的任务、克服不了的困难、战胜不了的敌人。行动践行忠诚，行动奉献义举。党员干部只有始终牢记党的宗旨，积极发扬雷锋精神，才能在工作岗位上更好地砥砺忠诚品格、强化敬业精神、磨砺血性胆气，才能在关键时刻冲锋陷阵、无所畏惧、一往无前，凝聚起能打仗、打胜仗的磅礴力量。

雷锋精神，体现为先人后己的情怀。如果一个人在名利得失面前，能克制私欲、战胜自己、想着他人，就是一个思想纯粹、道德高尚的人。社会生活中，一个人难免会面对得与失。在得失问题上，既要有宽广的胸怀，又要有洒脱的态度。这涵养的是一种精神和风度，彰显的是一种责任和情怀。习近平总书记指出："雷锋精神是永恒的，是社会主义核心价值观的生动体现。"向雷锋同志学习，党员干部在利益得失面前就要先人后己、发扬风格，就要敢吃亏、能吃亏。对党员干部来说，吃亏不仅能为自己"减少是非"、赢得群众支持，而且还有助于推进党的事业、维护党员干部形象。可以说，以先人后己为重要表现的雷锋精神，既是党员干部联系群众、发动群众、引领群众的榜样力量，又是开展工作的制胜法宝。

雷锋精神，体现为埋头苦干的担当。空谈误国，实干兴邦。一个国家的兴旺与发达，一个民族的进步与发展，既离不开心无旁骛、目标专一的人，又离不开勇挑重担、敢打硬仗的人，更离不开低调务实、埋头苦干的人。执着专注、埋头苦干，是脚踏实地的人生态度，是顽强拼搏的工作作风，是强军兴军、民族复兴的重要保证。在全面建设社会主义现代化国家新征程上，还有很多艰难险阻需要我们去克服，很多沟沟坎坎等着我们去跨越，很多矛盾问题亟待我们去解决。如果党员干部没有脚踏实地的工作作风、攻坚克难的顽强意志、埋头苦干的担当精神，再宏伟的蓝图、再辉煌的事业、再远大的目标，也会变成镜中花、水中月。所以，要发扬雷锋的"钉子精神"，铆在岗位上脚踏实地、埋头苦干，让自己这颗"螺丝钉"发挥不可替代的作用，让组织放心，让群众满意。

雷锋精神赓续红色血脉。以热爱党、热爱祖国、热爱社会主义的崇高理想和坚定信念，服务人民、助人为乐的奉献精神，干一行爱一行、专一行精一行的敬业精神，锐意进取、自强不息的创新精神，艰苦奋斗、勤俭节约的创业精神为内涵的雷锋精神，是中国共产党人精神谱系的重要组成部分。传承雷锋精神，对于激励广大党员、干部发扬红色传统、传承红色基因，赓续共产党人精神血脉，在新时代新征程上展现新担当、新作为具有重要意义。

坚定理想信念。雷锋是践行党的宗旨、坚定理想信念的榜样。新的历史条件下，传承雷锋精神有助于引导广大党员、干部自觉做共产主义远大理想和中国特色社会主义共同理想的坚定信仰者和忠实践行者，增强“四个意识”、坚定“四个自信”、做到“两个维护”，永葆共产党人的政治本色。

坚守共产党人的立身之本。回顾中国共产党成立之后波澜壮阔的百年历史进程，无论革命、建设、改革任何时期，我们党都始终坚定信仰信念，矢志不渝，从而团结带领全国各族人民取得一个又一个胜利。在雷锋的一生中，最突出的是坚定共产主义信念，对党无限忠诚，对社会主义祖国无比热爱。党员、干部要以雷锋为榜样，坚持不懈加强党性修养和党性锻炼，树立正确的世界观、人生观和价值观，用坚定的理想信念“修身养性”，补足精神之钙，始终保持共产党人的蓬勃朝气、昂扬锐气、浩然正气。

夯实共产党人的力量之基。人民是我们党不懈奋斗、接续奋斗的力量源泉。人究竟应当怎样活？为谁活？对这些问题的回答，展现一个人的思想境界，也决定一个人的人生走向。雷锋用22岁的生命诠释了人生的意义：“我活着是为了全心全意为人民服务，是为人类的解放事业——共产主义而奋斗。”党员、干部要以雷锋为榜样，进一步提高政治素质、理论素养和运用马克思主义立场观点方法观察分析解决问题的能力，坚守人民立场，践行全心全意为人民服务的根本宗旨，自觉同人民群众想在一起、干在一起，及时解决群众的难心事、烦心事、揪心事，筑牢党长期执政的群众根基。

铸牢共产党人的正气之魂。对马克思主义的信仰，对社会主义和共产主义的信念，是共产党人的政治灵魂，是共产党人经受住任何考验的精神支柱。雷锋从自己的人生经历中深刻认识到，中国共产党作为马克思主义政党，是人民群众的忠实代表，是一心一意为人民群众谋利益的。因此，雷锋更加坚定了听党话、跟党走的信念，将自己的人生追求融入党的伟大历史使命实践。党员、干部要像雷锋那样真正树立坚定的理想信念，自觉运用党的科学理论武装头脑，把理想信念建立在对科学理论的理性认同上，建立在对历史规律的正确认识上，建立在对基本国情的准确把握上，铸牢共产党人的政治灵魂，挺起精神脊梁，将个人成长融入党和国家事业发展。

坚守初心使命。为中国人民谋幸福、为中华民族谋复兴的初心和使命，是激励共产党人不断前进的根本动力。为人民服务是雷锋精神的实质，是雷锋精神能够保持旺盛生命力和持久活力的源泉。雷锋精神彰显了守初心、担使命的时代要求，体现了党的性质宗旨。新时代、新使命、新担当，党员、干部要以习近平新时代中国特色社会主义思想为指导，以雷锋为榜样，心往一处想、劲往一处使，进行伟大斗争、建设伟大工程、推进伟大事业、实现伟大梦想，开启全面建设社会主义现代化国家新征程。

用马克思主义中国化最新成果武装头脑。注重思想建党、理论强党，是我们党的鲜明特色和光荣传统。马克思主义中国化的第一个理论成果是毛泽东思想，雷锋精神是雷锋深入学习毛泽东思想的必然产物。雷锋认真钻研马克思主义基本理论，努力掌握马克思主义立场观点方法，并自觉加以运用改造自己的主观世界和客观世界，逐步形成了一心向党、无私奉献、爱岗敬业、艰苦奋斗的精神。习近平新时代中国特色社会主义思想是马克思主义中国化最新成果，党员、干部必须认真学习贯彻这一思想，深刻把握蕴含其中的马克思主义立场观点方法，在学懂、弄通、做实上下更大气力，做到真学、真懂、真信、真用；在知行合一上下更大功夫，不断提高思想觉悟，增强政治判断力、政治领悟力、政治执行力。

将“不忘初心、牢记使命”作为永恒课题和终身课题。初心不会自然保质保鲜，稍不注意就可能蒙尘褪色，久不滋养就会干涸枯萎。雷锋是用马克思主义先进理论武装起来的好战士，他时刻警醒自己精神上的动向，注意擦拭思想上的灰尘。正是在一次次反思校正与克服缺点的过程中，雷锋进一步坚定了初心和使命，完成了思想上的伟大升华，成为合格的共产主义战士。党员、干部要坚守初心和使命，自觉加强党性修养，同雷锋等先进典型对标对表，永葆共产党人的初心本色。

传承党的红色基因。红色基因是党的生命之魂、生存之根、发展之本。雷锋精神传承的红色基因，凝练着共产党人的奋斗目标，积淀着中国人民的共同理想，代表着中华民族的时代精神，彰显着共产党人对党忠诚、勇于担当、创新创业、甘于奉献的优良精神品质和高尚道德情操。党员、干部要切实提高党性修养水平，知史爱党、知史爱国，以雷锋精神为载体传承好党的红色基因，听从党的召唤，紧跟党的步伐，筑牢信仰之基，补足精神之钙，把稳思想之舵。

坚持精神追求。雷锋精神是开展党史学习教育的鲜活教材，是巩固深化“不忘初心、牢记使命”主题教育成果的精神力量。大力弘扬雷锋精神，有助于引导广大党员、干部自觉加强党性修养和作风建设，牢固树立正确的权力观、地位观、利益观和政绩观，做雷锋式的好党员、好干部。

领导干部要做传承雷锋精神的“头雁”。雷锋精神是有形的正能量，是鲜活的价值观。传承雷锋精神能否达到理想的效果，首先在于领导干部能否带头学雷锋、做榜样。领导干部当好学雷锋的举旗人，做好学雷锋的带头人，带好学雷锋的后来人，形成强大的感召力和号召力，传承雷锋精神就能在全社会蔚然成风。深刻领会“全心全意为人民服务，为了人民的事业无私奉献”的雷锋精神实质，要以为人民服务为乐、以干成事业为乐，始终做到权为民所用、情为民所系、利为民所谋。

青少年要成为传承雷锋精神的先锋。培养担当民族复兴大任的时代新人，关乎党的事业薪火相传和国家长治久安。雷锋精神是新时代青少年健康成长的营养剂、清醒剂和必修课。雷锋是在马克思主义、毛泽东思想哺育下成长起来的，他把毛泽东思想形象地比作“粮食、武器、方向盘”。

新时代青少年的成长，同样必须加强马克思主义理论武装。深刻理解习近平新时代中国特色社会主义思想的核心要义、精神实质、丰富内涵、实践要求，紧密结合学业和工作实际，掌握贯穿其中的马克思主义立场观点方法，像雷锋那样舍得花精力、下真功夫，做到全面系统学、及时跟进学、深入思考学、联系实际学。“把有限的生命投入到无限的为人民服务之中去”，是雷锋奉献青春的生动誓言和坚定选择。当代青少年学雷锋，必须始终把人民放在心中最高位置，任何时候都不能忘记为了谁、依靠谁、我是谁。虚心向群众学习，真心对群众负责，热心为群众服务，诚心接受群众监督，做到胸襟开阔、志存高远，把人生理想融入国家富强、民族振兴、人民幸福的宏伟事业，在青春奉献中书写人生精彩，做雷锋精神的忠实传人，把雷锋精神代代传承下去。

2. 以伟大建党精神引领雷锋精神的传承弘扬

在庆祝中国共产党成立100周年大会上，习近平总书记发表重要讲话，首次提出和概括了伟大建党精神，指出：“一百年前，中国共产党的先驱们创建了中国共产党，形成了坚持真理、坚守理想，践行初心、担当使命，不怕牺牲、英勇斗争，对党忠诚、不负人民的伟大建党精神，这是中国共产党的精神之源。”伟大建党精神是中国共产党的精神之源，更是新征程上我们勇往直前的动力之源。我们必须深入学习领会，永远把伟大建党精神继承下去、发扬光大。

雷锋精神是中国共产党人精神谱系的重要组成部分，是伟大建党精神的具体体现，是对伟大建党精神的传承和弘扬。我们要深刻把握伟大建党精神与雷锋精神的内存逻辑关系，在伟大建党精神引领下，传承弘扬雷锋精神，赓续共产党人精神血脉，为迈进新征程、奋进新时代提供源源不竭的强大精神动力。

伟大建党精神“坚持真理、坚守理想”的政治品格，是雷锋精神形成和发展的信仰之基。中国共产党从诞生之日起，就把马克思主义写在自己的旗帜上，把实现共产主义作为最高理想和最终目标。透过波澜壮阔的革命画卷，我们不难发现，坚定的理想信念是我们战胜一切强敌、克服一切困难、夺取一切胜利的强大精神力量，坚持真理、坚守理想是补足中国共产党人精神之“钙”的应有之义。理想信念彰显着雷锋精神的核心要义。雷锋是一心向党、坚定理想信念的杰出代表，“我一心向着党，向着社会主义，向着共产主义”。雷锋的崇高信仰和坚定信念，是他坚持做到一生为党和人民奋斗的动力源。雷锋精神蕴含的坚定执着的信仰信念，是伟大建党精神“坚持真理、坚守理想”的时代体现。新的征途上，必须大力弘扬伟大建党精神“坚持真理、坚守理想”的政治品格，传承弘扬雷锋精神坚定理想信念的精神追求，我们要从党的百年奋斗史中深刻感悟马克思主义的真理力量和实践力量，深刻感悟习近平新时代中国特色社会主义思想的科学性和真理性，自觉用以武装头脑、指导实践、推动工作，增强“四个意识”、坚定“四个自信”、做到“两个维护”，自觉做共产主义远大理想和中国特色社会主义共同理想的坚定信仰者、忠实实践者。

伟大建党精神“践行初心、担当使命”的精神品格，是雷锋精神形成和发展的力量之源。为中国人民谋幸福、为中华民族谋复兴，是中国共产党人的初心和使命，是党的性质宗旨、理想信念、奋斗目标的集中体现。党的先驱们担当起为中国人民谋幸福、为中华民族谋复兴的初心使命，积极投身争取民族独立、人民解放和实现国家富强、人民幸福的伟大事业中，砥砺了践行初心、担当使命的精神品格；雷锋把践行初心、担当使命作为自己的人生信条，自觉服从社会主义建设事业的需要，为了党的事业，他对待工作像夏天一样火热，干一行爱一行、专一行精一行。雷锋在为人民服务中发扬忘我精神，以自己的实际行动，诠释了“公而忘私的共产主义风格”，成为新中国成立以来“毫不利己专门利人”的榜样和典型。雷锋精神诠释的党把人民利益放在第一位、全心全意为人民服务的根本宗旨，是伟大建党精神“践行初心、担当使命”的生动实践。新的征途上，必须大力弘扬伟大建党精神“践行初心、担当使命”的精神品格，传承弘扬雷锋精神一心向党、全心全意为人民服务的赤子之心，这就要求我们要牢固树立为人民服务的思想，时刻谨记党的初心使命，牢记党的“根”和“本”，怀着强烈的爱民、忧民、为民、惠民之心，自觉把人民群众对美好生活的向往同自身的奋斗目标融合起来，肩负起为党分忧、为国干事、为民谋利的责任，坚定全心全意为人民服务的初心，为建设富强民主文明和谐美丽的社会主义现代化强国而奋斗。

伟大建党精神“不怕牺牲、英勇斗争”的革命品格，是雷锋精神形成和发展的价值之根。中国共产党的百年历史就是一部不怕牺牲史，是面对困难和考验不屈不挠、勇于斗争，不断走向胜利的历史。无数中国共产党人抛头颅、洒热血，关键时刻站得出来、危急关头豁得出来，涌现了一大批视死如归的革命烈士、舍生忘死的英雄模范。党的先驱们以无私无畏的豪迈气概、视死如归的坚定意志，在艰苦卓绝的斗争中求生存、求发展，塑造了不怕牺牲、英勇斗争的革命品格；在雷锋身上充分体现“不怕牺牲、英勇斗争”革命品质，“对待敌人像严冬一样残酷无情”“我愿在暴风雨中，艰苦的斗争中锻炼自己，不愿在平平静静的日子里度过自己的一生”都折射出雷锋精神的无私奉献的忘我境界，是伟大建党精神“不怕牺牲、英勇斗争”的具体体现。新的征途上，必须大力弘扬伟大建党精神“不怕牺牲、英勇斗争”的革命品格，传承弘扬雷锋精神敢于战胜一切困难、不被任何困难所压倒的大无畏精神，以越是艰险越向前的精神迎难而上、奋勇搏击，要有一种“咬定青山不放松”的韧劲，准备付出更为艰巨、更为艰苦的努力。要勇挑重担，负重前行，自觉承载革命先辈的希望，接过他们手中的接力棒，以“赶考”的清醒和坚定，进一步焕发奋斗的热情，激发奋斗的动力，释放奋斗的力量，以坚定的步伐迈向全面建设社会主义现代化国家新征程。

伟大建党精神“对党忠诚、不负人民”的忠诚品格，是雷锋精神形成和发展的践行之本。党的先驱们始终信守入党誓词，随时准备为党和人民牺牲一切，锤炼了对党忠诚、不负人民的忠诚品格。正是因有“对党忠诚”的信念和“不负人民”的神圣承诺才让党由小变大、由弱变强，由星星之火发展为燎原之火，不断从胜利走向新的胜利。“我是一个共产党员，人民的勤务员，为了全人类的自由、解放、幸福，哪怕高山、大海、巨川，为了党和人民的事业，就是入火海进刀山，我甘心情愿，头断骨粉，身红心赤，永远不变。”雷锋在日记中多次表达了对党、对国家、对革命、对人民的无比忠诚，那么这是他人生最后发出的对党、对祖国、对人民、对共产主义忠诚的心声，其心之忠煌煌炽热，其诚熠熠发光。对党忠诚、不负人民是雷锋精神的鲜明标志，是伟大建党精神“对党忠诚、不负人民”的生动诠释。新的征途上，必须大力弘扬伟大建党精神“对党忠诚、不负人民”的忠诚品格，传承弘扬雷锋精神的忠诚本色和为民情怀，把为党尽职、为民造福作为根本政治担当，牢记“国之大者”，自觉在思想上政治上行动上同以习近平同志为核心的党中央保持高度一致，永远保持同人民群众的血肉联系，始终同人民想在一起、干在一起，风雨同舟、同甘共苦，继续为实现人民对美好生活的向往不懈努力，努力为党和人民争取更大光荣！

三、永恒魅力——发掘雷锋精神的时代价值

党的十八大以来，习近平总书记对传承和弘扬雷锋精神高度重视，多次在不同场合作出重要指示，这些指示精神赋予了雷锋精神的时代价值，丰富了新时代雷锋精神的本质内涵，指明了新时代学雷锋的方法途径。新时代学习弘扬雷锋精神，我们一定要提高政治站位、找准历史方位、运用时代眼光，充分认识到新时代学习弘扬雷锋精神，是激发全国人民意志力量的重要课题，是保持共产党员初心本色的重要载体，是培养担当民族复兴大任的时代新人的重要途径，对推动党和国家事业发展有着重大现实意义和深远历史意义。

1．挖掘雷锋精神的时代价值

雷锋精神的永恒价值和强大生命力，就在于其具有与时俱进的品格，雷锋精神的时代价值就在于有助于满足当代社会及民众的精神需求，为当代中国确立了一个精神坐标、一种道德尺度、一种生活方式、一种价值追求。

赤胆忠诚价值。赤胆忠诚是马克思主义执政党实现历史使命的本质要求，也是雷锋精神的核心内涵，体现在他对理想信念忠诚，对党忠诚，对人民忠诚，对社会主义事业的忠诚。对党忠诚是党员干部不变的时代本色。有了赤胆忠诚，就形成以拼搏奉献为特征的高尚道德精神。在新时代，我们要自觉做到思想上认同组织、政治上依靠组织、工作上服从组织、感情上信赖组织，任何时候都与党组织同心同德，才能为党和人民事业勇挑重担，才能作出对党对人民有益的业绩，才能以奉献精神召唤亿万人民接续奋斗，完成新时代党的历史使命。

人民至上价值。人民至上体现了马克思主义政党的性质和宗旨，始终是中国共产党人的价值追求。雷锋精神彰显着全心全意为人民服务的根本宗旨。雷锋把时时为人民着想、处处以人民利益为重作为根本标尺，彰显了中国工人阶级和中华民族先锋队的本质要求，反映了具有共产主义觉悟先锋战士的高尚品质，诠释了党的先进性和纯洁性的丰富内涵，是中国共产党宗旨和共产党员模范作用的有机统一。中国共产党根基在人民、血脉在人民，为人民而生，因人民而兴，人民立场是中国共产党的根本政治立场。在新时代，我们要始终做到和人民群众站在一起，不断实现好、维护好、发展好最广大人民的根本利益，人民群众的获得感、幸福感、安全感持续增强。

守正创新价值。守正是基础、是前提、是保障，是第一位的，解决的是去哪里的问题。创新是动力、是能力、是守正的实现路径，解决的是怎么去的问题。守正创新是中国共产党始终站在历史发展前列、保持其先进性的根本所在。雷锋精神是“守正”与“创新”的生动写照。构建雷锋精神研究高地，要在守正、贵在创新、重在实践。雷锋精神绝不是对中华优秀传统文化的简单复制，而是对中华优秀传统文化创造性转化和创新性发展。新时代学雷锋到底“学什么”“怎么学”“谁来学”，要结合新的实际、聚焦新的现实问题，坚持守正与创新相统一，用雷锋精神补足共产党人的精神之“钙”、涵养全面深化改革的精神之源、展现人的全面发展的精神之魂、夯实人类大爱的精神之基。

固本培基价值。雷锋精神凝结着中华民族的优秀品德，闪烁着社会主义道德的耀眼光辉，具有引领人们崇德尚义、向上向善的强大力量，是中华传统美德和社会主义道德的有机统一。雷锋精神根植于党领导人民进行的革命、建设、改革和发展的伟大实践，为中华民族实现从站起来、富起来到强起来的历史性飞跃提供了重要的文化支撑。我们要用雷锋精神固本培基，把雷锋精神作为弘扬社会主义核心价值观的生动教材，养元气、涵浩气、蓄正气，补足精神之“钙”，解决好世界观、人生观、价值观这个“总开关”问题，切实让社会主义核心价值观占据道义制高点，唱响昂扬向上的正气歌，着力形成激浊扬清、抑恶扬善的思想道德舆论场，推动社会崇德向善、见贤思齐。

明德育人价值。明德育人事关党和国家事业兴旺发达、后继有人。要使“崇德向善，友爱互助”转化为每个人的现实行动，需要主流价值建构道德规范、强化道德认同、指引道德实践。雷锋精神是社会主义核心价值观的生动体现，雷锋精神中蕴含着中国共产党人的理想信念、价值追求和初心使命。雷锋精神对弘扬社会主义新风气，合力推进社会公德、职业道德、家庭美德、个人品德建设，鼓励全社会积善成德、明德惟馨，是最好的教科书和营养剂，坚持用雷锋精神明德育人，引领风尚，是提升个人修养、凝聚社会正能量的基本遵循。我们要始终坚持明大德、立大德、守大德，以德立身、以德立学、以德化人，不断谱写新时代的精神图谱，为时代明德、为时代立功，培育中国特色社会主义的时代新人。

2. 把握雷锋精神的时代内涵

随着时代发展和学雷锋活动的不断深入，雷锋精神不断被赋予新的时代内涵，因而雷锋精神的生成和发展也是一个动态建构的过程，从而使雷锋精神具有鲜明的时代意义、发展意义和创新意义。因此我们必须重视新时代雷锋精神内涵的不断丰富、发展和完善，把雷锋精神与时代发展的脉搏紧密结合在一起。

坚守崇高理想。坚守崇高理想是雷锋精神的核心要义。雷锋是一心向党、坚定理想信念的杰出代表，“我一心向着党，向着社会主义，向着共产主义”。他以党的旗帜为旗帜，以党的方向为方向。这就要求我们要深刻领悟“两个确立”的决定性意义，自觉用“四个意识”导航，用“四个自信”强基，用“两个维护”铸魂，始终坚守共产党人的精神追求，做到忠于党、忠于人民、忠于中国特色社会主义事业，政治上时刻保持清醒坚定，重大问题上态度旗帜鲜明，关键时刻冲在前面。牢固树立对马克思主义的信仰，对中国特色社会主义的信念，对实现中华民族伟大复兴中国梦的信心，勇做走在时代前列的奋进者、开拓者和奉献者。

秉持人民情怀。全心全意为人民服务是雷锋精神的实质，也是雷锋精神能够保持旺盛生命力和持久活力的源泉。雷锋把有限生命的每一分热、每一分光都无私地奉献给了人民，以对人民的真诚与火热的赤子之心，自觉地把“有限的生命投入到无限的为人民服务之中”。根基在人民、血脉在人民、力量在人民，因为人民至上是中国共产党的根本政治立场，人民至上是共产党人最终的价值指向，也是砥砺前行的力量源泉。这就要求我们要牢固树立为人民服务的思想。时刻谨记党的初心使命，牢记党的“根”和“本”，怀着强烈的爱民、忧民、为民、惠民之心，自觉把人民群众对美好生活的向往同自身的奋斗目标融合起来，肩负起了为党分忧、为国干事、为民谋利的责任，坚定全心全意为人民服务的初心，为建设富强民主文明和谐的社会主义国家努力工作。

践行奉献精神。践行奉献精神是雷锋精神的生动写照。雷锋同志把帮助别人当作人生最大的快乐和幸福，彰显着友善、真诚的品德境界。雷锋把奉献作为自己的人生信条，自觉服从社会主义建设事业的需要，把个体的生命融入党和人民事业的整体之中，乐于“做一颗永不生锈的螺丝钉”。奉献是共产党员应有的胸怀和品德。这不仅是中国共产党先进性的体现，也是社会主义制度本质的要求，这就要求我们要在行动上勇于担当，像雷锋那样自觉承担起对党、对国家、对事业的责任和使命，挺身而出、勇于攻坚，以敢闯敢拼的勇气，创造性地开展工作，以实际行动彰显共产党人的价值。

投身民族复兴。投身民族复兴是雷锋精神的时代要求。雷锋精神体现了一种“向上”的人生姿态。纵观雷锋短暂的一生，他始终具有一种积极主动的生活态度，对新中国、新生活充满无限热爱和美好向往，始终以饱满的热情和充足的干劲投入到工作、学习之中去。雷锋精神是由中华民族精神和时代精神融汇而成的，深植于以爱国主义为核心的民族精神之中。雷锋精神作为一种具体的精神样态，彰显了中国精神的内容要旨和精神实质，它不仅以自身的深刻内涵而载入中华民族的精神谱系，而且将进一步融汇于中华民族的血脉之中，成为推动中华民族伟大复兴的精神动因。这就要求我们要赓续雷锋基因，把雷锋精神代代传承下去，在拼搏中淬炼、在奋进中升华，实现国家富强、民族振兴、人民幸福，汇聚起为实现中华民族伟大复兴的中国梦而矢志奋斗的磅礴力量。

3. 弘扬雷锋精神的路径拓新

坚持与时俱进，将学习践行雷锋精神引向深入。站在新的历史起点上，大力弘扬雷锋精神必须突出政治引领、凝心聚力，注重学用结合、知行合一，从全方位、立体化的视角，采用多样化的途径，不断增强全社会对雷锋精神的思想认同、情感认同、价值认同。

要将学习践行雷锋精神与深入学习贯彻习近平新时代中国特色社会主

义思想结合起来。习近平总书记在党的二十大报告中指出："实践告诉我们，中国共产党为什么能，中国特色社会主义为什么好，归根到底是马克思主义行，是中国化、时代化的马克思主义行。"这一重要论断深刻阐明了马克思主义中国化、时代化的重大理论价值和实践意义，充分彰显了我们党鲜明的政治品格。要坚定正确的政治方向、无私奉献的价值追求、爱岗敬业的工作态度、艰苦创业的意志品质和勇于创新的进取锐气。

要将学习践行雷锋精神与传承中华优秀传统文化结合起来，与革命红色文化和社会主义先进文化联系起来。因为雷锋精神承载着中华民族的优秀品质和民族精神的时代意涵。我们要始终坚持胸怀祖国、艰苦奋斗、勇于担当，在破解发展难题、探索发展新路中砥砺奋进，积极作为。

要将学习践行雷锋精神与社会主义核心价值观教育结合起来。雷锋精神与社会主义核心价值观有着紧密的内在关联性，是社会主义核心价值观的生动体现。要坚持不懈地培育全社会坚定正确的政治立场、爱党爱国爱人民的深厚感情以及在祖国最需要的地方建功立业的价值追求。使社会主义核心价值观不断内化为广大人民群众的价值追求和道德信仰，外化为他们的自觉意识和实际行动。

立足本职岗位，将传承弘扬雷锋精神引向深入。只有每一个人都在各自的本职岗位上把雷锋精神内化于心、外化于行，才能切实把精力用在抓发展上、把心思用在破难题上、把时间花在抓推进中，自觉把本职岗位作为成长发展的沃土、干事创业的舞台，脚踏实地、埋头苦干，干一行爱一行、专一行精一行，努力在本职岗位创造出一流的工作业绩。

广大党员干部、公职人员传承弘扬雷锋精神要立足岗位，像雷锋那样"为人民服务""做人民勤务员"，把岗位当战位，把工作当使命，心无旁骛、专心投入、拼搏进取，老老实实做人，踏踏实实干事，恪守积极向上的道德情操，彰显履职尽责的使命担当，引导党员干部自觉成为弘扬雷锋精神的积极倡导者，理直气壮地传播雷锋精神。党员干部特别是领导干部要成为无私奉献的表率、爱岗敬业的标兵、开拓创新的典范、艰苦创业的楷模，让广大群众从党员干部身上领悟正气、看到希望、汲取精神力量，不断提高学雷锋活动的覆盖面和影响力，从而更好地推动学雷锋活动深入持久开展。

青少年传承弘扬雷锋精神要与培育时代新人相结合，扣好人生的第一粒纽扣，努力做到让雷锋精神和事迹进教材、进课堂、进头脑，利用课堂和课余活动，用生动形象的方式，从最基本的行为规范开始，通过点点滴滴、润物细无声的形式，教会青少年学雷锋做好事，培养青少年崇德向善的良好品德和习惯，使他们正确理解雷锋精神的意义和价值。

社会各界群众传承弘扬雷锋精神，要积极参加学雷锋志愿服务。在服务社会中践行志愿服务为民利民的价值追求，体现奉献友爱互助进步的志愿精神，彰显扶危济困、共克时艰的民族品格，让学雷锋志愿服务成为社会主义精神文明建设亮丽的时代风景。要更多地从积小善为大善、善莫大焉开始，在奉献爱心、处处可为中引领社会风尚。

丰富载体平台，将研究宣传雷锋精神引向深入。大力弘扬雷锋精神，要进一步丰富载体平台，加大学习宣传阐释力度，使之放射出更加绚烂璀璨的新时代光芒。

要紧紧围绕习近平总书记关于弘扬雷锋精神的重要指示精神，强化雷锋精神时代价值理论研究和成果传播。雷锋精神研究者要从马克思主义总体性方法论出发加大对雷锋精神形成的主要背景、历史地位、本质内涵、时代价值、实践要求、研究方法等方面进行深入研究，努力形成一批可喜的学术研究成果与理论观点。为辽宁全面振兴全方位振兴提供精神给养，助力辽宁打造新时代雷锋精神高地。

要充分挖掘、保护、开发、利用好雷锋精神所蕴含的文化资源，提升雷锋纪念馆、雷锋学校、雷锋学院等“雷”字号单位及雷锋文化教育载体的知名度和影响力，通过专家解读雷锋精神，亲历者讲述雷锋故事，参与者体验雷锋文化，使更多的人通过红色教育得到雷锋精神的熏陶；要通过对雷锋文化的剖析解读，实现打造辽宁文化高地，推动文化和旅游资源优势转化为产品优势、产业优势，形成融合发展的推动力，更好地为辽宁振兴作贡献。

要发挥好榜样典型的引领和示范作用。要通过典型引导，促进雷锋精神人格化、具体化、生活化，更有利于把雷锋精神传播到千家万户、渗透到工作生活中，更有利于在全社会树立起鲜明正确的价值导向。要挖掘不同领域不同类型的学雷锋先进典型，通过组织发动、媒体发现、社会推荐等形式，推出道德模范、优秀志愿者、身边好人等学雷锋典型。同时要重视培养树立各行各业的学雷锋典型并大力宣传，使雷锋精神更加贴近实际、更富有时代气息，更能打动人心。

要通过全方位宣传报道、多渠道宣传展示，使雷锋精神家喻户晓。如在雷锋生命的重要时间节点，网站首页重要位置和“两微一端”，持续推出雷锋精神报道，推出网络微视频、微故事等。组建雷锋精神宣讲团，播雷锋种子、讲雷锋故事、谈切身感受、传雷锋精神，辐射带动广大党员干部和人民群众进一步把思想和行动统一到实现中国梦的实践中来。

4. 以雷锋为榜样，弘扬“五种精神”

党的二十大报告指出，在全社会弘扬劳动精神、奋斗精神、奉献精神、创造精神、勤俭节约精神，培育时代新风新貌。这“五种精神”是鼓舞激励全党全国各族人民奋进新征程、建功新时代的动力源泉和宝贵财富。雷锋精神是中国共产党人精神谱系的重要组成部分，与“五种精神”内涵高度契合，一脉相承。坚持以雷锋为榜样，弘扬“五种精神”，对于教育引导广大党员干部和人民群众坚定理想信念、赓续红色血脉、汲取前行力量，以实际行动为全面建设社会主义现代化国家、全面推进中华民族伟大复兴作出贡献具有重要意义。

弘扬劳动精神，就要像雷锋那样崇尚劳动、热爱劳动。马克思认为，劳动是人类的本质活动，是人为了实现自身全面自由发展而进行的有目的、有意识的活动，劳动创造了人本身和对象世界。劳动开创未来，奋斗成就梦想。劳动是推动人类社会进步的根本力量，是一切成功的必由之路，也是一切梦想的坚实基石。劳动是主动的，是积极进取的，是光荣、崇高、伟大的，劳动光荣、创造伟大是对人类文明进步规律的重要诠释。

劳动是雷锋精神的鲜明特征。崇尚劳动、热爱劳动是雷锋快速成长进步的重要因素。雷锋说："世界上最光荣的事——劳动。世界上最体面的人——劳动者。"回顾雷锋的职业历程，无论是学生时期，还是做农民、工人、解放军战士，他从来都是以最严格、最高的标准来要求自己，在劳动实践中提高自己的业务水平和精神境界，以钉钉子的"挤劲"和"钻劲"，使自己快速成为工作上的"顶梁柱"和"多面手"。

弘扬劳动精神，要像雷锋那样崇尚劳动、热爱劳动，树立辛勤劳动、诚实劳动、创新劳动的理念，积极掌握所从事领域的基本知识、核心技术和创新趋势，努力提升自身的综合素养，做一颗永不生锈的"螺丝钉"，不计较个人名利得失，安于在平凡岗位上做一名普通劳动者，用劳动幸福谱写劳动最光荣、劳动最崇高、劳动最伟大、劳动最美丽的时代新篇章。

弘扬奋斗精神，就要像雷锋那样艰苦奋斗、勤俭创业。党的二十大报告指出："党用伟大奋斗创造了百年伟业，也一定能用新的伟大奋斗创造新的伟业。"我们党从诞生之日起，就把为中国人民谋幸福、为中华民族谋复兴作为初心使命，始终以永不懈怠的精神状态和一往无前的奋斗姿态干革命、搞建设、抓改革，在栉风沐雨、攻坚克难中开创了辉煌事业。百年砥砺前行、百年奉献牺牲、百年沧桑巨变，无不向世人证明，艰苦奋斗是我们党克敌制胜、一往无前的精神动力。

奋斗是雷锋精神的力量源泉。雷锋身上具有艰苦奋斗、勤俭创业的可贵品质。雷锋在日记中写道："我愿做高山岩石之松，不做湖岸河旁之柳。我愿在暴风雨中——艰苦的斗争中锻炼自己，不愿在平平静静的日子里度过自己的一生。"这是雷锋自我砥砺、不懈奋斗的铮铮誓言。

弘扬奋斗精神，要像雷锋那样艰苦奋斗、勤俭创业，我们要坚持把满足人民对美好生活的向往作为奋斗目标，始终为人民不懈奋斗、同人民一起艰苦奋斗，努力在攻坚克难中奋勇前进、开拓进取，不断跨越新的“雪山”“草地”，攻克新的“娄山关”“腊子口”，带领中华儿女走上伟大复兴的光明大道。

弘扬奉献精神，就要像雷锋那样乐于助人、公而忘私。党的二十大报告强调，“治国有常，利民为本”。为民造福是立党为公、执政为民的本质要求。要实现这样的目标，就要立足于奉献。奉献是中华民族的传统美德。中国共产党从诞生之日起，就明确自己是中国工人阶级的先锋队，坚持全心全意为人民服务的根本宗旨，以实现共产主义为最高理想和远大目标。这些质的规定性，决定了奉献是我们党的精神底色。

奉献是雷锋精神的本质内涵。雷锋同志说过：“人的生命是有限的，可是，为人民服务是无限的，我要把有限的生命，投入无限的为人民服务之中去。”在雷锋短暂的一生中，他不怕苦不怕累，在各种不同的工作岗位上干一行爱一行，始终坚持为党、为祖国、为人民奉献着自己的青春和热血，最终成长为一名伟大的共产主义战士。他无私的奉献精神和感人事迹传遍了全国，成为人们心中的道德楷模。

弘扬奉献精神，要像雷锋那样乐于助人、公而忘私，一个国家、一个民族的生存和发展，需要千千万万脚踏实地、默默耕耘的奉献者。我们要涵养“俯首甘为孺子牛”的奉献品格，在披荆斩棘中努力做到“特别能奉献”，用理想支撑奉献、用忠诚诠释奉献、用奋斗书写奉献、用淡泊彰显奉献，争做新时代的雷锋传人，成为雷锋精神的具体实践者和发扬光大者。

弘扬创造精神，就要像雷锋那样锐意进取、守正创新。中国人民的伟大创造不仅发展了中国，也为解决人类问题贡献了中国智慧和中国方案。“中国人民的创造精神正在前所未有地迸发出来，推动我国日新月异向前发展，大踏步走在世界前列。”创造性是中华民族主观能动性的集中体现，是推动社会发展和文明进步的不竭动力。创造精神是中华民族精神的重要内核，贯穿中华民族发展的过去、现在和未来。

创造是雷锋精神的时代价值。雷锋虽然只是小学毕业，却一步一步成长为全国人民学习的道德楷模，在于他具有锐意进取、自强不息的创新精神，积极向上的人生态度和百折不挠、勇往直前的奋进意志。雷锋在创新中谋实招、出绝活儿，他带领全班战士总结规律，改进车辆性能和操作方法，创新性地制作了模拟驾驶台，使大家进一步熟悉了汽车构造和油耗保养方面的知识，带动了全班战士的汽车驾驶水平提高，真正做到了弄懂、钻研、吃透，成为勇于探索、勇于创新的先进典型。

弘扬创造精神，要像雷锋那样锐意进取、守正创新。我们要积极顺应时代发展趋势，把握数字化、网络化、智能化发展机遇，用新眼光看待新事物，用新办法解决新问题，用新思路谋求新发展，用新理念促进新跨越，创造有利于社会、有利于人民的崇高价值，让创新创造始终贯穿于我们的一切工作，在全社会蔚然成风。

弘扬勤俭节约精神，就要像雷锋那样吃苦耐劳、克勤克俭。勤俭节约是共产党人的政治本色和优良传统。勤俭节约影响的不仅仅是个人的道德修养，更关系到国家、民族、政党的兴衰存亡。勤俭节约始终是凝聚党心民心、激励全党全国人民为实现国家富强、民族复兴共同奋斗的强大精神力量，是我们党保持同人民群众血肉联系的一个重要法宝。当年，美国记者斯诺在延安，看到我党领导人吃的是粗糙的小米饭，穿的是用缴获的降落伞改制的背心，住的是简陋的窑洞，他感慨地称赞这是共产党人身上的“东方魔力”，并断言这种力量是“兴国之光”。

勤俭节约是雷锋精神的深厚底蕴。雷锋经历了旧社会到新中国的历史跨越，他从“苦孩子”成长为“好战士”，就在于他深知幸福生活来之不易，因此他倍加珍惜、倍加节俭。雷锋有一个“节约箱”，把平时捡到的碎铜烂铁边角料、螺丝钉、牙膏皮、破手套等都装在里面，修车、修工具时能用上的就用上，尽量为国家节约开支。雷锋穿的袜子，补了又补，始终不肯扔掉。吃苦耐劳、克勤克俭的优良品格和优秀品质在雷锋身上得到了生动体现。

弘扬勤俭节约精神，要像雷锋那样吃苦耐劳、克勤克俭。“静以修身，俭以养德”，我们无论走多远，勤俭节约、吃苦耐劳的品质永远不能丢，要开源节流、量力而行，精打细算、严格把关，让有限的财力、物力和人力发挥出最大效益，要保持勤俭节约的本色，牢固树立过紧日子的思想，才能以好作风、好形象融入时代发展中去，把全心全意为人民服务的宗旨落到实处。

第八章 践 行

雷锋精神是一面永不褪色的旗帜，是中华民族的宝贵精神财富。新时代学雷锋要深入贯彻习近平总书记关于弘扬雷锋精神的重要指示精神，深刻把握坚守崇高理想、秉持人民情怀、践行奉献精神、投身民族复兴的思想内涵，既要学习雷锋的精神，也要学习雷锋的做法，以实际行动践行雷锋精神，把雷锋精神代代传承下去。

一、坚守崇高理想——像雷锋那样永远跟党走

党的二十大报告指出，要加强理想信念教育，牢记党的宗旨，自觉做共产主义远大理想和中国特色社会主义共同理想的坚定信仰者和忠实实践者。进军第二个百年奋斗目标、走好新的赶考之路，我们党必须不忘初心、牢记使命，在铸魂立心、强根固本上下足功夫。坚定理想信念，坚守共产党人的精神追求，始终是共产党人安身立命的根本。

雷锋，一个让中国人民乃至世界人民耳熟能详的名字；雷锋精神，一种让几代人为之折服、追求、向往的道德境界。雷锋在日记中写道："我就是长着一个心眼，一心向着党，向着社会主义，向着共产主义。"雷锋1957年参加了中国共产主义青年团，1960年参加中国人民解放军， 同年11月加入中国共产党。雷锋有着苦难的童年，也有在党的阳光哺育下翻身作主、激情燃烧的岁月，为共产主义奋斗的信念，从小就在他心里萌芽生

根，是他人生旅程牢固的精神支柱和强大精神动力。他感同身受地把中国共产党比作母亲，满怀着对党和人民的无限深情，以实际行动向世人展示了他的崇高理想和坚定信念。

雷锋是实践社会主义、共产主义思想道德的楷模，雷锋精神是在马克思主义及其中国化成果的武装下产生的，闪耀着共产主义的光辉，是对社会主义核心价值体系的生动诠释，是我们党高度重视理论武装、推动全体人民掌握科学理论的有力武器，体现着人类为最高理想而奋斗的追求和实践。同时，热爱社会主义的崇高理想和坚定信念也是雷锋精神的重要内容。

1. 坚定对马克思主义的信仰，践行初心使命

心中有信仰，行动有力量。共产党人信仰马克思主义，是建立在科学和事实基础上的。马克思主义是科学的理论，揭示了人类社会发展的一般规律；马克思主义是实践的理论，为人们认识世界、改造世界提供了行动指南；马克思主义是人民的理论，不仅要让劳动人民摆脱受剥削、受奴役的处境，而且要解放全人类，让每个人都获得全面而自由的发展。马克思主义预言，共产主义理想一定能够在不断改变现存状况的现实运动中一步一步实现。

当年，雷锋在日记中写道："高楼大厦都是一砖一瓦砌起来的，我们何不作这一砖一瓦呢！我所以天天都要做这些零碎事，就是为此。"在这字里行间，充分体现出一位伟大的共产主义战士的崇高理想和坚定信念。要深入学习贯彻习近平新时代中国特色社会主义思想，全面系统学、深入思考学、联系实际学，不断加深对党的最新理论成果重大意义、科学体系、丰富内涵的理解，增强贯彻落实的自觉性、坚定性，提高指导实践、推动工作的能力，真正把坚定马克思主义信仰落到实处。

2. 坚定对中国特色社会主义的信念，筑牢精神之基

“热爱党、热爱祖国、热爱社会主义的崇高理想和坚定信念”是雷锋精神的重要内容。在党和人民的培育下，雷锋从一个苦孩子成长为一名共产主义战士，这不仅增强了雷锋的自豪感、自尊心、自信心和责任感，更增强了雷锋的爱国情怀。新中国成立后，雷锋以积极的热情投入到社会主义建设当中。入党以后，雷锋更加严格要求自己，时常利用休息时间学习马克思列宁主义和毛泽东思想，从党组织的教诲中不断汲取思想养分，以此提高自身的思想觉悟。通过不断地学习和实践，雷锋的理想信念变得更加坚定，政治立场也更加鲜明。

回顾我们所取得的伟大成就，就在于我们能够正确地总结正反两方面的经验，找到了一条适合中国国情的道路。正如习近平总书记强调的：“历史和现实都告诉我们，只有社会主义才能救中国，只有中国特色社会主义才能发展中国，这是历史的结论、人民的选择。”中国特色社会主义这条道路不是简单延续我国历史文化的母版，不是简单套用马克思主义经典作家设想的模板，不是其他国家社会主义实践的再版，也不是国外现代化发展的翻版，而是中国共产党人独创的、完全适合中国国情的道路。

当今世界正处于百年未有之大变局，我国正处于中华民族伟大复兴关键时期，外部环境不利因素增多，国内经济下行压力增大，改革发展稳定、内政外交国防、治党治国治军各方面任务之重前所未有，面临的风险挑战之严峻前所未有。坚定的理想信念是激励我们奋勇向前、克难制胜的精神力量。新时代弘扬和践行雷锋精神，就要勤于检视心灵、洗涤灵魂，不忘初心、牢记使命，自觉做共产主义远大理想和中国特色社会主义共同理想的坚定信仰者和忠实实践者，深刻领会和系统掌握马克思主义的基本原理以及所蕴含的立场、观点和方法，深入学习贯彻习近平新时代中国特色社会主义思想，自觉地把个人的追求和奋斗同党的事业、国家的命运、民族的前途联系起来，为祖国的繁荣发展贡献自己的智慧和力量。

3. 坚定对实现中华民族伟大复兴中国梦的信心，挺起民族脊梁

什么是中国梦？习近平总书记指出："实现中华民族伟大复兴，就是中华民族近代以来最伟大的梦想。"我们只有保持对实现中国梦的充足信心，才能当好"努力奔跑"的"追梦人"。

习近平总书记指出，一个民族、一个国家，必须知道自己是谁，是从哪里来的，要到哪里去。这是培育和践行社会主义核心价值观要解决的核心问题，也是中华民族道路自信、理论自信、制度自信、文化自信的源泉。种子是繁衍后代的载体，雷锋精神的种子承载着解决"我是谁，我从哪里来，要到哪里去"的这样一种价值使命，用全部能量传承传播红色经典。经过60年的学习和实践，雷锋精神已经超越时空，不断拓展和丰富。习近平总书记关于弘扬雷锋精神作出一系列重要指示，为新时代学雷锋活动指明了方向。习近平总书记强调："要大力加强思想道德建设，雷锋、郭明义、罗阳身上所具有的信念的能量、大爱的胸怀、忘我的精神、进取的锐气，正是我们民族精神的最好写照，他们都是我们'民族的脊梁'。"

实现梦想需要正确价值观引领。雷锋曾在日记中说"党和毛主席救了我的命，是我慈祥的母亲。当我想起党的恩情，恨不得立刻掏出自己的心。我们绝不能好了疮疤忘了疼，应该饮水思源。"这种对党和人民深厚的感情，具有朴实深刻的感恩情怀，这也是雷锋养成乐善好施、助人为乐、自觉行动的生活习惯的动力来源。改革开放以来，中国发生了翻天覆地的变化，党带领国家和民族前所未有地靠近世界中心，成为了全球第二大经济体，这是世界其他国家无法比拟的。我们应像雷锋那样自觉真心地相信组织、依靠组织、感恩组织，以实际行动去回报组织的关心和培养。把"我的梦"与中国梦联系在一起，把自己的命运与党的命运、中华民族的命运联系在一起。

我们处在一个伟大变革的时代，既充满机遇又充满挑战，是对青年一代志在必成的大考，每一位年轻人都要交出合格的答卷。当民族复兴的责

任历史地落到我们这一代人的肩上，要想挑起这副担子，就必须勇于担当，以强烈的责任意识，勇敢地承担起这一神圣使命。勇往直前的品格是雷锋精神十分宝贵的内在特质。他要求自己：“要在困难中做个光荣的革命战士，绝不做可耻的逃兵；要做暴风雨中的松柏，绝不做温室中的弱苗。”大变革带来大挑战，大挑战需要大担当。中华民族的伟大复兴梦想是一项前无古人的事业，必须大力弘扬雷锋恪尽职守、迎难而上的精神。践行雷锋精神要志存高远，又要脚踏实地，不能靠喊喊口号、“敲锣打鼓”来实现，必须靠奋斗去创造、去书写。

二、秉持人民情怀——像雷锋那样为人民服务

人民至上是马克思主义的基本观点，全心全意为人民服务是我们党的根本宗旨。党的根基在人民，血脉在人民，力量在人民。雷锋精神的实质，就是全心全意为人民服务。1963年3月5日，毛泽东主席题词：“向雷锋同志学习。”雷锋精神鼓舞着一代又一代人成长。雷锋这位普通的中国士兵，在他短暂的人生岁月中，以平凡朴实的行动展现出一种令人震撼的道德品质和人格魅力。

新时代大力弘扬雷锋精神，要秉持人民情怀，坚持人民至上，要把全心全意为人民服务的根本宗旨落实到实际行动中，不忘初心、牢记使命，把人民冷暖放在心上，把群众的利益放在首位，走好新时代赶考路。

1．雷锋，树立起了全心全意为人民服务的光辉榜样

“人的生命是有限的”和“为人民服务是无限的”，生动地诠释了雷锋精神的核心内涵。全心全意为人民服务，是我党的根本宗旨，也是一切共产党员思想和行动的准则。全心全意为人民服务，最基本的要求，是坚持一切从人民群众的根本利益出发。

雷锋，一个光辉的名字，一位永远活在人们心中的战士。他的事迹，

感染了一代代国人；他的话语，一次次激励我们前行；他的精神，闪耀着全心全意为人民服务的熠熠光辉。1961年10月20日，雷锋在日记中写道："人的生命是有限的，可是，为人民服务是无限的，我要把有限的生命，投入到无限的为人民服务之中去……"平凡质朴的话语闪烁着辩证唯物主义的哲学观点，生动地诠释了雷锋精神的核心内涵。作为一名革命战士、一名共产党员，雷锋始终坚持立足本职工作，恪尽职守，努力圆满完成各项工作任务，热情为人民群众服务，是坚持实践全心全意为人民服务宗旨的具体体现。

像雷锋那样"心中有爱"，树立全心全意为人民服务的人生观和价值观。我们每个人都应该像雷锋那样，树立革命的人生观，视人民利益高于一切，为人民利益舍得一切，自觉发扬奉献精神。1961年9月11日，雷锋在日记中写道："人民的困难，就是我的困难，帮助人民克服困难，贡献自己的一点力量，是我应尽的责任。我是主人，是广大劳苦大众中的一员，我能帮助人民克服一点困难，是最幸福的。"这篇日记展现出雷锋心中有大爱，他把全心全意为人民服务作为自己毕生任务的思维轨迹，回响着雷锋全心全意为人民服务的嘹亮心声，也彰显着雷锋全心全意为人民服务的革命人生观和幸福观。

像雷锋那样"行中有德"，用实际行动践行全心全意为人民服务的宗旨理念。年轻的雷锋同志，始终与人民心心相印，同甘共苦。从帮助战友学文化、学技术到给不认识的群众买车票，从冒雨送老人回家到带病坚持抗洪抢险，从雨夜用棉被抢盖工地水泥到春节主动去候车室为旅客服务，他时时处处以党、国家和人民的利益为重，把毫不利己、专门利人看作是最大的幸福和快乐，把有限的生命投入到无限的为人民服务中去。

2．学习弘扬雷锋精神，践行服务人民之初心

在奉献"小我"中实现"大我"价值。在传承雷锋精神的过程中，随着时代的变迁和进步，人们对于雷锋精神的理解也越来越具有时代的特

色，但是它的本质永远不会改变，我们始终要弘扬雷锋服务人民、助人为乐的奉献精神。

雷锋是一个普通士兵，但他始终坚持共产党人的崇高价值追求，全心全意为人民服务。无论是知根知底的熟人，还是萍水相逢的路人，他都始终保持一颗大爱之心，尊重他人、帮助他人，在奉献“小我”中实现“大我”价值。他刻苦学习马列主义、毛泽东思想，坚持理论联系实际，努力实践，因而具备了全心全意为人民服务的无私忘我的奉献精神。

雷锋毫无自私自利之心，始终把群众的疾苦放在心上，对待同志像春天般的温暖，总是把方便让给别人，甘当革命的“傻子”。在我国受到严重的自然灾害情况下，他为国家建设，为灾区捐献出自己的全部积蓄，却舍不得喝一瓶汽水。做一个有利于国家、有利于人民的人，这是雷锋崇高的理想。他短暂的一生，无时无刻不在实践着自己的理想。

雷锋是以服务人民为最大幸福，以帮助他人为最大快乐，这是雷锋精神的一个典型标志，也是我们今天仍然要弘扬的崇高品德。雷锋雨夜送大嫂的故事，“雷锋出差一千里，好事做了一火车”的称颂，无不表明雷锋一生为党为民、干事创业，以为人民服务为最大幸福，在平凡的岗位上作出不平凡的事业。

3. 在弘扬雷锋精神的伟大实践中树立人民情怀

雷锋在实践中表现出来的全心全意为人民服务的共产主义精神是共产党的宗旨，也是人民的希望，时代的需要。雷锋生前，在农村是劳动模范，在工厂是生产标兵、先进生产者，在部队多次立功受奖，并当选为驻地抚顺市人民代表。

60年来，雷锋精神犹如一座巍然矗立的灯塔，不断放射出夺目的光芒，照亮着一代又一代人的心灵。我们学习雷锋，发扬雷锋精神，就是要像他那样，自觉地在平凡的岗位上，在平凡的小事中，努力实践这一根本宗旨，真心实意、尽心竭力、坚持不懈地为人民办实事、做好事。大力弘扬雷锋精神蕴含的高尚道德修养和品格操守，坚持把人民满意与否作为衡量工作的标准，解决群众反映强烈的急难愁盼问题，用一件件平凡的小事成就不平凡的人生，用矢志不渝的坚守筑起中华民族的道德坐标。

雷锋精神是中华民族传统美德的一种积淀，是一种随着时代进步而不断发展的与时俱进的精神。雷锋那种全心全意为人民服务、把有限的生命投入到无限的为人民服务中去的精神，那种干一行爱一行、立足岗位艰苦奋斗的“螺丝钉精神”，那种对同志、对群众像春天般温暖，舍己为人、助人为乐，我为人人、人人为我的精神，是在全面推进中华民族伟大复兴中必须大力发扬倡导的。

向雷锋学习，从自身工作学习生活出发，做一颗“永不生锈的螺丝钉”，主动承担社会责任，热诚关爱他人，多做扶贫济困、扶弱助残的实事好事，用实际行动以身边的好事、小事、平凡事书写新时代的雷锋故事。人无精神则不立，国无精神则不强。我们要在力所能及的范围内行善举、做好事、献爱心，在学习工作生活中，多一点虑他情怀和奉献精神，积小善为大善，善莫大焉。久而久之，整个社会也一定会进一步形成良好的风气。

今天，我们比历史上任何时期都更接近中华民族伟大复兴的目标，比历史上任何时期都更有信心、有能力实现这个目标。中国特色社会主义事业大厦是靠一砖一瓦砌成的，人民的幸福是靠一点一滴创造得来的，迫切需要厚植雷锋一样的大爱情怀，爱民如亲，担当作为，爱岗如家，勤勉敬业，扎扎实实做好每一件小事，聚沙成塔，积小胜为大进步。我们要弘扬践行雷锋精神，立足本职、锐意进取、埋头苦干，在每一个平凡的岗位上干出不平凡的业绩，勇做新时代的奋进者、开拓者、奉献者，不断续写中国人民伟大奋斗的历史新篇章。

学习雷锋在“无限的为人民服务”中实现平凡的伟大。他热爱集体，关心战友，关心群众，把毫不利己、专门利人看成是人生最大的幸福和快乐，并身体力行，认真实践。他把自己省吃俭用积存起来的钱，寄给受灾人民，送给家庭困难的战友。他曾担任校外辅导员，以自己的模范行动影响和激励少年一代健康成长。

今天，我们大力弘扬雷锋精神，就是要努力成为有德、有才、有情、有义的人，增强对中国特色社会主义的道路自信、理论自信、制度自信、文化自信，在关键时刻要挺身担当，工作岗位上创新实干，攻坚克难中肯“钻”能“挤”，在平凡的工作生活中干出不平凡的事业。

三、践行奉献精神——像雷锋那样做颗螺丝钉

雷锋始终以服务人民为最大幸福，以帮助他人为最大快乐，这种服务人民、助人为乐的奉献精神是雷锋精神的重要体现。

1. 胸怀大爱，做服务人民、助人为乐的奉献者

雷锋精神是什么，有人说是感恩，有人说是爱，有人说是心存善念，有人说是做好事……不管答案是什么，在人们的心目中，雷锋精神似乎就是一种美德的代名词，而奉献是雷锋精神的重要内容之一。

纵观雷锋短暂的一生，正是“为未来的人类生活付出了什么？为未来带来了什么？”这种深植于心中的奉献的理念和精神，支撑着他把自己的一切奉献给了工作，奉献给了他熟悉的或陌生的每一个生命，奉献给了他热爱的土地。

“生命的意义在于奉献，如果只停留在自己身上，那么生命的意义也只是一种虚假的个人优越感，而这种私人的优越感对别人没有任何意义。而自己也处于一种虚幻的个人比较，得不到生命的成长。”

奉献是一件很有意义的事，也是一件很简单的事。一句关心的话语是奉献，一杯暖暖的茶是奉献，一次不经意的搀扶是奉献，弯下腰捡起地上的纸屑是奉献，给公交车上的老弱病残让个座位是奉献……如果你是一个老师，你就做一根“蜡炬成灰泪始干”的照亮学生成长天空的长烛；如果

你是一个医生，你就做救死扶伤的白衣天使；如果你是一个科学家，你就做为人类幸福插上翅膀的神童；如果你是一个环卫工，你就做一个细心的城市的美容师；如果你是建筑工人，你就让一栋栋建筑稳固地矗立于大地……

奉献是一件很简单的事，也是一件很快乐很幸福的事。当看到学生在你的课堂上如痴如醉，快乐地收获知识时，你会觉得很幸福；当看到一个生命在你手中起死回生时，你会觉得很幸福；当看到城市因你的劳作变得美丽整洁时，你会觉得很幸福……奉献他人的同时，我们的生命也得到了成长，得到了升华，也由此获得了幸福的体验。

雷锋正是用一件件平凡的小事成就了不平凡的人生，用矢志不渝的坚守筑起了中华民族的道德坐标，至今温暖着我们的社会，感动着我们的时代。服务人民、助人为乐是一种公认的崇高品质，它涤荡人们心中的私心杂念和沉渣污垢，培养人的浩然正气，体现了崇高的价值取向和人生追求。

2. 爱岗敬业，做脚踏实地、精益求精的建设者

敬业是基础，乐业是前提，勤业是根本。做好本职工作，就要从现实做起，从自己做起；勇于主动承担工作责任，不知难而退，尽心尽责。对全党来说，就要把坚定理想信念作为党的思想建设的首要任务，挺起共产党人的精神脊梁，解决好世界观、人生观、价值观这个“总开关”问题，自觉做共产主义远大理想和中国特色社会主义共同理想的坚定信仰者和忠实实践者。我们要敬业、乐业、勤业、精业，时刻坚守初心，矢志永远奋斗；带着历史自信的最大底气，带着不忘初心的使命担当，向第一个百年奋斗目标前进！

做到勤学善思。乐业就是安于职守，乐于效力。我们要以工作为乐，以付出为乐，以奉献为乐，时刻保持对工作的热情、激情，以饱满的精神状态投入到党和人民的伟大事业中去。要坚持理论知识的学习，刻苦钻研

业务，在一线磨砺锻炼，才能够更好地练就一身真本领，当好本职岗位上的“行家里手”。不断加强学习，提高业务能力，提高自身综合素质；工作中细致认真，尽心尽责，出现问题及时发现，并为工作献计献策，勇于实现工作中的创新；结合自己岗位的特点，树立自己正确的事业观、价值观，规范自己的行为。我们既然选择了这项工作，就当义不容辞、满腔热情地对待它，专心专意做好它。弘扬默默无闻的奉献精神，树立正确的人生观、价值观，甘当人梯，甘当无名英雄，把履行职责作为第一追求。进一步加强思想淬炼、政治历练以及实践锻炼和专业训练。在精学理论、深学业务、广学知识上下功夫，干一行爱一行，专一行精一行，在岗位上力争优秀、创造一流，争当“活字典”“政策通”。

做到恪尽职守。爱岗敬业就是要求我们时刻做到忠于职守、克己奉公、服务人民、奉献社会。敬业就是用一种严肃、认真、负责的态度对待自己的工作，勤勤恳恳、兢兢业业、忠于职守、尽职尽责。“故天将降大任于是人也，必先苦其心志，劳其筋骨……”我们要在爱岗敬业中培养严谨认真，有条不紊，明达事理而又坚毅顽强的性格特质。岗位就意味着责任，只有对岗位工作敬业，才会全力以赴，才会自发自动、高标准、高质量地完成工作。爱岗敬业，是坚守初心，砥砺意志。工作不挑肥拣瘦，不拈轻怕重，深入调查研究，抓好工作落实，树立爱岗敬业的形象；对分管的工作要主动管、科学管，敢于碰硬，善于解难，不等待观望，不推诿扯皮，树立敢抓敢管的形象；对工作中出现的问题敢于正视、勇于担当，不遮遮掩掩、不含含糊糊，树立担当负责的形象。始终坚持不畏艰难、勇于进取的精神，以更高的标准要求自己，坚韧不拔，迎难而上，化压力为动力，变挑战为机遇，绘就人生最美好的画卷。

做到精益求精。只有精业，工作才有底气，事业才有生气，工作才会出成绩。成功没有捷径，辉煌的背后是鲜为人知的努力。我们必须勤于学习，边干边学，工作才能精益求精，才能创先争优。在学习中开阔眼界、增长见识，在学习中更新知识、提高素养，才能使自己站得更高一些、看得更远一些，从而不断提升自己及时发现问题、透彻分析问题和科学解决问题的水平，才能敢干事、会干事、干成事。无论你从事何种职业，无论你是何等职位，无论你的收入高低，都是如此。做到干一行爱一行，热爱自己所从事的职业岗位，才能创亮点、出业绩，这是干事创业的先决条件。

3. 艰苦奋斗，做朴实无华、勤俭节约的创业者

我们过去的辉煌成就，特别是实现全面建成小康社会，是靠艰苦奋斗取得的。

始终砥砺艰苦奋斗的意志品质。艰苦奋斗的精神品质不会与生俱来、凭空产生，需要坚持不懈地培塑、磨砺和锻造。要深刻认识到，越是经济社会发展形势向上向好，越是需要弘扬艰苦奋斗精神，要坚决摒弃、自觉克服一些人头脑中的艰苦奋斗过时论、吃苦论、无用论。要主动接过革命前辈手中艰苦奋斗的接力棒，坚守甘于奉献的无私品格，不丢勤俭节约的传统美德，永葆不畏艰险的奋斗精神。要以党史学习教育为契机，从我们伟大建党精神这个源头汲取艰苦奋斗的意志力量，始终鼓起迈进新征程的精气神。

始终保持不懈奋斗的实际行动。艰苦奋斗，简而言之就是人生要肯吃苦、能奋斗。幸福是奋斗出来的，奋斗的人生必然肯吃苦，不奋斗不吃苦就失去了人生的意义。要脚踏实地、起而行之、勇挑重担，勤恳实干、埋头苦干、紧抓快干。要始终保持对工作、对事业极端认真负责的态度，把心思用在岗位上，把精力用在落实上，把智慧用在建设上。要依靠勤劳、智慧和汗水去创造幸福人生、锦绣前程，不贪图安逸，不惧怕困难，不怨天尤人，始终以奋斗的姿态在本职岗位上不断开创新局面、创造新业绩。

始终培养积极健康的生活情趣。保持和发扬艰苦奋斗精神，与“三观”养成、道德修养、价值追求等有着直接关系，必须从根本上加以解决。要始终如一地自觉加强党性修养和锻炼，保持高尚的思想道德情操、

健康向上的生活情趣。要树立积极健康正确的人生观、世界观、价值观，坚持以俭修身、以俭兴业，克勤克俭、去奢从俭。要做到思想上坚定，学习上刻苦，工作上努力，生活上俭朴，坚决抵制享乐主义、奢靡之风，永葆共产党人的政治本色。

四、投身民族复兴——像雷锋那样奋进新征程

回望历史长河，每当人类文明之舟行驶到关键交汇口，伟大的精神总能如航标、如灯塔，指引人们前进的方向。中华民族的崛起，是一个文明体系的崛起。“活着，就是为了别人活得更加美好。”雷锋精神折射出来的中国力量、中国精神、中国价值，不仅将为新时代的中国明德育人，也必将走向世界，成为服务于世界人民的宝贵精神财富。

1．提高政治站位，围绕使命任务

一个时代有一个时代的主题，一代人有一代人的使命任务。新时代新征程的使命任务为党领导人民进行伟大斗争、建设伟大工程、推进伟大事业、实现伟大梦想提供了时间表和路线图。在弘扬雷锋精神、开展学雷锋活动的道路上，我们应坚决捍卫以中国式现代化完成使命任务的政治定力，始终遵循关乎党和国家前途命运的重大原则。

雷锋是在党的哺育和培养下，在社会主义建设时期成长起来的先进典型，雷锋精神集中体现了党的服务宗旨和红色基因传承。组织开展学雷锋活动必须充分发挥党的领导制度优势，在党和政府的领导下，坚守崇高的政治理想，坚定正确的政治方向，坚持全心全意、无私奉献的政治站位，将旗帜鲜明讲政治落实到学雷锋活动的全过程，深刻领悟“两个确立”的决定性意义，增强“四个意识”，坚定“四个自信”，做到“两个维护”。

中国特色社会主义道路，是党和人民不懈奋斗、创造、积累的根本成就，是引领中国进步、增进人民福祉、实现民族复兴的康庄大道。在中国

共产党百余年的奋斗道路上，雷锋精神已经伴行60年。这60年里，新中国的历史风雷激荡，但是发展始终体现社会主义的本质，也不断丰富社会主义的内涵。正是因为我们选择的道路始终占据着思想上、道义上的制高点，才使得雷锋精神驰而不息地对社会主义精神文明建设作出重要贡献。组织开展学雷锋活动必须坚持走中国特色社会主义道路，保持方向不变、道路不偏、定力不减，不断用雷锋精神增强社会号召力，凝聚最广泛共识，画出最大同心圆。

“人民”二字，重若千钧。从马克思恩格斯“为绝大多数人谋利益”，到列宁“为千千万万劳动人民”服务，再到毛泽东《为人民服务》一文，无不体现无产阶级政党的人民本色。中国共产党从诞生之日起，就把全心全意为人民服务作为根本宗旨，刻在自己的精神谱系中。

百年来，党领导人民进行伟大奋斗，在进取中突破，于挫折中奋起，从总结中提高，积累了宝贵的历史经验。其中，“坚持人民至上”是中国共产党百年奋斗取得的一条宝贵历史经验。学雷锋活动起源于人民，也必将服务于人民。组织开展学雷锋活动必须坚持以人民为中心的发展思想，始终站稳人民立场、把握人民愿望、尊重人民创造、集中人民智慧、回应人民诉求、满足人民需要、实现人民期待。

2. 构建体制机制，整合文化资源

当前，我国已经开启全面建设社会主义现代化国家，实现第二个百年奋斗目标的新征程，对推动经济社会发展提出了新的更高要求，也对学雷锋活动提出了新的更高要求。只有着眼长远、抓住关键，在完善体制机制、打造学习平台、整合文化资源上下功夫，才能推动学雷锋活动不断迈上新台阶、打开新局面。

建立健全科学的学雷锋活动体制机制，促进新时代学雷锋健康持续、又快又好发展，是积极促进中华民族伟大复兴的根本保证。传承弘扬雷锋精神、统筹开展学雷锋活动不是一蹴而就的，而是一个系统化、长期化的

复杂工程，需要由党委和政府作为实践者、主导者，广泛动员社会各方面、各层次的人员力量，从机制上给予支撑和保障，持续推动各项工作活动制度化、规范化发展，确保取得实效、取得成果。开展学雷锋活动应不断加强统筹规划，健全运行机制，制定行动方法，明确工作流程，确保各项工作活动落实落地，逐步形成党委领导、各部门配合、社会广泛参与的工作机制。

雷锋精神学习阵地是开展学雷锋活动的重要支撑，对于创新活动形式、丰富活动内容、提升活动实效具有重要意义。注重各个阵地互动交流，及时分享开展学雷锋活动的先进经验和创新做法，实现资源共享、经验共享，充分发挥出教育阵地集群作用。同时，根据时代特点，充分发挥互联网传播广、影响大的显著优势，开通以传承弘扬雷锋精神为主题的互联网媒体账号，比如微信公众号、视频号、短视频等，让雷锋精神全面占领互联网宣传阵地。

做好雷锋精神文化资源的保护和开发，是我们义不容辞的政治任务和历史使命，也是开展学雷锋活动的重要保障。要摸清家底，分类保护，在全国范围内对雷锋精神文化资源进行系统普查，并采用现代化互联网管理模式进行管理，为学雷锋活动开展提供相应资源和条件。成立“雷锋精神宣讲团”，组织“新时代弘扬雷锋精神”宣讲。加强对外交流互鉴，与全国雷锋精神主题展馆（室）、雷锋学校等全国“雷锋”资源联合，策划开展线上线下活动。

有效整合全国学雷锋主题网站、微信公众号等各类平台，主动顺应移动化、互动化、全媒化的互联网发展趋势，创作生产更多体现时代特色的雷锋主题爆款产品。特别要面向青少年群体，树立“从娃娃抓起”思想，不断创新学雷锋的新路径、新方法、新载体，不断增强学雷锋的吸引力、感染力、影响力。

3. 坚持守正创新，丰富形式内容

守正才能不迷失方向、不犯颠覆性错误，创新才能把握时代、引领时代。伟大的共产主义战士雷锋，虽然只是小学毕业，却一步一步成长为全国人民学习的道德楷模，在于他具有锐意进取、自强不息的创新精神。学雷锋活动要在坚持基础理论、基本原则的条件下，不断创新形式、创新机制、创新内容，着力打造学雷锋的新平台、新载体，通过不断强化典型引领、深化理论阐释、开展志愿服务，培养爱岗敬业、无私奉献、锐意进取的优良品质。

学雷锋是学典型、做典型的过程，而为了更有力地推进这一过程，需要不断地发现新的典型，培塑新的典型，不断完善学雷锋典型评选、培养、宣传、礼遇机制，形成制度化、常态化。着力打造学雷锋典型品牌，坚持定期评选并高规格举办颁奖典礼，大力营造崇尚典型的氛围，增强学雷锋典型的荣誉感。通过举办事迹报告会、情景故事汇、典型交流会、拍摄微电影等形式，展示学雷锋典型的先进事迹。关心关爱学雷锋典型，建立健全学雷锋典型教育管理、关心关爱工作机制。调动社会各方力量关心、关爱、礼遇典型，同时加强典型的管理教育，让学雷锋典型以过硬的素质、良好的风貌，充分发挥示范引领作用。

理论是实践的先导，思想是行动的指南。做好雷锋精神的理论阐释，是高效开展学雷锋活动的前提基础。重点依托高校、科研院所、社团协会等雷锋精神研究机构，围绕传承弘扬雷锋精神的意义价值、基本内涵，以及开展学雷锋活动主要原则、实践路径等主题，确定研究课题，组织学术沙龙，努力形成理论研究常态化的浓厚氛围。重点加强习近平总书记关于学习雷锋系列重要论述的深层研究，纳入社会科学研究，成立课题组，开展调查研究，形成有分量的研究成果。注重交流合作，每年邀请全国学雷锋社会组织、相关高校、从事雷锋精神研究的相关专家教授、“时代楷模”、道德楷模以及雷锋故事的亲历者等开展座谈会、论坛、研讨会、沙

龙等会议活动，破解传承弘扬雷锋精神过程中的重点、难点、堵点问题，不断提高理论研究水平。

志愿服务是社会文明进步的重要标志，不断推进志愿服务与学雷锋高度融合，将志愿服务作为开展学雷锋活动载体，是传承弘扬雷锋精神的创新举措。发挥工会、共青团、妇联等群团组织和学雷锋民间组织的优势，基于群众实际需求设立志愿服务项目，不断探索志愿服务理念创新、载体创新，通过项目化、专业化打造特色志愿服务品牌，在扶危济困、抢险救灾、环境保护等方面切实为广大人民群众送温暖、送平安、送方便，有效推动志愿服务长远发展。

积极探索“互联网+志愿服务”精准对接，让服务需求和服务项目自动匹配，解决不同的志愿服务需求，为志愿服务提供多元化、专业化、精准化的对接。推进学雷锋志愿服务活动规范化、制度化，探索建立志愿服务建卡积分、激励回馈、评价认同体系，形成参与广泛、形式多样、活动经常、机制健全的学雷锋志愿服务体系，营造良好的学雷锋志愿服务社会环境，让志愿服务融入人们的工作生活，让人们在参与志愿服务活动中拥有获得感、幸福感。

4. 把握时代需求，融入发展大局

国无德不兴，人无德不立。道德是提高人民精神境界、促进人民自我完善、推动人民全面发展的内在动力。一个社会是否文明进步，一个国家能否繁荣昌盛，很大程度上取决于公民思想道德素质的高低。雷锋作为影响了几代中国人的道德楷模和精神偶像，为我们强化思想道德建设提供了宝贵的精神财富。传承雷锋精神是提升公民道德品质、践行社会主义道德的重要途径。

坚持以社会主义核心价值观为引领，以传承弘扬雷锋精神为载体，实施公民道德建设工程、弘扬中华传统美德、加强家庭家教家风建设，用雷锋精神强大魅力感召广大人民群众明大德、守公德、严私德，全社会形成

共同的理想信念和道德规范，不断增强中华民族的凝聚力、向心力、亲和力，引领公民道德建设走深走实，不断提高人民道德水准和文明素养。

社区作为基层自治组织，应重点依托新时代文明实践站、党员家庭代办站、学雷锋志愿服务岗，高效整合各方资源，汇聚人员力量，组织开展环境卫生整治、维护地区稳定、困难群体帮扶、政策宣传解读等各类主题活动，有效破解联系服务群众“最后一公里”这一难题，让广大居民“家庭困难有人帮、邻里纠纷有人劝、事故隐患有人抓”，实现“小事不出社区、大事不出街道”的良好治理局面。

同时，健全社区学雷锋活动工作体系，促进社区学雷锋的常态化、制度化、专业化，使学雷锋更好地适应新时代社会治理新要求，与人民对美好生活的向往相融合，形成“人人有责、人人尽责、人人享有”的文明治理新局面。

立足本职学雷锋是传承弘扬雷锋精神的基本形式。雷锋把爱岗敬业作为自己的人生信条，以自己的实际行动，诠释了“公而忘私的共产主义风格”，成为新中国成立以来毫不利己、专门利人的榜样和典型。于单位而言，将学雷锋融入工作岗位，要紧密结合单位生产经营管理和改革发展实际，融入各项具体业务工作，紧密结合员工思想和工作实际，才会有生命力、吸引力。

参考文献

[1] 习近平. 用好红色资源，传承好红色基因，把红色江山世世代代传下去 [J]. 求是，2021（10）.

[2] 中共中央党史和文献研究院. 中国共产党的一百年：全四册 [M]. 北京：中共党史出版社，2022.

[3] 任仲平. 人人都要学雷锋 [M]. 北京：人民日报出版社，2012.

[4] 任慧英. 雷锋的故事 [M]. 沈阳：春风文艺出版社，2001.

[5] 陶克. 告诉你一个真实的雷锋 [M]. 西安：陕西出版传媒集团陕西人民出版社，2013.

[6] 戴明章. 回忆雷锋（上）[M]. 北京：解放军出版社，2015.

[7] 戴明章. 回忆雷锋（下）[M]. 北京：解放军出版社，2015.

[8] 李静. 铸魂之道 [M]. 沈阳：辽宁人民出版社，2018.

[9] 李平，张仲国. 论雷锋精神与社会主义核心价值观 [M]. 北京：中国财经出版社，2014.

[10] 张仲国. 锋芒淬砺 [M]. 沈阳：辽宁大学出版社，2016.

[11] 方士华. 真实的雷锋 [M]. 北京：红旗出版社，2012.

[12] 胡承山. 新时代向雷锋学什么 [M]. 沈阳：辽宁人民出版社，2021.

[13] 总政治部组织部. 永恒的丰碑 [M]. 北京：解放军出版社，2012.

[14] 于清丽．你的样子：讲述雷锋［M］．沈阳：辽宁人民出版社，2019.

[15] 尹柏寒．雷锋在这里成为“雷锋”［EB/OL］．人民网-辽宁频道，2022.

[16] 文辉．雷锋在鞍钢，你不知道的故事！［J］．当代鞍钢，1984（2）.

[17] 雷锋．雷锋日记［M］．西安：陕西师范大学出版总社．2018.

[18] 李平，张仲国．雷锋精神与辽宁精神研究［M］．沈阳：辽宁大学出版社，2015.

[19] 中共抚顺市委宣传部．新时代怎样学雷锋［M］．沈阳：辽宁人民出版社，2019.

[20] 中共辽宁省委党史研究室．中国共产党辽宁历史简明读本［M］．沈阳：辽宁人民出版社，2020.

[21] 陈文清等．壮丽画卷：中国共产党在辽宁80年光辉历程图文纪实［M］．沈阳：辽宁画报出版社，2001.

[22] 中共辽宁省委党史研究室．中国共产党辽宁历史大事记［M］．北京：中共党史出版社，2019.

[23] 总政治部．雷锋日记选［M］．北京：解放军文艺出版社，1962.

[24] 刘勇，毕玉才．辽宁抚顺：雷锋精神已融入城市血脉［N］．光明日报，2018.

[25] 辽宁：雷锋精神的发祥地［N］．东北新闻网，2022.

[26] 聚是一团火 散是满天星——“雷锋团”退役官兵学雷锋综述［N］．国防时报社官方账号，2022.

[27] 执著燃烧的一团火——记沈阳军区雷锋生前所在团［N］．人民日报，2012.

[28] 黄亚洲．雷锋［M］．北京：华夏出版社，2010.

[29] 彭定安．社会与文化转型论［M］．北京：社会科学文献出版社，

2015.

[30] 肖宇，翟元斌．新时代学雷锋活动的主要成果与基本经验［J］．毛泽东研究，2020（01）．

[31] 仁轩．辽宁遍地是雷锋［J］．共产党员，2019（08）：15—19．

[32] 盛轩．雷锋精神德耀辽宁——辽宁省开展学雷锋活动综述［J］．共产党员，2013（06）．

[33] 黎雨．雷锋精神缘何在辽宁大地生根开花［J］．共产党员，2013（06）：7—8．

[34] 毕玉才．辽宁　雷锋的第二故乡［J］．今日辽宁，2012（02）．

[35] 雷锋．雷锋日记［M］．北京：北京联合出版社，2017．

[36] 雷锋．名师导读：雷锋日记［M］．武汉：华中科技大学出版社，2019．

[37]《雷锋》杂志．新时代雷锋精神解读［M］．北京：人民出版社，2018．

[38] 中共辽宁省委理论学习中心组．弘扬雷锋精神 推动辽宁振兴发展取得新突破［J］．人民日报，2023．

[39] 余伟．雷锋精神永不褪色 青春坐标跨越时空［N］．光明网，2021．

[40] 学雷锋志愿服务沿着正确方向蓬勃发展［N］．中国文明网，2021．

后 记

习近平总书记在党的二十大报告中指出：“以社会主义核心价值观为引领，发展社会主义先进文化，弘扬革命文化，传承中华优秀传统文化，满足人民日益增长的精神文化需求。”党的十八大以来，党和国家高度重视弘扬红色革命文化，保护红色资源，反复强调要用好红色资源、传承红色基因。辽宁省第十三次党代会报告提出，深入阐释辽宁“抗日战争起始地”“解放战争转折地”“新中国国歌素材地”“抗美援朝出征地”“共和国工业奠基地”“雷锋精神发祥地”的丰富内涵和时代价值，传承红色基因，赓续精神血脉。为学习宣传贯彻落实党的二十大精神，全面贯彻落实辽宁省第十三次党代会精神，深入阐释辽宁“六地”的文化资源内涵和时代价值，讲好辽宁红色故事，传承红色基因，赓续红色血脉，推动红色文化资源“亮”起来、“活”起来、“热”起来，辽宁省社会科学界联合会编辑出版一套以辽宁“六地”为主题的系列大众通俗读物。

本书系由辽宁省社会科学界联合会委托沈阳出版社出版的辽宁“六地”红色文化普及丛书之《永恒的丰碑》。在本书编写过程中得到了辽宁省社会科学界联合会辽宁“六地”红色文化普及丛书编委会悉心指导和大力支持，辽宁省雷锋研究会承担了本书的编写任务，辽宁省雷锋研究会会长张仲国带领写作班子对本书的大纲进行了反复的修订。

参加本书编写的作者有：序言、第六章、第七章：辽宁省雷锋研究会会长张仲国；第一章：抚顺市社会科学院副研究员丁美艳、沈阳理工大学教授张卫红；第二章：沈阳药科大学教授郭赞、辽宁中医药大学教授魏锦京；第三章：抚顺广播电视台高级记者总编室主任张秀丽、《沈阳晚报》首席记者王立军；第四章：辽宁社科院副研究员夏冰、研究员张思宁，辽宁国际传播中心记者张松；第五章：辽宁省领航校长、雷锋辅导过的学校抚顺雷锋中学校长李静，辽宁石油化工大学马克思主义学院研究生韩锦伟；第八章：抚顺雷锋学院分管日常工作的副院长李强、副院长李逢秋和抚顺雷锋学院王立娟、尹娇、丛婵娟、傅万泉共同完成。全书由辽宁省雷锋研究会会长张仲国统稿。

本书在编写的过程中吸收、借鉴了国内外众多专家学者的研究成果，以及部分报刊、图书的内容，在书中“参考文献”部分已统一呈现，在此一并表示衷心的感谢和诚挚的敬意。由于编写时间关系和编者水平有限，本书难免存在纰漏，敬请读者批评指正。

本书编写组

2023年9月